U0661105

"十四五"职业教育国家规划教材

经全国职业教育教材审定委员会审定

酒店管理实务（修订版）

JIUDIAN GUANLI SHIWU

主　编　吉根宝

副主编　顾亚莉　孔　捷　周茂健

编　者　李萍萍　姚培君　李　涛
　　　　郭　凌　罗朝霞　陈巧根

南京大学出版社

前　言

随着服务业的快速发展,人们的消费观念和消费模式发生了巨大变化,对酒店的服务和管理也提出了更高要求,与此同时,酒店企业之间的竞争也更为激烈,酒店企业对员工的要求也越来越高。

根据国务院发布《国家职业教育改革实施方案》中提出"课程内容与职业标准对接、教学过程与生产过程对接"的要求,培养适应生产、建设、服务和管理第一线工作的高素质技术技能型人才。适应行业的快速发展,是高职高专的首要任务,而教材建设是人才培养的重要环节。作为高等职业教育旅游管理、酒店管理、餐饮管理与服务等专业的基础课程之一"酒店管理实务"的教材,第一版自2011年8月出版以来得到了众多同行和读者的认可。为使本教材更具时代性、符合相关专业教学的需要与要求,力求保持第一版的特色,根据教育部高职高专人才培养相关文件的精神,结合"十三五"江苏省高等学校重点教材要求,我们经过大量走访调研,并征询行业、专家和读者意见,对本教材进行了修订和更新完善。

(1) 对书中案例、相关数据做了更新和修正。

(2) 对书中章节进行部分内容和先后顺序调整,由原27个任务优化整合为30个工作任务。

(3) 调整并整合各方资源,优化了编写团队。

本教材紧紧围绕高职高专人才的培养目标,紧扣市场需求,打破传统的理论教学为主的课程设置思路和模式,基于现代酒店经营管理的实际情况和工作任务分析入手,形成项目模块和工作任务,体现新的课程体系,新的教学内容和教学方法,以教师为主导,以学生为主体,以任务为中心,兼顾知识教育和能力教育,强调"精、创、能、改"。

(1) "精"。以提升员工的素质、强化能力开发有利于职业发展为出发点,在教学内容处理上强调精致。

(2) "创"。首先是形式创新,采取"任务驱动"的形式,将探究式、互动式、开放式教学方法融入编写内容中,充分发挥教师在教学过程中的主导作用和学生的主体作用;其次是内容上力求创新。

（3）"能"。根据"实际、实用、实践"的原则，立足提升学生的综合能力，突出学生的解决问题能力训练与职业素质培养。以职业行为作导向，采用任务驱动，使学生在典型任务驱动下展开学习活动，引导学生由简到繁、由易到难、循序渐进地完成一系列任务，培养学生分析问题、解决问题的能力及综合运用能力，从而提升自身的知识与技能。

（4）"改"。立足当前高职学生现状和实际市场需求，打破原有的条条框框，广泛汲取同类教材的精华，整合原来教材内容，并采纳了行业专家和企业指导委员会成员的意见，优化教学内容。

本教材是校企合作的充分体现，文中很多具体的产品和业务案例均来自真实酒店，具体的编写过程更是得到了多位资深酒店管理人员的大力支持。尽管本教材作为"十三五"江苏省高等学校重点教材，但由于编者的水平有限，难免有欠缺之处，敬请专家和读者批评指正。

编　者

目 录

模块一　酒店经营管理模式

模 块 说 明

　　本模块中,学生将学习酒店经营管理的模式,共有四个任务,即酒店投资策划、酒店筹备管理、建立酒店的经营理念、酒店管理的模式及创新。

　　本模块要实现的能力目标:

　　1. 能对酒店进行初步投资策划;

　　2. 能对酒店进行基本筹备;

　　3. 能确立酒店的经营理念;

　　4. 能宣传实施酒店经营理念;

　　5. 能选择合适的酒店管理模式;

　　6. 能有酒店管理模式创新意识。

　　本模块要实现的素质目标:

　　1. 培养酒店管理模式创新意识;

　　2. 培养团结协作的团队精神;

　　3. 培养职业精神与职业规范;

　　4. 培育自我革命精神引领酒店变革创新精神的意识;

　　5. 深入理解传统管理文化的自然和社会属性,增强学生道路自信、理论自信、制度自信、文化自信。

　　教学建议:

　　1. 设定情景,进行角色扮演,教师为某酒店董事长或总经理,学生为该酒店中层管理人员;

　　2. 课前分配任务,小组准备并完成任务,课堂汇报,教师点评,学习测评;

　　3. 教师解析下一任务内容,核心技能与概念,布置新任务。

任务 1　酒店投资策划

任务目标

　　1. 掌握酒店投资的可行性分析方法

2. 知道酒店筹资渠道

3. 能分析酒店投资效益

知识准备 ◀

1. 知道如何展开市场调研

2. 了解相关会计常识与财务概念

任务实施 ◀

酒店投资策划流程如图 1-1 所示。

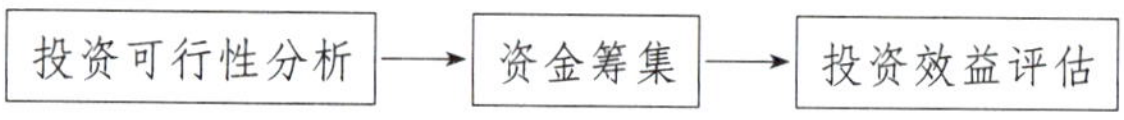

投资可行性分析 ──→ 资金筹集 ──→ 投资效益评估

图 1-1 酒店投资策划流程图

一、酒店投资可行性分析

酒店投资可行性分析是指在酒店投资决策之前,对酒店投资环境、酒店投资时机、酒店市场、酒店竞争格局以及酒店建设方案所进行的系统而科学的综合分析。

1. 酒店投资可行性分析的内容

(1) 市场分析。主要分析酒店市场供给量和需求量,预测拟建酒店债务还本付息之前的收益趋势,包括酒店所在地市场特点的微观研究和所有相关客源地市场特点的宏观研究。

(2) 销售分析。主要是在充分认识酒店项目、所在地市场和酒店产品特点等基础上,对酒店销售进行的一种科学预测行为。

(3) 经济分析。主要通过处理和分析各种市场资料和财务数据,分析是否应当建造新酒店,明确新酒店最合理的规模和最恰当的设备质量标准,并通过定量分析,判断新酒店是否能够获得预期的经济效益。

(4) 财务分析。主要是按照业主要求实现的投资收益率,将酒店开业后一段时间的税后现金流量折算为现值,以便确定建设酒店所需要投放的资金总额、构成在经济上是否可行。

2. 酒店投资可行性分析的步骤

酒店投资项目可行性分析可以分为七个步骤:

(1) 确定分析目标。一般包括项目委托方的目标、受委托方的工作目标以及考核目标。详细的目标分析还分为目标体系和子目标体系,如受委托的阶段性目标。

(2) 调查分析。有了明确的目标,就需要付诸实施,将蓝图变成现实。调查分析就是目标实现的第一步,通常包括政策环境调查、市场调查、资源调查(人力资源、物力资源、财务资源)、商业调查、旅游调查、项目所在地调查、社区调查、交通区位条件调查等。

（3）初步制定可能的技术方案。根据调查分析的资料，实事求是地制定若干备选的可能方案供委托方选择和判断，以促进下一步工作的安排。

（4）技术的先进性和适宜性分析。主要包括对产品性能，工艺技术，设备的安全性、先进性和适宜性方面的调查分析，主要体现在后勤工程设备和高级的可用设施上。

（5）经济效益评价。效益是企业投资的最直接和最终目标，经济效益分析是决定项目是否可行的重要判断依据，因此，经济效益分析显得尤其重要。经济效益分析通常包括项目的投资费用(项目的调研费用、设计费用、工程建设费用、装饰装潢费用、设施设备采购费用、开业筹备费用等)、收入(直接收入、间接收入)、损益、资产、负债、投资回收、盈利能力、盈利周期里可能存在的不良资产等的评价。

（6）综合评价。在完成以上各项工作后对项目进行综合的评价，包括项目的技术、经济和社会效益的综合分析、评价，初步产生一个最优方案，并明确指出初步方案存在的缺陷，提供改正与改进方案。

（7）撰写可行性分析报告。上述六个部分的综合分析评价和评判可以形成可行性分析报告的主要论点及相关论据。但这些论点与论据往往不是系统、全面的，还没有完整的章法和程序。可行性分析报告的撰写就是对这些论点、论据及其他材料进行组织，采用适宜的文字和章法，形成达到可行性分析报告的目的的文本。

二、酒店资金的筹集

酒店筹资是指酒店根据其生产经营、对外投资和调整资本结构等活动对资金的需要，通过筹资渠道和资本市场，并运用筹资方式，经济有效地筹集饭店所需资金的财务活动。

酒店常用的筹资渠道主要包括内部筹资、银行贷款、发行股票与债券、对外筹资、租赁筹资等。

1. 内部筹资

内部筹资是利用酒店自有资金，其优点在于资金可自由支配，且成本最低，但也有缺陷，其中最主要的是筹资数量受到酒店自身实力的限制。酒店自有资金包括闲置的资金、专用资金，也包括酒店内部经济效益较低的占用资金。

2. 银行贷款

银行贷款是酒店筹集资金的重要来源，其优点从筹资成本来看，相对较低；缺陷在于这种方式程序比较复杂，对贷款规模与期限有较强的限制。另外，国家金融政策的变动也会给酒店正常的筹资计划带来冲击。

知识链接 1-1

酒店信贷政策

1. 区域财务总监应提供集团或者其他姐妹酒店的政策以供新酒店参考。

2. 区域财务总监应对集体协商劳动合同和其他特殊合同的处理给出明确指导。

3. 一个信贷工作做得好的酒店应做到以下几点：
(1) 优秀的商务判断力；
(2) 遵守相关法律法规；
(3) 与银行有良好的合作。

3. 发行股票与债券

发行股票与债券筹集社会闲散资金,是酒店适应市场经济要求与社会化大生产需要发展起来的一种重要的筹资途径。股票是企业发行的证明股东在企业投入股金,并据以取得股息和股利收入的一种有价证券。根据股东承担的风险和享有权利的大小,股票可以分为普通股和优先股。发行股票这种筹资方式越来越受到酒店业的重视。债券与股票不同。债券主要是指公司债券,是酒店为了筹集资金,依照法定的程序约定在一定期间按票面金额还本付息的一种有价证券,是酒店筹措长期资金的主要方式。债券代表持券人同酒店之间的债权债务关系,持券人可以按期取得固定利息,到期收回本金,无权参与酒店的经营管理,不参加分红,对酒店经营亏损不承担责任。

4. 对外筹资

对外筹资是指酒店通过各种方式引进吸收国外政府、企业与个人的资金,以满足酒店经营活动对资金的需要。酒店利用外资的方式可以分为直接投资与间接投资。外商独资、中外合资、中外合作都是直接利用外资的形式。间接利用外资一般不涉及酒店所有权的问题,但需用外汇还本付息,经营风险较大。间接利用外资主要有政府贷款、国际金融机构贷款、发行国际债券、出口信贷几种形式。

5. 租赁筹资

租赁指出租人按照协议将物件交付给承租人临时占有或使用,并在租期内向承租人收取租金的一种商业行为。根据租赁性质的不同,租赁可分为经营租赁和融资租赁。

阅读讨论

怎样掌握好筹资的度

在酒店的筹资战略中,有两种对立的观点。一种观点认为,只要能筹到资,特别是银行的资金,那可是多多益善;另一种观点认为,借钱总是要还的,而且还要还利息,实在不划算,所以不如精打细算,勒紧腰带过日子,不到万不得已,最好不要借钱,哪怕是项目推迟一点。

根据所学知识,谈谈你对这两种筹资观念的看法。

三、酒店投资效益评估

所谓投资效益指的是酒店在投资活动中现在的投入与未来产出之比。追求较高的投资效益是酒店经营者全部投资活动的目的所在。

1. 投资效益评估的基本变量

(1) 酒店的净现金投资数量。酒店的净现金投资数量是指因酒店某项投资决策引起的投资数量增加,会计成本是计算净现金投资数量的依据,净现金投资数量主要是酒店构建固定资产的价格,其中包括固定资产的运杂费与安装费等。计算酒店净现金投资数量,还需要对相应的会计成本进行调整。具体内容:一是因执行了建议中的投资方案引起的永久性流动资金的增加,如用于购置为服务准备的原材料、物料用品等所增加的永久性流动资金的增加;二是与投资方案直接相关的非购买性支出,如研究费用与广告费用等;三是如果更新设备,应该从新设备费用中减去旧设备的残值,再加上旧设备的扣除费用。

(2) 贴现率。对于酒店来说,投资是一种当前的支出,投资收益则是在将来若干年陆续产生的回报。比较不同时期的支出与收益需要计算货币的时间价值,贴现率就是用于折算不同时期的货币价值的比率。

(3) 折旧。固定资产的折旧是指在固定资产的使用寿命内,按确定的方法对应计折旧额进行的系统分摊。其中,应计折旧额是指应当计提折旧的固定资产原价扣除其预计净残值后的余额;如已对固定资产计提减值准备,还应扣除已计提的固定资产减值准备累计金额。常用的折旧法包括年限平均法、工作量法、双倍余额递减法、年数总和法。

(4) 酒店现金流量。酒店投资决策中,需要用特定的指标对投资方案进行可行性分析与效益评估,现金流量就是计算投资决策指标的一个基础性数据。在酒店投资决策中,现金流量是指一个项目引起酒店现金支出和现金收入的数量。这里的"现金"是广义的现金,不仅包括各种货币资金,还包括项目需要酒店投入的现有非货币资金的变现价值,如设备改造项目需要使用的原有设备。

(5) 非贴现现金流量指标。非贴现现金流量指标,又称静态指标,指不考虑资金时间价值的各种指标,直接按投资项目的现金流量计算。

(6) 贴现现金流量指标。贴现现金流量指标,又称动态指标,是考虑了资金时间价值的指标,对投资项目的现金流量换算到某期再进行计算。

2. 资金限制下的投资效益评估与方案选择

(1) 赢利能力指数法。赢利能力指数是酒店投资收益总现值与投资总额之比,这种方法按照不同投资方案的赢利能力指数,在不超过资金限制的条件下从大到小排列并选择投资方案。

赢利能力指数 PI 计算公式为:$PI = PV/C_0$。

公式中的 PV 代表投资的收益现值,C_0 代表投资额。

(2) 线性规划法。这是酒店投资资金受到限制时进行方案选择的另一种分析方法。

前面介绍了几种投资效益评估的财务评价方法经过评价筛选,从中可选出若干个可接受的投资方案。但由于酒店可供利用的资金必须是可采取的,并非所有可接受的方案都能实施,为了使酒店在可采取的资源下获得最大的利益,就从所有被选方案中选择一组净现值总额最大的组合。决策程序:① 计算所有项目的净现值,并列出每一项目的初始投资额。② 接受净现值大于 0 的项目;如果所有可接受的项目所需资金都没有超过限额,那选择所有可接受的项目;如果所有可接受的项目所需的资金都超过限额,就要对所有可接受项目进行各种可能的组合,然后计算各种组合的净现值总额。③ 接受净现值总额最大的一组投资项目。

关键点控制 ◀

酒店投资关键点控制见表 1-1。

表 1-1　酒店投资关键点控制

关键点控制	细化执行
1. 酒店投资可行性分析	分析投资可行性
1.1　了解酒店投资可行性分析的概念	系统而科学的综合分析
1.2　对酒店投资可行性分析意义的基本认识	获得经济效益、筹集资金、施工许可、方案设计的前提和依据
1.3　对酒店投资可行性分析原则的基本认识	客观性、科学性、整体性、最优化、突出效益、关注竞争优势
1.4　对酒店投资可行性分析内容的基本认识	市场分析、销售分析、经济分析、财务分析
1.5　对酒店投资可行性分析步骤的基本认识	确定分析目标、调查分析、初步制定可能的技术方案、技术的先进性和适宜性分析、经济效益评价、综合评价、撰写可行性分析报告
2. 酒店资金的筹集	筹集资金
2.1　对酒店筹资作用的基本认识	影响甚至决定资金运动规模及效果
2.2　对酒店筹资原则的基本认识	规模适当、筹措及时、来源合理、方式经济
2.3　对酒店筹资渠道的基本认识	各筹资渠道优劣势分析
3. 酒店投资效益评估	评估投资效益,进行投资方案选择

实战训练 ◀

假设你是某煤矿老板,由于煤炭市场已经饱和,想把自己的资金放到一个新的领域从而实现资金保值,现在欲把资金投资到酒店行业。有一个项目,是一个已经建成的四星级标准的公寓式酒店,有关它的各种改造方案及其所对应的经营模式如表 1-2 所示。酒店位于静安区,交通便利,距离机场 10 分钟车程,距离火车站 15 分钟车程。

酒店高 33 层,建筑面积约 45 200 平方米。其中,第一到第三层为店面及办公楼,第 4 层是酒店办公室,第 32 层和 33 层有中餐厅、酒吧、桑拿中心、美容美发室、健身房等配套设施(部分设施在建设中),其余楼层皆为豪华客房(共 441 套)。该项目可出售的 441 套房间的总面积为 39 681 平方米。

表 1-2 改造方案及其所对应的经营模式

方案	方案所对应的经营模式
方案 1	收购公寓酒店,分拆出售后回租经营
方案 1A	100%自有资金收购
方案 1B	30%自有资金,70%银行贷款收购
方案 2	收购公寓酒店,分拆出售后不回租经营
方案 2A	100%自有资金收购
方案 2B	30%自有资金,70%银行贷款收购
方案 3	收购公寓酒店,分拆出售后回租委托经营
方案 3A	100%自有资金收购
方案 3B	30%自有资金,70%银行贷款收购

基于此,你在决定投资建设酒店怎样做完整的市场调研?如何进行投资可行性分析?考虑用哪种筹资方式?

学习测评

表 1-3 学习评价表

姓名		学号		班级	
任务		日期		地点	
任务开始时间: 年 月 日			任务完成时间: 年 月 日		
检测内容		系数		分值	得分
1. 正确认识酒店投资可行性的内容		1.5		15	
2. 细化酒店投资可行性分析步骤		1.5		15	
3. 能够撰写酒店投资可行性分析报告		2.0		20	
4. 进行酒店筹资		2.0		20	
5. 评估酒店投资效益		1.5		15	
6. 选择投资方案,实施投资		1.5		15	
合计		10		100	
个人认为做得好的地方:					
认为完成最不满意的地方:					

（续表）

值得改进的地方：		
自我评价：	非常满意	
	满意	
	不太满意	
	不满意	
互评：		
师评：		
第三方评价：		

任务 2　酒店筹备管理

任务目标 ◀

1. 了解酒店筹备的基本原则
2. 掌握酒店筹备的基本内容及机构设置
3. 知道酒店筹备的具体流程与步骤

知识准备 ◀

了解酒店内部机构设置

任务实施 ◀

酒店筹备管理流程如图 1-2 所示。

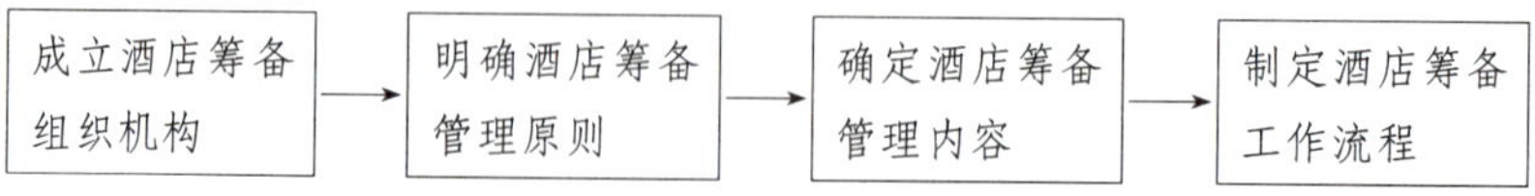

成立酒店筹备组织机构 → 明确酒店筹备管理原则 → 确定酒店筹备管理内容 → 制定酒店筹备工作流程

图 1-2　酒店筹备管理流程图

　　酒店的筹备是指酒店从申请立项到举行开业典礼正式开业这一段时期的运作过程。筹备期的运作管理是酒店管理中的一个重要环节，运营的好坏直接影响酒店的正式开业，也会影响酒店今后的正常经营管理。

一、酒店筹备的组织机构设置

1. 了解酒店筹备组织机构设置层级

在筹备期,酒店的管理人员和普通员工的吸纳是逐步进行的,随着时间的延续,其机构的设置和人员的配备不断完善。为了保证酒店在筹备期的正常运转和开业后的正常营业,酒店筹备期的组织机构应包括下列内容:

（1）核心层。核心层负责酒店在筹备期的各项管理工作,是酒店立项之初就应该建立起来的管理机构。它包括总经理、副总经理、人力资源部、工程科等人员和机构设置。这些机构对工程、人力资源、财会等先期工作进行管理。

（2）中间管理层。随着酒店工程进度的发展,到酒店开业前4～6个月,酒店的公共关系科、客房经理、餐饮经理、康乐经理等机构和人员应该开始运转。这些机构必须配合人事部招聘、培训本部门的员工。到酒店开业前2～3个月各部门的中层领导应该逐步到位,进行开业前的教育和培训。

（3）基层人员。基层人员泛指普通员工和基层管理人员。如果酒店所招人员原来就有酒店从业经验,招聘时间可以略晚,一般应在开业前6周;如果所招人员是行业新手,招聘时间应该在开业前的3个月甚至更早,这样才有充足的时间对所招人员进行入店教育和工作培训。

2. 酒店筹备组织机构设置时机的选择

酒店组织机构的设置是逐步扩散、分步进行的,随着时间的推移,其机构的设置和人员的配置从高层管理人员向基层员工不断扩大和完善。根据酒店筹建的时间进度选择酒店筹备组织机构的设置。

二、把握酒店筹备管理原则

1. 多方参与原则

酒店的筹建与筹备是一个专业性很强的管理工作,必须有效整合各方面的力量,共同参与,密切配合。

2. 长远规划原则

3. 目标原则

酒店筹建和筹备管理是紧密围绕着组织的目标展开的,一切为组织的目标、组织的利益而行动。

4. 科学全面原则

酒店筹建、筹备管理要以科学管理为理论指引,基于科学管理理论的原理、方法展开,也是对酒店筹建全过程的各个环节、各个因素的综合管理。

5. 创新原则

创新是企业永恒的生命,只有不断推陈出新,与时俱进,企业才能持续发展。

6. 计划性原则

计划性原则要求酒店的管理人员做一份从即时起到酒店开业的详细工作计划,列出在筹备期应该完成的各项任务。

7. 限期性原则

限期性原则要求酒店的各项工作不仅要按质完成,而且要按期完成。

8. 系统性原则

系统性原则要求酒店在筹备期对工程管理、人事管理、物资管理和社交事务管理等系统工作分派专职管理人员负责。

三、协调酒店筹备要素

酒店筹备要素包括工程筹备、人事筹备、物资筹备和社交筹备。

1. 工程筹备

酒店工程筹备管理的工作非常庞杂,包括酒店立项可行性研究,建筑工程设计,电气设备设计,工程招标,室内设计,提请规划部门、防火部门及其他有关部门批准设计方案,申请建筑许可证,家具装置设计,家具、装置、设备招标等。监控工程建设进度也是非常重要的工程筹备管理工作。

2. 人事筹备

酒店人事筹备管理工作主要指酒店管理人员和普通员工的招聘与培训教育工作。酒店从筹备一直到正式开业,确定需要雇请的管理人员和普通员工是个非常关键的问题。人员的安排与聘用必须合理,如果人手太多,就会人浮于事,增加酒店开支,减少经济收益。如果人手不够,工作完不成,就会影响酒店的正常运营。酒店在筹备期间,应该以成本最低为原则,确定各个部门所需的经理、主管、领班、服务生的数量,同时确定其招聘的时间,充分利用时间资源。这些量化的指标一般是从同规模的成熟酒店中进行对比移植。

3. 物资筹备

酒店的物资筹备管理工作主要包括酒店的大型设施设备、房间装饰、客房日用消耗品、餐饮材料、餐具等物资的采购管理。采购的物品涉及家具、电器、食品、饮料、日常生活用品、艺术品等多个类别,几乎无所不包。物品的繁杂性给酒店的成本控制带来困难,大部分酒店都采用设备招标的方式来降低成本。酒店的大部分物品一般都指定厂家生产,以保证质量,节约成本。

4. 社交筹备

社交筹备管理工作主要是指酒店在筹备期与社会进行联系交往的工作,包括办理有关手续,进行社交活动,取得社区支持,进行宣传策划,制造酒店形象,筹备酒店开业典礼等活动。这些活动的开展对于酒店的正式运营非常重要,可以为酒店的经营活动创造一个良好的外部环境,使酒店经营之初就得到社会各界支持。

知识链接 1-2

开业典礼的筹备

在社交筹备管理工作中,其中的开业典礼工作是一项综合性工作,需要周密策划,精心准备。主要要求做好下列工作:建立开业典礼领导班子;选定典礼举行日期,确定活动项目,安排活动程序、开业典礼的基本形式(剪彩、宴会、文艺演出、新闻发布会、参观酒店等);准备场地,对场地精心布置;接待准备,落实客人名单(主要有各界主管部门领导、酒店上级领导、新闻机构客人、行业专家、客户单位代表等),安排外地客人食宿及返程车票等;后勤工作和采购准备,为典礼预备充足的物资;准备本酒店的宣传资料,资料印制要美观大方;做好安全保卫工作,确保典礼顺利举行。

开业典礼举行完后,还有一些善后工作,主要有清理场地,对礼品统一登记造册,统一安排和保管;继续做好外地客人的接待工作,安排好食宿和回程交通,给客人留下良好的印象;对祝贺单位和客户代表表示感谢,酒店公关部门应该列出参加祝贺单位的名单并留存备案,用各种方式表示感谢,以便与重要客户建立良好的关系;合理安排财务,开业典礼所需费用较大,应单独立项并及时转入企业成本。

(资料来源:尹华光,王永强.酒店管理概论[M].长沙:湖南大学出版社,2017.)

四、酒店筹备

1. 酒店整体设计

酒店整体设计由酒店功能规划、文化定位和建筑装修设计三项内容组成。功能规划、文化定位是灵魂、基础,是决定酒店未来成败的根本要素。

2. 酒店章程的设计

对酒店的规章制度进行系统设计。

阅读材料 1-1

表 1-4　需要与总经理讨论的酒店管理制度

制度性质	制度内容
人事管理制度	1. 员工假期
	2. 国家法定假日和宗教节假日
	3. 雇佣政策
	4. 员工下岗政策
	5. 员工试用期规定
	6. 员工解雇政策和违纪处理的相关文件
	7. 病假管理规定

（续表）

制度性质	制度内容
	8. 残疾人雇佣政策
	9. 加班政策和审批程序
	10. 员工奖金政策
	11. 遣散费政策和支付程序
	12. 住店人员列表
	13. 员工用餐规定
	14. 酒店员工挂账规定
	15. 酒店部门经理福利
	16. 医疗保险和其他相关福利
	17. 养老金政策
	18. 员工借款、贷款,制服补贴政策
	19. 部门经理店外福利标准
经营管理制度	1. 酒店电话收费标准
	2. 客衣洗衣收费标准
	3. 香烟和雪茄的销售管理
	4. 泳池和更衣室管理规定
	5. 其他小部门的运营管理规定
	6. 前台的外汇管理政策
	7. 管事部内部销售政策
	8. 餐厅的营业时间
	9. 其他部门的营业时间
	10. 员工夜间上下班的交通安排
	11. 餐厅丢单的处理规定
	12. 前台付款管理规定
	13. 备用金管理规定
	14. 对账出入的处理规定
	15. 免费房审批流程
	16. 免费备品的管理规定
	17. 酒店可接受的信用卡以及处理程序
	18. 销售礼包的账务处理

(续表)

制度性质	制度内容
	19. 代客邮寄服务的收费及管理
	20. 酒店需要购买的保险
	21. 失物招领规定
	22. 赔偿金管理规定

3. 申请、报批经营许可资质

4. 组织机构建立与人员的招聘、培训

5. 资金筹备

资金管理主要是指酒店筹备期间资金的筹措与使用管理,建立合理的资金使用机制和监督机制。

6. 基建管理

7. 开业前的营销工作

(1) 制订营销计划。

(2) 实施营销计划。

关键点控制

酒店筹备的关键点控制见表1-5。

表1-5 酒店筹备的关键点控制

关键点控制	细化执行
1. 确定酒店筹备的组织机构	设置酒店筹备组织机构
1.1 对酒店筹备组织机构设置原则的基本认识	控制成本、权责分明、统一管理
1.2 对酒店筹备组织机构设置内容的基本认识	明确不同层级人员配备与业务分工
1.3 对酒店筹备组织机构设置时机的基本认识	确定不同筹备时期的组织职能
2. 了解酒店筹备管理的原则	计划性、系统性、限期性、多方参与、长远规划、目标明确、科学全面、不断创新
3. 明确酒店筹备管理的内容	工程筹备管理、人事筹备管理、物资筹备管理、社交筹备管理
4. 酒店筹备工作流程	酒店筹备的程序与步骤

阅读材料 1-2

筹备酒店财务部开业指南

1. 概述

在入职之前,酒店财务总监应向区域财务总监和酒店总经理了解各自的工作进度以及酒店财务总监入职后应当处理的工作。

各个酒店的情况不同,所以不可能有一个完整且详细的财务工作检查手册。但是在业主公司的参与程度、外汇控制、关税壁垒、劳动力使用等方面各个项目面临的情况是类似的。所以在这种情况下,酒店的财务总监应该严格按照国家的相关法律法规规定开展工作。

酒店财务总监必须熟知酒店管理合同的内容以便在日后的工作中处理相关问题。

2. 开业预算

在财务总监到职之前,区域财务办公室应已经就开业预算做出预估。

财务总监到职之后应从区域财务办公室取得之前已完成的相关工作资料和已经发生的费用支出数据。

酒店财务总监入职后应开始以两周为周期更新筹建费用支出情况直到酒店开业。并在费用支出会超出预算的时候通知区域财务办公室和酒店总经理以便及时调整。

酒店财务总监需要确保管理合同中规定的出资人按时将酒店需要的资金转入指定的银行账户,同时酒店管理方按照出资人的要求完成申请和汇报程序。遇到无法处理的情况时要及时向区域财务办公室汇报。开业预算的任何改动都需要业主公司的同意。

3. 财务人员的招聘与培训

酒店财务总监应根据本地招聘员工的能力和难易程度决定区域财务办公室应该提供什么程序的培训支持。培训计划应参考其他姐妹酒店的案例。任何来自姐妹酒店的人员支持必须通过区域财务办公室来安排并且得到相关酒店总经理的同意,酒店之间的直接联系是不允许的。

财务部员工的招聘计划应与人力资源部的招聘计划一致。员工具体的入职时间要根据各个项目的实际情况决定。比如,在酒店开业前一周厨房和餐厅已经可以投入使用,那么收银员应该再提前一到两周入职以便有时间学习技能和适应环境。培训的目的是要求所有相关的员工可以顺利无误地完成点菜、下单、烹饪、上菜、结账等整个消费过程。

其他财务部员工应在酒店开业前8周到岗以便开展相关工作,熟悉工作环境,收货,建立账务体系,熟悉系统消息,接受培训。

对于接触现金的员工酒店在雇佣之前需要做背景调查,如果当地法律允许,可以要求员工提供某种形式的担保。

实战训练

　　某新开业酒店，所需物品不仅种类繁多，而且数量巨大。提前购置无处存放，所以在酒店开业前期集中到货。大批物品的集中抵达，酒店管理人员组织了突击的验收、突击的搬运、突击的入库，有的物品甚至来不及入库，来不及打包检查就直接由使用部门领走。这样一连串的突击工作，导致使用部门物品领错或找不到。由于该酒店的领导班子也是新的，班子成员的经历、经验、分工均有不同。有些管理人员未亲身经历和操作过新酒店的开业，缺乏指挥决策能力，不能及时、高效、正确、果断地处理那些烦琐又急需解决的问题。对下属请示的问题，不是推来推去，就是盲目指挥，谁都来管，而谁又不管。大家都在盲目地忙，既消耗体力又不出效果。

　　酒店新开业要做的事很多，也很棘手。各部门经理的能力、经历也存在差异。尤其是个别部门经理对所在部门的职责、职能未能真正理解，再加之部门间的协调配合不到位、信息沟通不顺畅，部门经理整天都在忙于应急，却不知重点是什么。

　　虽然在酒店开业前期，对新招聘的员工进行了为期长短不一的业务学习和专业培训。但这些学习和培训的掌握和理解，与实际工作岗位上或多或少还是存在一些脱节和差距，再加之，培训时理论多于实践，模拟多于实习，有许多员工甚至还未来得及到实际工作岗位上进行实习，缺乏实际的动手能力，导致众多员工上岗后，不知如何去做。

　　请根据所学知识，指出上述材料中的酒店在筹备期出现的管理问题，并提出相应的解决方案。

学习测评

表 1 - 6　学习评价表

姓名		学号		班级	
任务		日期		地点	
任务开始时间：　　年　　月　　日			任务完成时间：　　年　　月　　日		
检测内容		系数	分值		得分
1. 酒店筹备组织机构内容设置合理		2.0	20		
2. 酒店筹备组织机构设置时机恰当		2.0	20		
3. 明确酒店筹备管理的原则		1.5	15		
4. 酒店筹备过程中，每个部门管理有序		2.0	20		
5. 酒店筹备程序合理，流程正确		2.5	25		
合计		10	100		

(续表)

个人认为做得好的地方:		
认为完成最不满意的地方:		
值得改进的地方:		
自我评价:	非常满意	
	满意	
	不太满意	
	不满意	
互评:		
师评:		
第三方评价:		

任务 3　确立酒店经营理念

任务目标

1. 能建立酒店经营理念
2. 能有效宣传酒店的经营理念
3. 实施酒店经营理念

知识准备

1. 掌握酒店 CI、CS、CL、ES 等经营理念
2. 了解酒店的分类和等级标准

任务实施

建立酒店经营理念流程如图 1-3 所示。

认识经营理念 → 确立经营理念 → 宣传经营理念 → 执行经营理念 → 修正经营理念

图 1-3　建立酒店经营理念流程图

一、正确认识酒店经营理念

1. 对酒店组织环境的基本认识,包括社会及其结构、市场、顾客及科技情况的预见。

2. 对酒店组织特殊使命的基本认识,清楚把握酒店经营方向。(到底要成为怎样的酒店?)

3. 彻底了解并分析经营理念构成要素,如酒店使命、经营理念、行为准则、酒店文化、视觉系统、经营方针等内容。

4. 对完成酒店使命的核心竞争力的基本认识。

二、确立有效的酒店经营理念

1. 分析时代潮流的趋势。

2. 了解社会。公众、顾客、传播界、供应商对于自己酒店的认识、评估、期待。

3. 了解酒店内部对于酒店的要求及期望。

4. 彻底了解酒店的长处、短处、弱点、需要加强的地方,并引进酒店缺乏的资源。

5. 整理、归纳、决定。

(1)确立合乎酒店企业发展的经营理念。

(2)秉承经营理念,制定合乎时代潮流的经营战略,不断提升酒店良好形象。

(3)理念共有化。

三、提炼酒店企业理念,以求达到所制定的目标

1. 具备个性化,以便消费者识别和记忆,使酒店能在同业中拥有特色。

2. 酒店企业理念的提炼必须同公众和消费者的价值观、道德观和审美观等因素相吻合,以得到社会公众认同,获取较高的知名度和美誉度。

3. 酒店理念应当"以人为本",根本目的在于激发酒店员工的使命性、积极性和创造性,使所有的酒店员工得到尊重和信任,为酒店创造良好氛围和环境。

4. 酒店理念市场化。

四、对新理念要进行有效的宣传

1. 内部传播

让全体员工理解经营理念。

(1)组织全体员工学习企业理念,广泛进行宣传普及。

(2)开展以企业理念为内容的知识竞赛活动。组织员工深刻领悟企业理念的内涵与精神核心,员工参与度越深,理念认知度越高,企业凝聚力也越强。

2. 个性化、识别化传播

(1)利用系列视觉要素将抽象理论表达出来,使酒店理念更具个性化、表现化、传播化,便于消费者识别和记忆。

(2)酒店通过大众传媒或广告等形式进行宣传。通过形象生动的画面来吸引大众

广为传播,以提升酒店的形象,产生社会效益。

（3）利用各种宣传工具和时机,通过会议、活动、报刊、网络等各种载体,大力传播反映酒店理念的典型人物故事和事件。

阅读讨论

喜来登十诫

第一诫是管理人员不要滥用权势和要求特殊待遇。第二诫是不要收取那些讨好你的人的礼物,收到的礼物必须送交一位专门负责礼品的副经理,由饭店定期组织拍卖这些礼物,所得的收益归职工福利基金。第三诫是不要叫你的经理插手装修喜来登饭店的事,一切要听从专业的装潢师玛丽·肯尼迪。这一约束在于强调专家管理。第四诫是不能违背已经确认的客房预订。第五诫是管理者在没有完全弄清楚确切目的之前,不要向下属下达指令。第六诫是一些适用于经营小旅店的管理方式可能正好是经营大饭店的忌讳。第七诫是为做成交易,不能要人家的最后一滴血。第八诫是放凉的茶不能上餐桌,要遵循服务的质量要求。第九诫是决策要靠事实、计算与知识,不能只靠感觉。第十诫是当你的下属出现差错时,你不要像爆竹那样,一点就火冒三丈。你如何看待喜来登的成功经验?

五、确保经营理念反映在具体的规划和实施中

1. 管理者要对经营理念严格执行。
2. 人员考评和奖励制度要反映理念的要求。
3. 修正酒店经营理念。

酒店经营理念必须经常在接受检验中进行修改,因为经营理念不是永久不变的。酒店经营理念一定要随着外部和内部环境的变化而变化。

知识链接 1-3

2017 年全国星级饭店的规模和经营情况

到 2017 年年末,全国共有星级饭店 10 645 家,其中 9 566 家饭店经营数据通过了省级旅游主管部门的审核(见表 1-7)。这 9 566 家星级饭店拥有客房 147.06 万间,比 2016 年年末增加 5.01 万间,增长 3.53%;拥有床位 250.55 万张,比 2016 年年末增加 2.27 万张,增长 0.91%;共拥有固定资产原值 5 161.1 亿元,比 2016 年年末减少 13.44 亿元,下降 0.26%;全年平均客房出租率为 54.8%,比 2016 年年末增加 0.07 个百分点;营业收入总额为 2 083.93 亿元,比 2016 年年末增加 56.67 亿元,增长 2.80%;上缴营业税 96.88 亿元,比 2016 年年末减少 37.51 亿元,下降 27.91%。

在 9 566 家星级饭店中:五星级饭店 816 家,比 2016 年年末增加 16 家;四星级饭店 2 412 家,增加 49 家;三星级饭店 4 614 家,减少 242 家;二星级饭店 1 660 家,

减少111家；一星级饭店64家,减少7家。

表1-7　2017年全国星级饭店规模及其经营情况

	五星级	四星级	三星级	二星级	一星级	合计
按规模结构划分						
饭店数量(家)	816	2 412	4 614	1 660	64	9 566
客房数(万间/套)	28.64	50.37	55.27	12.48	0.30	147.06
床位数(万张)	43.78	81.99	100.66	23.58	0.54	250.55
按登记注册类型划分						
国有	144	588	1 086	404	15	2 237
集体	8	41	164	83	4	300
港澳台投资	79	71	44	3	0	197
外商投资	72	58	39	9	0	178
其他	513	1 654	3 281	1 161	45	6 654
经营情况统计指标						
营业收入总额(亿元)	812.71	714.91	476.43	78.55	1.13	2 083.93
固定资产原值(亿元)	2 027.76	1 929.45	1 018.94	183.41	1.54	5 161.10
实缴税金(亿元)	33.58	27.93	30.83	4.20	0.34	96.88
平均出租率(%)	61.43	56.63	51.30	47.08	52.62	54.80

（资料来源：2018年中国旅游业统计公报,中华人民共和国文化和旅游部,http://zwgk.mct.gov.cn/auto255/201809/t20180930_835204.html? keywords=）

知识链接 1-4

希尔顿的勤奋、自信、微笑"三件宝"；四季成功的"经营信念""我们最大的财富和赖以成功的决定因素就是我们公司的全体员工"；马里奥特的"以人为本"哲学；假日的"三I条'经营格言'"；里兹·卡尔顿的"黄金标准"；香格里拉的"殷勤好客亚洲情"。锦江理念是"无论是作为个人还是置身于团队,锦江人必须精诚合作为顾客提供满意的服务"。

这些酒店的成功给了我们一种符合它所针对的目标市场和酒店文化的经营和管理思路：酒店要发展,观念必须先行。其出众的服务水准首先是与其先进的服务理念体系密不可分的。酒店管理者及员工对酒店物质运动的认识以及在认识过程中思维所产生的相对稳定的结果称为观念。酒店业务的正常运转、管理和服务质量水平的保证、社会效益和经济效益的提高,固然是酒店管理人员管理行为和服务员作业行为的结果,而他们的行为则是受一定的意识支配的。

关键点控制

确立酒店经营理念的关键点控制见表1-8。

表1-8 确立酒店经营理念的关键点控制

关键点控制	细化执行
1. 正确认识酒店经营理念	
1.1 对酒店组织环境的基本认识	社会及其结构、市场、顾客及科技
1.2 对酒店组织特殊使命的基本认识	
1.3 对完成酒店使命核心竞争力的基本认识	酒店使命、经营理念、行为准则、酒店文化、视觉系统、经营方针
2. 确立有效的酒店经营理念	整理、归纳、决定经营理念
3. 提炼酒店企业理念，以求达到所制定的目标	酒店理念
4. 对新理念要进行有效的宣传	酒店理念宣传
4.1 内部传播	让全体员工深刻理解经营理念
4.2 个性化、识别化传播	通过大众传媒或广告利用各种宣传工具、把握时机传播
5. 确保经营理念反映在具体的规划和实施中	执行并修正

阅读材料1-3

2017年度南京星级饭店经营现状简析

截至2017年12月底,南京旅游星级饭店总数77家,占全省星级饭店总量的12.34%,其中五星级饭店21家、四星级饭店22家、三星级饭店28家、二星级饭店6家,分别占南京星级饭店总数的27.27%,28.57%,36.36%和7.79%。纳入本次统计的星级饭店77家,占全市饭店总数的100%,共拥有客房14 750间,床位23 202张。

本年度南京星级饭店总营业收入为423 316.35万元,其中客房收入和餐饮收入仍占极大比重,达76.48%(比2016年下降11.85个百分点);其中二星级饭店为3 944.66万元,总体低于往年营业收入,占总营业收入0.93%;三星级饭店为53 469.07万元,总体略高于往年营业收入,占总营业收入12.63%;四星级饭店为92 927.5万元,略高于往年营业收入,占比为21.95%;五星级饭店为272 975.1万元,占比高达为64.48%,与往年营业收入相比,有了大幅增长。

平均房价为444.02元,比2013、2014、2015、2016年同期分别上升了20.03%、4.53%、5.99%、5.46%。从季度来看,本年度第四季度平均房价最高,达388.74元,比一、二、三季度分别高44.53元、34.07元、38.37元;四、五星级饭店普遍高于往年同期平均房价水平;二星级饭店平均房价与往年相比比较稳定。四星级饭店平均房价略高于 2016 年,比 2016 年略有下降。其中二星级饭店本年度平均房价分别比 2015、2016 年同期高 6.96%、-0.49%;三星级饭店本年度平均房价比 2015、2016 同期高 38.43%、1.72;四星级饭店本年度平均房价比 2015、2016 年同期高-1.37%、0.58%;五星级饭店本年度平均房价比 2015、2016 年同期高 2.70%、3.71%。

客房平均出租率为 70.27%,比 2013、2014、2015、2016 年同期分别高出 7.19%、9.40%、4.64%、3.78%;其中四星级最高达 73.17%,分别比二、三、五星级饭店客房平均出租率高 4.55%、9.83%、1.26%。

全市每间可出租客房产生的平均实际营业收入(RevPAR)为 312.02 元/间夜,分别比 2013、2014、2015、2016 年同期高出 78.67、53.39、37.08、32.09 元/间夜,客房效益大幅提升;三星级饭店高于 2015 同期、低于 2016 年同期 RevPAR 水平。二星级、四星级、五星级饭店高于 2015、2016 年同期 RevPAR 水平。其中二星级饭店本年度 RevPAR 比 2016 年同期高 0.76%,与 2015 年同期相比高 36.07%;三星级饭店本年度 RevPAR 比 2016 年同期高-12.52%,与 2015 年同期相比高 36.07%;四星级饭店本年度 RevPAR 比 2016 年同期高 8.33%,与 2015 年同期相比高 11.25%;五星级饭店本年度 RevPAR 比 2016 年同期高 10.15%,与 2015 年同期相比高 13.23%。本年度总体呈全行业盈利状态,利润总额为 28 415.28 万元,分别比 2013、2014、2015、2016 年同期高出 313.62%、482.67%、318.32%、123.53%。

阅读材料 1-4

特殊的酒店

香港有一家名叫 Hcadland(四星标准)酒店属国泰航空拥有,由新世界酒店集团管理。酒店拥有 501 间客房,地下层放满了滑水板、爬山车和独木舟,房间家具简单,但都是套间。所有房间都配有小冰箱、烫衣板、电话、上网接口、多种语言留言信箱、电吹风、电咖啡壶、带有放碟片的电视机。酒店专门接待国泰航空公司、港龙航空公司、香港航空公司来往机组人员,作为酒店顾客的航空机组人员,长期定期地往返于故乡国和香港之间,而又是把香港作为他们的休假地。

酒店出租率常年在 90% 以上,经营管理者根本不用担心市场和销售。但他们的挑战是如何服务好这些固定的、有特殊要求的常客。① 随时离店的客房要及时清理,以迎接随时入住的顾客。虽然航班都有时刻表,但各个航班误点也是常有的事,这使得酒店不得不安排员工 24 小时清理房间。② 安排房间的技术性,尽量把同一航班的顾客安排在同一楼面,使不同航班的顾客互不干扰。客房前的走道不能有声音,客房的墙都是采用隔音装置。清洁工作都得抢在每层楼面顾客抵达前做好。做到洗尘一律用手工,而不用机器,为了不制造噪声。由于这些特殊顾客到酒店的首选要求是越快入睡越好,所以酒店的规定是帮助顾客入住,时间不能超过 5 分钟。③ 高出租率给维修保养也带来了困难。酒店在时间和人员的安排上,几乎采用了运筹法,任何维修工作都得见缝插针。④ 根据国泰的规定,酒店在相对空闲的时候,还得接待那些长期居住在香港的航空公司员工和他们的家属,让他们享用餐饮设施和康健设施。

实战训练 ◀

1. 调研了解当地酒店业经营业绩,并做出调研报告。
2. 尝试为一家新开张的四星级酒店确定经营理念。

学习测评 ◀

表 1 – 9　学习评价表

姓名		学号		班级	
任务		日期		地点	
任务开始时间:　年　月　日			任务完成时间:　年　月　日		
检测内容		系数	分值		得分
1. 正确认识酒店经营理念		1.0	10		
2. 确立有效的酒店经营理念		1.5	15		
3. 提炼酒店企业理念,达到目标		1.5	15		
4. 内部传播理念		1.3	13		
5. 个性化、识别化传播理念		2.2	22		
6. 具体规划和实施中反映经营理念		1.5	15		
7. 修正经营理念		1.0	10		
合计		10	100		
个人认为做得好的地方:					
认为完成最不满意的地方:					
值得改进的地方:					
自我评价:			非常满意		
			满意		
			不太满意		
			不满意		
互评:					
师评:					
第三方评价:					

任务4　酒店管理模式及创新

配套微课

▌任务目标 ◀

1. 选择合适的酒店管理模式
2. 优化酒店管理模式
3. 具有酒店管理模式创新意识

▌知识准备 ◀

1. 了解酒店管理模式
2. 酒店管理创新的原则

▌任务实施 ◀

酒店管理的模式及创新流程如图1-4所示。

调研行业趋势 ⟶ 制定管理目标 ⟶ 选择管理模式 ⟶ 管理模式创新

图1-4　酒店管理的模式及创新流程图

酒店管理指的是酒店管理人员为了更好更快地实现酒店管理的目标,在酒店经营范围之内,对酒店所利用的内外资源进行控制与规划等一些活动的总和。酒店管理模式即酒店企业为了实现一定的目标从酒店管理实践中制定的管理方式标准和样板等,可以进而成为指导酒店服务管理的基本原则和依据。

一、调研酒店发展趋势

1. 制定调研问卷
2. 组织实施调研
3. 分析调研报告

二、设定酒店管理目标

1. 酒店管理目标的选择
2. 设定酒店管理的目标

三、选择酒店管理模式

1. 比较酒店各种管理模式
（1）亲情化管理模式
（2）友情化管理模式
（3）温情化管理模式
（4）随机化管理模式
（5）制度化管理模式
2. 建立现代酒店管理模式的新理念
3. 选择合适酒店的管理模式
4. 及时更新酒店管理模式

四、酒店管理创新

1. 建立酒店管理创新路径
（1）创新组织
（2）创新规划
（3）创新领导
（4）创新管理思想
（5）创新制度
（6）创新技术方法
2. 酒店管理创新
3. 争取内部和外部的认可
4. 提升酒店管理创新能力

阅读讨论 ....

　　希尔顿饭店的成功得益于全面创新的管理模式：细分目标市场，提供多样化的产品；高标准的服务质量监控；严格控制成本费用；以人为本的员工管理战略；利用新技术积极全面地开展市场营销活动。

　　7天推出SNS社区首创中国酒店业运营新模式。7天连锁酒店宣布在其官网上推出试用版"快乐七天"SNS社区。据了解，这是国内酒店业首次在官网上捆绑SNS,该社区主要利用虚拟游戏吸引更多的会员。据悉,7天酒店在官网上设置SNS社区，并不是像传统互联网公司一样，单纯追求流量和用户规模，而是期待用一个具有高度互动、共享、展示性的电子社区凝聚企业最想发挥作用的客户群体，并运营这个黏性颇高的群体智慧"单体＋复合"投入更广阔的企业运作中。专家认为,7天酒店捆绑SNS社区主动打开了消费者与企业信息沟通的道路，而不是继续让这种消费者的"自发＋能动"继续默默无闻地蜷缩在信箱、传达室、意见簿、E-mail和BBS留言中呼呼大睡，发挥并放大这种信息的功用，才是7天酒店设置SNS的底层初衷。

希尔顿和 7 天反映了什么样的经营理念,你怎么看待?

饭店需要综合效力的节能举措

当前节能降耗是我国的重要工作任务之一,建造饭店涉及各类能源的使用与消耗,因此饭店管理者和设计者在建造时,需要由源头考虑各种节能降耗措施和技术手段,才能取得节能工作事半功倍的效果。

我国改革开放自引入首家合资饭店——北京建国饭店,已经走过了近 40 年的历程,目前仅北京市就有数百家各类星级饭店。当前节能降耗是我国的重要工作任务之一,建造饭店涉及各类能源的使用与消耗,因此饭店管理者和设计者在建造时,需要由源头考虑各种节能降耗措施和技术手段,才能取得节能工作事半功倍的效果。现在,有的旧饭店在进行节能改造时技术难度非常大,其中就有饭店设计时造成的不易更改的硬伤,所以谈起节能笔者认为应首先从新饭店建造或是旧饭店改造的策划开始着手,给予饭店减少能耗的良好开局,并配之运营饭店设备运行管理。

其一,在规划建造一座饭店时,需要进行良性的综合策划。这就需要有饭店管理经验的专家和设计的专家,考虑今后综合运营的实际情况,对饭店的建造给予切合实际、观瞻未来的可行性策划。我们需要考虑饭店的规模、朝向、建筑形状、交通状况、合理的面积分区、科学的流线规划以及设备机房的布局等,这些要素都对今后饭店的运营管理,设备、设施的节能管理起到至关重要的基础作用。如果实际经营区域不能在饭店功能区域占有比较合理的比例面积,非经营空间比较大,就会将照明用电和空调用电白白消耗掉。我们对饭店内部的交通路线、物品的运送流线的设计与布置也关系到今后电梯、空调、照明的能耗,乃至人工成本与人工时间的消耗。

其二,饭店的建造应紧扣我国星级评定标准的各项条款,不能盲目贪图大空间、大房间。星级评定标准规定:四星级饭店中 70% 客房的面积(不含卫生间)不小于 20 平方米,五星级饭店中 70% 客房的面积(不含卫生间和门廊)不小于 20 平方米。而目前有的高星级饭店单间客房的总面积超过了 50 平方米甚至 60 平方米,使得房间建造费用加大,同时也加重了饭店今后照明、空调的能源消耗和运行费用。其实,饭店客房为客人准备的最主要功能也就是床、卫生间以及商务办公桌等,过大的空间和面积,实际意义并不大。

其三,设备系统的选定需要既切合实际,又要有一定的长远眼光。如配电的设计,在技术设计采取一备一用的情况下,可能我们不需要配置更多台变压器,如变压器台数过多,将造成今后变压器空载的用电消耗,造成空调降温的消耗,加大配电室的建造面积,加大配套设备的投入费用等。因此,我们在各类设备及系统的策划与设计中，需要谨慎考虑，特别是对供电、空调、排水、锅炉、电梯、洗衣、厨房等部位的设备，应科学设计，合理规划，切合实际选购。如客用电梯、员工电梯数量过多会加大日常用电消耗量，过多的客用浴室淋浴喷头或员工浴室喷头会加大用水量的消耗等。因此，应在保证实际使用需要的情况下，充分考虑今后的设备能源运行成本，发挥设备的综合效能。

其四，饭店业主方、管理者和设计者应特别关注新技术引入饭店建筑和设备系统，不断增强节能技术在饭店建筑中的大力推广与应用。饭店在追求建筑外形的情况下，要注意采用良好的外墙和屋面保温材料，利用中空玻璃保持室温；在设计追求华丽厅堂时，照明应注重采用调光装置、绿色照明光源，空调设备系统采用楼宇智能控制装置等；在考虑完善配套设施时，应注重中水系统的建造，注重设备用水的循环再利用，注意冷凝水或雨水的回收利用等。

其五，紧跟科技发展是饭店管理和设备系统设计的重要环节。我们以往多考虑计算机是前台管理系统和财务管理系统的技术部分，但现今科技发展，已经将各类计算机、光线、网络连接在了一起。在现代化饭店中，独立工作而没有网络支持的计算机已经基本没有了，如果我们的技术人员达到掌控、维护该系统，且具备应用与维护能力时，应考虑弱电设备的系统综合（在不考虑楼宇控制的前提下），将涉及计算机、网络在饭店中的主要系统设计、合并在一起，由IT技术人员综合管理饭店前台系统、电子门锁系统、网络系统、办公系统、电话通信设备系统、电视系统以及音像系统等，集合IT技术的利用，减少机房和布线的过多浪费，避免设备的多重安装，集中使用机房空调、照明等，将信息流线在饭店内合理规划。今年北京首旅建国酒店管理有限公司已经成立了IT技术部门，目的就是将饭店信息技术管理进行系统化、专业化的整合，适应弱电技术的新变革。

关键点控制

酒店管理模式与创新关键点控制见表1-10。

表1-10 酒店管理模式及创新关键点控制

关键点控制	细化执行
1. 调研酒店发展趋势	问卷调研
2. 设定酒店管理目标	酒店管理目标
3. 选择酒店管理模式	酒店管理模式
3.1 比较酒店各种管理模式	模式选择
3.2 建立现代酒店管理模式的新理念	新理念

(续表)

关键点控制	细化执行
3.3 酒店选择合适的管理模式	管理模式
3.4 及时更新酒店管理模式	更新模式
4. 酒店管理创新	管理创新
4.1 建立酒店管理创新路径	创新路径
4.2 酒店管理创新	创新管理
4.3 提升酒店管理创新能力	创新能力

阅读材料 1－5

根据世界酒店业刊物 *Hotels* 公布的 2018 年全球饭店集团规模排名(见表 1－11),位于前 10 名的饭店集团拥有饭店总数达到了 54 553 家,客房总数为 6 475 324 间,平均每家饭店集团拥有客房 647 532 间。位于首位的万豪酒店集团拥有的饭店数量和客房数量分别是 6 333 家和 1 195 141 间。虽然 30 多年来,我国本土饭店集团规模扩张迅速,但在规模存量上与国际饭店集团相比还有巨大差距。

表 1－11 2018 年度全球酒店 20 强排名(近两年前 20 强名单)

排名(年)		公司集团总部	客房数(年)		酒店数(年)	
2017	2016		2016	2017	2016	2017
1	1	Marriott International Inc., Bethesda, Maryland 万豪国际集团	1 164 668	1 195 141	5 952	6 333
2	2	Hilton Worldwide, McLean, Virginia 希尔顿酒店集团	796 440	856 115	4 825	5 284
3	3	InterContinental Hotels Group PLC, Windsor, England 洲际酒店集团	767 135	798 075	5 174	5 348
4	4	Wyndham Hotel Group, Parsippany, New Jersey 温德姆酒店集团	697 607	753 161	8 035	8 643
5	5	Jin Jiang International Hotels, Shanghai, China 锦江国际酒店集团	602 350	680 111	5 977	6 794
6	6	Accor Hospitality, Paris, France 雅高酒店集团	583 161	616 181	4 144	4 283
7	7	Choice Hotels International Inc., Silver Spring, Maryland 精选国际酒店集团	516 122	521 335	6 514	6 815
8	8	BTG Homeinns Hotels (Group) Co. Beijing, China 北京首旅如家酒店集团	373 560	384 743	3 402	3 712

(续表)

排名（年）		公司集团总部	客房数（年）		酒店数（年）	
2017	2016		2016	2017	2016	2017
9	9	China Lodging Group Ltd.，Shanghai，China 华住酒店集团	331 347	379 675	3 269	3 746
10	10	Best Western International & Resorts，Phoenix，Arizona 最佳西方国际集团	293 059	290 787	3 677	3 595
11	12	Hyatt Hotels Corp.，Chicago，Illinois 凯悦酒店	177 118	204 485	657	779
12	13	Green Tree Hospitality Group，Shanghai，China 格林酒店集团	173 053	190 807	2 100	2 289
13	—	Carlson Rezidor Hotel Group（now Radisson Hotel Group），Minnetonka，Minnesota 卡尔森瑞德酒店集团（现为丽笙酒店集团）	—	179 379	—	1 151
14	14	G6 Hospitality，Carrollton，Texas	125 017	124 739	1 395	1 417
15	23	Dossen International Group，Guangzhou，China 东呈国际集团	70 865	105 951	795	1 087
16	17	Westmont Hospitality Group，Houston，Texas 韦斯特蒙特酒店集团	91 564	105 000	787	507
17	15	Magnuson Hotels，Spokane，Washington 马格努森酒店集团	103 306	103 306	1 274	1 274
18	16	Meliá Hotels International，Palma de Mallorca，Spain 美利亚酒店集团	96 355	96 956	376	382
19	22	Qingdao Sunmei Group Co.，Qingdao，China 尚美生活集团	72 408	91 706	1 313	1 697
20	18	La Quinta Inns & Suites，Irving，Texas 拉·昆塔公司	87 283	88 400	888	902

（资料来源：根据 *Hotels* 整理，http://www.hotelsmag.com，2019.1）

实战训练 ◀

1. 调研当地酒店发展趋势，为当地一家三星级酒店选择合适的管理模式。
2. 为该酒店设计一份创新管理方案。

学习测评

表 1 - 12 学习评价表

姓名		学号		班级	
任务		日期		地点	
任务开始时间： 年 月 日			任务完成时间： 年 月 日		
检测内容		系数	分值		得分
1. 分析酒店发展趋势		1.5	15		
2. 设定酒店管理目标		1.5	15		
3. 建立现代酒店管理模式的新理念		1.5	15		
4. 酒店选择合适的管理模式		1.8	18		
5. 建立酒店管理创新路径		2.2	22		
6. 酒店管理创新		1.5	15		
合计		10	100		
个人认为做得好的地方：					
认为完成最不满意的地方：					
值得改进的地方：					
自我评价：			非常满意		
			满意		
			不太满意		
			不满意		
互评：					
师评：					
第三方评价：					

拓展提升

阅读以下资料：

1. http://res.meadin.com/.

2. 中国旅游研究院. 酒店业低碳经济发展研究报告, https://www.meadin.com/48697.html.

3. 李翔迅. 酒店经营与管理[M]. 北京:对外经济贸易大学出版社,2009.

4. 魏小安. 现代酒店经营与管理[M]. 北京:北京大学音像出版社,2006.

5. 郑向敏. 酒店管理(第三版)[M]. 北京:清华大学出版社,2014.

6. 王秀荣,栗书河,高树军. 饭店管理导论(第 3 版)[M]. 大连:大连理工大学出版社,2014.

7. 刘红春,李伶娆,齐欣. 现代饭店管理基础:理论、实务、案例、实训(第 2 版)[M]. 大连:东北财经大学出版社,2014.

8. 蒋丁新. 饭店管理概论(第 5 版)[M]. 大连:东北财经大学出版社,2014.

9. 刘慧玉. 酒店管理实训教程(第 2 版)[M]. 大连:大连理工大学出版社,2014.

10. 李辉. 饭店概论(第 1 版)[M]. 长春:东北师范大学出版社,2014.

11. 马彦纯. 现代酒店概览(第 2 版)[M]. 北京:高等教育出版社,2015.

12. 朱承强. 现代饭店管理(第 3 版)[M]. 北京:高等教育出版社,2015.

模块二　酒店战略管理

模块说明

本模块中，学生将学习酒店战略管理，共有四个任务，即酒店战略制定、酒店战略实施、酒店战略控制、酒店企业文化建设。

本模块要实现的能力目标：

1. 能了解酒店发展和成长的相关战略管理理论；

2. 能进行酒店战略的分析与选择；

3. 能清楚酒店战略实施中的关键问题；

4. 能进行酒店战略评价。

本模块要实现的素质目标：

1. 培育具有战略性工作思维；

2. 培育全局观与可持续发展意识；

3. 培育文化传承利用与创新精神；

4. 培育中华传统服务文化、管理文化传承创新及文化自信。

教学建议：

1. 设定情景，进行角色扮演：教师为某酒店总经理或董事长，学生为该酒店中高层管理者或基层工作人员；

2. 课前分配任务，小组准备并完成任务，课堂汇报，教师点评，学生互评；

3. 教师解析下一任务内容，核心技能与概念，布置新任务。

任务5　酒店战略制定

配套微课

任务目标

1. 确定酒店的愿景和使命

2. 确定酒店的战略目标

3. 分析酒店的内外环境

1. 掌握战略分析的基本方法
2. 了解酒店战略管理的基础理论

任务实施 ◀

配套微课

酒店战略制定流程如图 2-1 所示。

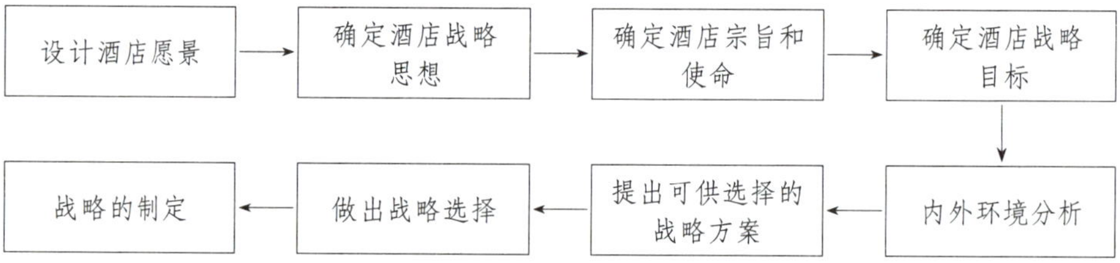

设计酒店愿景 → 确定酒店战略思想 → 确定酒店宗旨和使命 → 确定酒店战略目标

战略的制定 ← 做出战略选择 ← 提出可供选择的战略方案 ← 内外环境分析

图 2-1 酒店战略制定流程图

战略,是一种从全局考虑谋划实现酒店全局目标的规划,战术是为实现酒店战略的手段之一。实现战略胜利,往往有时候要牺牲部分利益,去获得战略胜利。战略是一种长远的规划,是远大的目标,往往规划战略、制定战略、用于实现战略的目标的时间是比较长的。战略制定是指确定酒店企业任务,认定酒店的外部机会与威胁,认定酒店内部优势与弱点,建立长期目标,制定供选择战略,以及选择特定的实施战略。

一、设计酒店愿景

"愿景"是一种由组织领导者与组织成员共同形成,具有引导与激励组织成员的未来情景的意象描绘,在不确定和不稳定的环境中,提出方向性的长程导向,把组织活动聚焦在一个核心焦点的目标状态上,使组织及其成员在面对混沌状态或结构惯性抗力过程中能有所坚持,持续依循的明确方向、步骤与路径前进;并且有效培育与鼓舞组织内部所有成员提升职能,激发个人潜能,促使成员竭尽全力,增加组织生产力,达到顾客满意度的组织目标。

酒店愿景设计可分为以下三步。

1. 酒店高层管理者根据董事会或者业主的要求提出酒店的核心理念和对未来的憧憬、希望达到的状态,并提出酒店的发展方向。

2. 酒店高层管理者将这种理念和发展方向通过简短、易懂的语言表达出来就是酒店的愿景。

3. 酒店高层管理者将此愿景交由管理公司或者董事会审核,如果审核通过,则可以作为酒店愿景和中层管理者进行沟通;如果审核没有通过,则应作进一步调整或改进。

二、确定酒店战略思想

酒店战略思想的确定从以下三个方面着手。

1. 酒店高层管理者根据酒店愿景和管理公司或董事会的指导思想，确定酒店发展的核心理念，即酒店发展的基础价值观、企业内共同认可的行为准则和企业共同的信仰等内在的管理哲学。

2. 酒店管理者将这种管理哲学通过语言文字表述出来即是酒店的战略思想。

3. 酒店管理者将这种战略思想在酒店高层会议上讨论，经过高层管理者各方的参与，大家努力修正，形成最终的战略思想，并向下面各部门分发，要求按照此战略思想执行。

三、确定酒店宗旨和使命

使命指企业由社会责任、义务所承担或由自身发展所规定的任务。企业使命是企业形象的一个颇为直接的描述。企业生产经营的哲学定位，也就是经营观念。宗旨是关于企业存在的目的或对社会发展的某一方面应做出的贡献的陈述，有时也称为企业使命，是指规定企业去执行或打算执行的活动，以及现在的或期望的企业类型。企业的宗旨往往被认为是对企业生存的一种肯定。当然，每一个企业都有其独特的生存理由，尽管不一定刻意以书面形式表达出来。

酒店宗旨和使命的确定可按以下步骤执行。

1. 酒店高层管理者将表2-1分发给酒店董事会成员、酒店管理公司、酒店高层管理者、酒店中层管理者，让他们根据表格内容进行填写。

表2-1 企业使命陈述的组成部分

使命陈述组成部分	如需要打"√"
我们想要成为：	
——市场的领导者	
——对社会负责的制造商	
——绿色的、环保的公司	
——人道的老板	
——股东利益的捍卫者	
——致力于改善这个星球上的生活	
——良好的企业公民	
——消费者驱动的公司	
——对经销商负责的合作伙伴	
——人格尊严的打造者	
——具有做大的想象力	
——尊重大自然和生命	

（资料来源：Nigel，F. Piercy. 市场导向的战略转变［M］. 吴晓明等译. 北京：清华大学出版社，2005：305页）

2. 酒店总经理办公室人员回收此表格,并进行统计。

3. 酒店总经理办公室根据统计结果,撰写一份具体材料交由总经理审核。

4. 酒店总经理根据办公室提供的材料和酒店高层其他管理人员一同商讨,制定酒店的最终性质和发展方向,明确酒店将成为一个怎样的企业、酒店的客户由哪些构成、酒店最主要经营什么等内容。

四、确定酒店战略目标

从以下几个方面来确定酒店战略目标。

1. 酒店最高领导层宣布企业使命,明确战略目标的制定过程。

2. 酒店高层领导根据企业使命,确定酒店达到企业使命的长期目标。具体来说可以采用时间序列法、博弈论法、模拟模型法和盈亏分析法等方法,分析确定酒店的长期目标。

3. 酒店高层管理者召开会议,通过会议商讨,将长期战略目标分解建立企业短期执行性战术目标。

4. 酒店的不同战略业务单位、事业部或经营单位根据酒店的长期目标和短期目标,建立自己的长期和短期目标,酒店高层管理者要求各职能部门制定自己长期和短期目标。具体可以采用相关分析法和盈亏分析法来制定。

5. 各职能部门的战略目标上报酒店高层领导,高层管理者经过审核和讨论,如审核通过,各职能部门照章执行;如果没有通过,酒店高层会提出具体的修改意见,各职能部门再进行修改完善。

五、分析酒店内外环境

酒店环境分析可从以下几点着手。

1. 酒店总经理下发酒店内外环境分析任务。

2. 酒店总经理办公室分析酒店所面临的政治、经济、科技和社会文化等宏观环境;产业环境即酒店行业性质分析、行业演化和市场状况;内部环境即酒店内部资源、战略能力、核心能力等。具体可以采用 SWOT 分析方法和 IEF 矩阵法。如表 2-2 来分析酒店发展内部因素。

表 2-2 酒店发展内部因素分析矩阵

关键内部因素	权重	评分	加权分数
优势			
1. 高层管理稳定	0.05	4	0.2
2. 地理位置	0.1	4	0.4
3. 综合实力	0.1	3	0.3
4. 品牌效应	0.05	3	0.15

(续表)

关键内部因素	权重	评分	加权分数
5. 服务模式	0.075	4	0.3
6. 技术先进	0.05	4	0.2
劣势			
1. 内部沟通不畅	0.025	2	0.05
2. 人力资源紧张	0.075	1	0.075
3. 缺乏稳固的客源	0.15	1	0.15
4. 宣传力度不够	0.15	2	0.3
5. 基层管理者素质不高	0.075	1	0.075
6. 资源浪费严重	0.1	1	0.1
	1		2.3

3. 酒店市场营销部门分析酒店的竞争环境,即酒店所面临的潜在威胁、替代品威胁、行业内竞争、酒店供应商和顾客的讨价还价能力等。具体可以采用 SWOT 分析方法和 EEF 矩阵法进行分析。

4. 两个部门通过调查分析,将分析结果以书面形式报给酒店总经理,酒店总经理将此报告在高层会议上进行商讨。

阅读讨论

到 2008 年年末,我国共有星级饭店 14 099 家,比上年末增加 516 家,增长 3.8%;拥有客房 159.14 万间,比上年末增加 1.76 万间,增长 1.1%;拥有床位 293.48 万张,比上年末减少 3.47 万张,下降 1.2%。全年营业收入总额为 1 762.01 亿元,比上年增加 114.98 亿元,增长 7.0%;上缴营业税 118.33 亿元,与上年基本持平。但随着国际酒店业品牌的扩张,行业竞争加剧,中国内资酒店面临严峻的考验,请分析目前中国内资酒店面临的外部环境。

六、确定酒店战略

1. 酒店相关管理和决策部门提出酒店发展可供选择的战略,例如:一体化战略、多元化战略、集团化发展战略、品牌经营战略等。具体提供怎样的战略可以根据图 2-1 的 SWOT 分析模型来提出相应的发展战略。

2. 针对上述部门提出的发展战略,酒店高层进行分析评价。

3. 根据分析评价确定酒店发展战略,根据发展战略再确定具体的竞争战略和各职能部门的战略。

战略管理使"开元旅业集团"业绩卓著

开元旅业集团总部位于杭州市萧山区,是一家以酒店业为主导产业,房地产业为支柱产业,建材业和其他相关产业为新兴产业,声誉卓著、实力雄厚的大型企业集团,总资产 100 多亿元。集团在北京、上海、杭州、宁波、台州、金华、舟山、成都、徐州、开封、长春、格尔木等地拥有下属企业 40 余家;为中国民营企业 500 强、中国饭店业集团 20 强、中国房地产品牌企业 50 强之一。

公司的愿景(VISION)是,"营造中国品质,创造快乐生活""开元是一个富有民族责任感的企业、开元是一个注重品位与质量的企业、开元是一个致力于创造幸福的企业"。

公司的使命(MISSION)是,"成为出类拔萃、永续经营的大公司,为每一个员工提供高尚事业的舞台和体面生活的保障""我们致力于把企业做大做强,取之社会、回报社会,最终实现企业与员工,企业与社会的共赢"。

开元旅业集团发展的基本战略是,成为有国际影响力的酒店及复合地产投资与运营集团。国际影响力:拥有国际前列、业内领先的规模和知名度。酒店及复合地产:从事酒店、住宅、商业、写字楼等领域的泛地产事业。投资与运营:涉及酒店与房地产的投资与运营。

酒店产业发展战略(2011—2015)

1. 战略远景:成为国内一流的综合型连锁酒店集团。在规模上,成为本土最大的酒店集团之一;在布局上,完成对重要经济集聚区的布点,形成合理的酒店经营网络;在质量和品牌上,成为客户认可的专业化本土酒店服务顶级提供商。综合性:同时从多个维度渗透到各个细分市场,不仅多样而且互补。继续发展高星级酒店,扩大高端酒店市场优势;建立中档商务酒店发展模式,快速做大中档商务酒店规模;基于客户细分特征,树立差异化市场品牌;重点发展商务会议型酒店、度假型酒店和主题酒店。酒店集团:酒店管理与酒店资产经营并重。

2. 五年总体发展目标

经营目标:未来五年实现高于行业平均增速的发展速度,其中营业收入保持年均20%的复合增长速度,至 2015 年实现年营业收入 32.8 亿元,净利润 3.05 亿元。

规模目标:未来五年围绕高星级酒店和中档商务酒店发展,至 2015 年,拥有 63 家及以上的高星级酒店,客房数量超过 20 000 间,拥有 60 家及以上的商务酒店,客房数量超过 9 600 间。保持国内酒店集团前 10 强,进入世界前 50 强。

发展目标:未来五年新增开业高星级酒店 35 家,新增中档商务酒店 58 家。

薪酬目标:建立行业中档偏上的薪酬水平,个人薪酬福利增长应与同期物价上涨水平同步或稍高,争取员工收入实现年平均 6% 以上的增长。

(资料来源:开元旅业集团官方网站,www.kaiyuangroup.com)

阅读材料 2-2

竞争战略:金陵饭店集团——软实力扩张

金陵饭店集团是拥有南京市资格最老、业务量最大、利润最高的五星级饭店——金陵饭店,同时涉及房地产、商业等领域的江苏省旅游龙头企业,它没有像其他企业一样采购成熟的商品化软件,而是自己参与开发。从早几年采用西湖软件公司的前台管理软件,到前年采用金蝶的 ERP 后台管理软件—EAS,都一再强调二次开发。在金陵眼中,管理软件永远是一个有待修改的"半成品",推动金陵饭店集团不吝气力投入二次开发的动力有两个:一是个性化管理,二是"管理输出"。

据介绍,在去年国家旅游局公布的中国旅游饭店排名中,前五名中的四名都是靠重组或资本收购或与国外酒店合作的形式做大的,唯有排名第五的金陵饭店集团,是靠自主管理和管理输出的"软实力"进行扩张成长的。如今的金陵酒店管理公司已是一个在全国范围内拥有 33 家酒店和超过 8 000 间客房的大型连锁集团,连续 3 年位居"中国饭店业民族品牌 20 强"第 5 位(2006 中国饭店集团管理公司统计报告)管理输出,仅靠传统的师傅带徒弟式的老办法,派管理人员过去传授经验是不够的,科学的方法是用一套软件把管理模式标准化,固化下来,通过软件的推广来复制管理经验。所以,"我们这里的'二次开发'绝不是'小作坊软件'的同义语。恰恰相反,它孕育着一个更大范围的标准化推广,金陵所有的成员单位都要使用这套软件进行管理,连锁店加盟的一个前提条件就是要接受这套软件。"金陵管理集团的胡明说。

(摘自:高丽华《商学院》)

知识链接 2-1

酒店战略概述

《辞海》中对"战略"的定义是:"军事名词,指对战争全局的筹划和指挥。它依据敌对双方的军事、政治、经济、地理等因素,照顾战争全局的各方面,规定军事力量的准备和运用。"战略的英文翻译为 strategy,源于希腊语 strategos 和演变出的 stragia,也是一个与军事有关的词。将军事上的战略思想运用于企业管理后又运用于酒店企业的管理,便产生了酒店战略管理的概念,最终形成了管理学派和战略学派两种主要学派对酒店企业战略管理进行研究和总结。

不同学者对企业战略进行不同的分析,企业战略研究的先驱钱德勒认为企业战略是企业的长远性经营决策。企业经营战略是决定企业的基本长期目标与目的,选择企业达到这些目的所遵循的途径,并为实现这些目标与方针将企业重要资源进行分配。美国战略学家安索夫认为,战略是企业为了适应外部环境,对目前与将来要从事的经营活动所进行的战略决策。美国哈佛商学院教授安德鲁斯认为,战略是一种决策模式,它决定和揭示企业的目的和目标,提出实现目的的重大方针与计划,确定企业应该从事的业务,明确企业的经济类型与人文组织类型,以及决定企业应对员工、顾客和社会所做的经济与非经济贡献。美国管理学教授奎因认为,战略是一种模式或计划,它将一个组织的主要目的、政策与活动按照一定的顺序结合成一个紧密的整体。加拿大麦吉尔大学管理学教授明茨伯格借鉴营销学中的4Ps的提法,提出了企业战略的5Ps,即计划(Plan)、计策(Ploy)、模式(Pattern)、定位(Position)和观念(Perspective)。

(资料来源:陈继祥《战略管理》第二版,上海人民出版社)

关键点控制

酒店战略制定关键点控制见表2-3。

表2-3 酒店战略制定关键点控制

关键点控制	细化执行
1. 设计酒店愿景	酒店愿景
2. 确定酒店战略思想	战略思想
3. 确定酒店宗旨和使命	酒店宗旨和使命
4. 确定酒店战略目标	战略目标
4.1 酒店近期发展目标	经营目标、规模目标、发展目标、薪酬目标等
4.2 酒店长期发展目标	战略远景目标
5. 酒店内外环境分析	SWOT分析报告
5.1 外部环境分析	外部环境分析报告
5.2 内部环境分析	内部提升策划方案
6. 确定酒店发展战略	发展战略
6.1 提出可供选择的战略方案	可供选择战略方案
6.2 评估各战略方案	战略方案评估报告
6.3 确定酒店发展战略	发展战略

实战训练

深圳格兰云天酒店管理有限公司发展目标:打造国内一流的民族酒店品牌和国际水准的酒店管理公司。"人在旅途何处去,格兰云天是家园"是写在格兰云天酒店服务指南扉页上的第一句话。深圳格兰云天酒店管理有限公司由深圳中航集团联合其下属的上市公司深圳中航地产股份有限公司共同投资成立,现有注册资本2亿元人民币。

格兰云天酒店管理致力于在中高端酒店客源市场上,打造国内一流民族酒店品牌和国际水准的酒店管理公司。她凭借 20 年成功经营"格兰云天"和"上海宾馆"两个深圳知名品牌酒店的宝贵经验,顺应中国经济持续健康增长下酒店业迅速发展的大势,厚积薄发,自主创新"组织式发展,组合式经营"的发展模式,以效益型快速扩张的卓越业绩在业内确立了行业领先地位,并赢得社会的良好赞誉。依托于深圳中航强大的集团背景,得益于 20 年成功经营深圳知名品牌酒店的经验,中航酒店管理公司积极选择社会优质资源,寻求自行连锁扩张。重点专注于中高档次、精品商务酒店领域。目前在北京、上海、天津、广州、深圳、成都、江苏、江西、湖南等地在营、在建、待建酒店项目 20 余家。该酒店将面临怎样的竞争和发展格局让我们拭目以待。请分析扬州中集格兰云天酒店面临的机遇与挑战。请为该酒店制定一份合适的发展战略。

学习测评

表 2 - 4　学习评价表

姓名		学号		班级	
任务		日期		地点	
任务开始时间:　　年　　月　　　日			任务完成时间:　　年　　月　　　日		
检测内容		系数	分值		得分
1. 酒店愿景表述		1.5	15		
2. 酒店战略思想内容		1.5	15		
3. 酒店宗旨和使命		1.5	15		
4. 酒店发展近期目标		0.5	5		
5. 酒店发展远期目标		0.5	5		
6. 酒店发展外部机会分析		0.5	5		
7. 酒店发展外部挑战分析		0.5	5		
8. 酒店发展内部优势分析		0.5	5		
9. 酒店发展内部劣势分析		0.5	5		
10. 可供选择战略		1	10		
11. 战略评估		1.5	15		
合计		10	100		
个人认为做得好的地方:					
认为完成最不满意的地方:					

（续表）

值得改进的地方：		
自我评价：	非常满意	
	满意	
	不太满意	
	不满意	
互评：		
师评：		
第三方评价：		

任务 6　酒店战略实施

配套微课

任务目标

1. 建立酒店战略实施目标
2. 制订战略实施计划
3. 优化酒店各项资源配置

知识准备

1. 企业文化的构建
2. 酒店核心竞争力的培育

任务实施

酒店战略实施流程如图 2-2 所示。

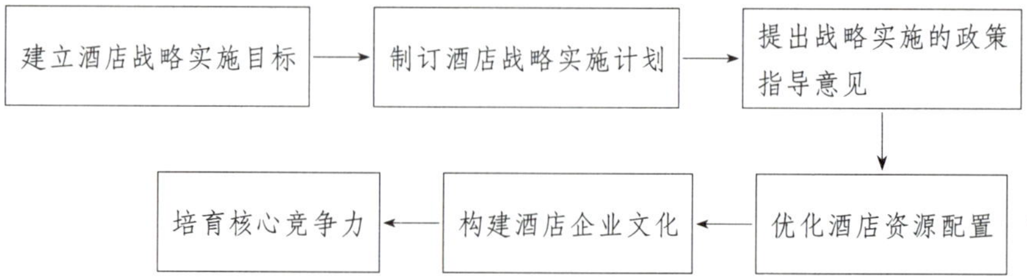

图 2-2　酒店战略实施流程图

战略实施是酒店战略管理过程的第三阶段活动。把酒店战略制定阶段所确定的意图性战略转化为具体的组织行动,保障酒店战略实现预定目标。新战略的实施常常要求酒店在组织结构、经营过程、能力建设、资源配置、企业文化、激励制度、治理机制等方面做出相应的变化和采取相应的行动,也涉及对被实施的战略进行评估。

一、建立酒店战略实施目标

1. 酒店高层管理者根据酒店发展战略的特点提出酒店战略实施的近期目标和中远期目标。通过具体文件和具体数据表述出来,分发到各部门,让每一个部门和每一个员工都明确酒店战略实施的目标,努力为此目标奋斗。

2. 酒店各职能部门根据酒店发展的总体战略,确定自己部门发展策略,并用具体文稿和具体数据表述显示出来,上传给酒店高层,酒店高层通过研究认可后,可以照此执行。

二、制订酒店战略实施计划

1. 酒店总经理办公室制订酒店战略实施的总体计划,计划经酒店高层会议审核通过后可以执行。

2. 各部门根据酒店战略实施的总计划制订本部门的发展计划和应对策略,报酒店总经理办公室审批,通过后可以按照此计划来具体实施。

三、提出战略实施的政策指导意见

1. 酒店高层管理者通过会议商讨,根据战略实施目标和实施计划,制定战略实施的政策指导意见,落实战略实施的政策保障措施和发展导向。

2. 政策指导意见主要明确战略实施过程中的酒店配套措施,例如:酒店的组织机构设置原则、人力资源管理制度、人员激励机制、营销整合机制、财务指标等。

3. 酒店高层领导和中层管理者进行沟通,阐释酒店的政策指导意见,使中层管理者明确酒店的政策导向和具体实施意见,以此制定相应的部门响应预案。

四、优化资源配置

资源配置是指资源的稀缺性决定了任何一个社会都必须通过一定的方式把有限的资源合理分配到社会的各个领域中去,以实现资源的最佳利用,即用最少的资源耗费,生产出最适用的商品和劳务,获取最佳的效益。

1. 酒店高层管理者掌握和分析现有资源,审核现有资源是否满足战略需要,如果不满足应做出具体的调整和实施措施。

2. 根据战略特点调整组织结构

(1) 成本领先战略的组织结构要求:结构清晰的组织和责任;以严格的定量目标为基础的激励;严格的成本控制;经常、详细的控制报告。所以直线制组织结构中的集权化和职能制中的专业化、规范化可以确保成本领先战略的实施。

(2) 差异化战略的组织结构要求:研发与销售部门间的密切合作;重视主观评价与

激励;轻松愉快的氛围,以吸引高技能员工与创造性人才。这种战略的实施需要相对扁平的组织结构来重组。

（3）集中化战略的组织要求:集中化战略需向部分客人提供特定需求的服务,所以这样的集中战略通过简单直线结构更为有效。采用简单直线制实施集中战略取得效益或市场份额,必须转化为采用职能制结构,以保证销售收入的持续增长。

3. 酒店管理者根据战略实施需要做出人员调整安排,进行人力资源的合理配置。

阅读讨论

低成本战略为何无法有效实施?

W度假饭店位于山脚下,这里山清水秀,没有工业污染,空气清新,水源好,是旅游度假的绝佳之处。但该饭店的效益并不理想,客房入住率不高。它的主要客户群是旅游团队客人,市场主要靠旅行社开拓,自身的营销机构主要承担联络与操作的事情。该饭店提供给旅行社的价格是非常低的,但许多顾客则认为从旅行社得到的价格不算低。该饭店经营者认识到,消费者如果没有感知到本饭店的价格优势,就难以改变目前的困境。该饭店的战略意图为,通过旅行社的渠道把饭店推向市场。企业给旅行社提供有竞争力的价格,希望旅行社也能以较低的价格推向消费者,最终使消费者受益,从而扩大知名度与提高入住率,实现低成本扩张战略,但没有得到旅行社的配合。由于该饭店的营销完全受控于几个旅行社,且旅行社为了提高自身的效益,给消费者的价格并不优惠,从而导致该饭店无法通过价格优势实施低成本战略。

以上案例告诉我们什么? 请问成本领先战略存在怎样的风险?

五、构建酒店企业文化

企业文化是在一定的条件下,企业生产经营和管理活动中所创造的具有该企业特色的精神财富和物质形态,它包括文化观念、价值观念、企业精神、道德规范、行为准则、历史传统、企业制度、文化环境、企业产品等,其中价值观是企业文化的核心。

企业文化是企业的灵魂,是推动企业发展的不竭动力。它包含着非常丰富的内容,其核心是企业的精神和价值观。这里的价值观不是泛指企业管理中的各种文化现象,而是企业或企业中的员工在从事经营活动中所秉持的价值观念。构建企业文化需做到以下几点:

1. 根据业务和战略的不同采用不同的文化管理,保障酒店的战略实施。
2. 构建酒店企业文化。

六、培育酒店企业核心竞争力

核心竞争力是指能够为企业带来比较竞争优势的资源,以及资源的配置与整合方式。随着企业资源的变化以及配置与整合效率的提高,企业的核心竞争力也会随之发生变化。凭借着核心竞争力产生的动力,一个企业就有可能在激烈的市场竞争中脱颖而出,使产品和服务的价值在一定时期内得到提升。

1. 酒店领导者根据战略分析结果,明确酒店目前现有的优势和面临的机遇,将此优势进行巩固和发扬,尽力抓住现有机遇。

2. 根据战略分析结果,明确酒店面临的挑战和存在的劣势,在战略实施中尽量避免劣势带来的不利后果,勇于迎接挑战,在挑战中历练自己的企业和员工,但要尽量规避风险。

3. 在明确自身优势、劣势、机遇与挑战的过程中,酒店高层管理者应制定相应的政策和采取相应的措施,有意培育企业的核心竞争力,形成自己的特色和长处,使企业立于不败之地。

知识链接 2 - 2

酒店战略实施模式

1. 指令型模式:又称指挥型模式;企业总经理考虑的是如何制定一个最佳战略的问题。在实践中,计划人员要向总经理提交企业经营战略的报告,总经理看后做出结论,确定了战略之后,向高层管理人员宣布企业战略,然后强制下层管理人员执行。

2. 变革型模式:这种模式的特点是企业经理考虑的是如何实施企业战略。在战略实施中,总经理本人或在其他方面的帮助需要对企业进行一系列的变革,如建立新的组织机构,新的信息系统,变更人事,甚至是兼并或合并经营范围,采用激励手段和控制系统以促进战略的实施。

3. 合作型模式:这种模式的特点使企业的总经理考虑的是如何让其他高层管理人员从战略实施一开始就承担有关的战略责任。为发挥集体的智慧,企业总经理要和企业其他该层管理人员一起对企业战略问题进行充分讨论,形成较为一致的意见,制订出战略,在进一步落实和贯彻战略,使每个高层管理者都能够在战略制订及实施的过程中做出各自的贡献。

4. 增长型模式:这种模式的特点使企业总经理考虑的是如何激励下层管理人员制订实施战略的积极性及主动性,为企业效益的增长而奋斗。即总经理要认真对待下层管理人员提出的一切有利企业发展的方案,只要方案基本可行,符合企业战略发展方向,在与管理人员探讨了解决方案中的具体问题的措施以后,应及时地准这些方案,以鼓励员工的首创精神。采用这种模式,企业战略不是自上而下的推行,而是自下而上的产生。

5. 文化型模式:这种模式的特点是企业总经理考虑如何动员全体员工都参与战略实施活动,即企业总经理运用企业文化的手段,不断向企业全体成员灌输战略思想,建立共同的价值观和行为准则,使所有成员在共同的文化基础上参与战略的实施活动。

(资料来源陈继祥,王家宝.旅游企业战略管理[M].北京:旅游教育出版社,2007:213—214.)

阅读材料 2 - 3

雅高集团的品牌战略

从 1985 年进入中国市场,截至 2009 年 8 月,雅高在中国已经拥有 82 家酒店,品牌覆盖高端酒店和经济型酒店。而在 2002 年,雅高集团在中国还仅管理 20 家酒店。近几年,雅高在中国的发展进入快速发展阶段。

雅高集团在中国以及在全世界发展如此迅速,主要归功于集团非常重视其品牌的发展和提升。雅高集团旗下 1995 年时拥有 14 个品牌,目前拥有 6 大核心品牌,雅高集团运用品牌延伸将联号饭店区分成不同质量档次的饭店。它的资产分成 6 个主要饭店品牌:索菲特(Sofitel),国际豪华型饭店,通常位于机场或度假区;诺富特 Novotel 中档商务型饭店位于交通要道与商业繁华区;美居(Mercure)同样是中档商务饭店,但位于城市中心;宜必思(Ibis)为经济型商务与休闲饭店,至今仍然是欧洲最大的经济型饭店网络;佛缪勒(Formule)为廉价型旅馆;汽车旅馆(Motel)。雅高集团品牌战略的特征主要体现在以下三方面。

1. 并购已有的饭店而非投资新建饭店的扩展方式

雅高集团的创始人 Paul Dubrule 和 Gerard Pelisson 并不具备从事饭店业的背景,然而通过以建立新饭店并同时收购兼并已存在的连锁饭店(Hotel Chain)作为创业灵魂,2 位创始人在短短的五年时间里(1972—1977)将雅高集团的版图扩展到整个欧洲。这种主要是以并购已有的饭店而非投资新建饭店的扩展方式,在 20 世纪 80 年代形成国际扩张的典型特征。

2. 首创独立品牌"诺富特"饭店的飞速发展

雅高集团惊人的扩张速度离不开该饭店集团的首个独立品牌诺富特饭店的飞速发展。1977 年末,整个欧洲已拥有 76 家诺富特饭店;从 1978 年到 1983 年期间,诺富特饭店在法国境内的发展速度急剧下降,同时将目光放眼于整个欧洲市场,在其邻国迅速崛起 28 家诺富特饭店,其中 19 家在德国。1984 年诺富特饭店决定开发英国市场,在 1987 年至 1994 年期间,共计建立了 13 家诺富特饭店。今天,诺富特饭店已在 18 个欧洲国家开设了 214 连锁饭店,成为欧洲饭店业的主力军。获得诺富特特许经营权的饭店必须履行总公司制定的相关产品(如客房规模、家具规格等)和价格政策(如房价、诺富特持卡会员优惠、会议价格等),拥有特许经营权的饭店可以资源共享,通常除了必须采用诺富特饭店的政策及系统外在其他方面相当灵活。

3. 重视品牌延伸与品牌结构设计

品牌延伸能保证在不损害原有品牌的价值、理念、企业文化等的基础上扩大开发新产品或衍生产品以满足不断变化的市场,以期占据更多的客源市场。同时,饭店集团在改造收购的酒店或更新旧饭店成高档饭店时,采用新品牌可以降低建设成本。

目前,雅高集团拥有涉及旅游和饭店业的 6 个商业领域的 50 多个商标,共计饭店 2 783 家,其中诺富特饭店 280 家。1985 年,雅高集团创立了欧洲第一家以培训员工为目的的企业院校雅高学院,学院不仅负责雅高集团内部员工的协调、管理以及指导培训课程,同时也为集团内部各级经理提供了可以相互交流经验的平台。这种重品牌,走多元化的发展之路值得国内同行学习借鉴。

(根据谷慧敏《世界著名饭店集团管理精要》,辽宁科学技术出版社,2003 年版,整理而成)

希尔顿酒店集团的发展战略与企业文化建设

希尔顿十分注重员工的文明礼仪教育,倡导员工的微笑服务。他每天至少到一家希尔顿饭店与饭店的服务人员接触,向各级人员(从总经理到服务员)问得最多的一句话,必定是:"你今天对客人微笑了没有?"希尔顿对他的员工说:"请你们想一想,如果旅馆里只有第一流的设备而没有第一流服务员的微笑,那些旅客会认为我们供应了他们全部最喜欢的东西吗? 如果缺少服务员的美好微笑,就好比花园里失去了春天的太阳和春风。假如我是旅客,我宁愿住进虽然只有残旧地毯,却处处见到微笑的旅馆,也不愿走进只有一流设备而不见微笑的地方……"当希尔顿坐专机来到某一国境内的希尔顿旅馆视察时,服务人员就会立即想到一件事,那就是他们的老板可能随时会来到自己面前再问那句名言:"你今天对客人微笑了没有?"

1. 每一家饭店都要拥有自己的特性,以适应不同城市、地区的需要。要做好这一点,首先要挑选能力好、足堪胜任的总经理,同时授予他们管理好饭店所必需的权力。

2. 要编制预算。希尔顿先生认为,20 世纪 20 年代和 30 年代美国饭店业失败的原因,是美国饭店业者没有像卓越的家庭主妇那样编制好饭店的预算。他规定,任何希尔顿饭店每个月底都必须编制当时的订房状况,并根据上一年同一月份的经验资料编制下一个月每一天的预算计划。他认为,优秀的饭店经理都应正确地掌握每年每天需要多少客房服务员、前厅服务员、电梯服务员、厨师和餐厅服务员。否则,人员过剩时就会浪费金钱,人员不足时就会服务不周到。对于容易腐烂的食品补充也是这样。他又认为,除了完全不能预测的特殊情况,饭店的决算和预算大体上应该是一致的。

3. 集体或大批采购。拥有数家饭店的饭店集团大批采购肯定是有利的。当然,有些物品必须由每一家饭店自行采购,但也要注意向制造商直接大批采购。这样做不仅能使所采购的同类物品标准统一、价格便宜,而且也会使制造商产生以高标准来改进其产品的兴趣。"要找金子,就一再地挖吧!"挖金是希尔顿先生从经营莫布雷旅馆取得的经验。他买下莫布雷旅馆后做的第一件事就是要使每一平方米的空间产生最大的收入。他将餐厅改成客房。另外,为了提高经济效益,他又将一张大的服务台一分为二,一半做服务台,另一半用来出售香烟与报纸。原来放棕榈树的一个墙角也清理出来,装修了一个小柜台,出租给别人当小卖店。希尔顿先生买下沃尔多夫饭店后,他把大厅内 4 个做装饰用的圆柱改装成一个个玻璃陈列架,把它租赁给纽约著名的珠宝商和香水商。每年因此可增加 4.2 万美元的收入。买下朝圣者饭店后,他把地下室租给别人当仓库,把书店改成酒吧,所有餐厅一周营业 7 天,夜总会里又增设了摄影部。

4. 特别注重对优秀管理人员的培训。希尔顿饭店公司积极选拔人到密西根州立大学和康奈尔大学饭店管理学院进修和进行在职培训。希尔顿饭店的管理人员都由本系统内部的员工晋升上来,大部分饭店的经理都在本系统工作 12 年以上。每当开发一家新的饭店,公司就派出一支有多年经验的管理小分队去主持工作,而这支小分队的领导一般是该公司的地区副总经理。

5. 强化推销力度。这包括有效的广告、新闻报道、促销、预订和会议销售等。

6. 希尔顿饭店之间的相互订房。随着希尔顿系统饭店数量的增加,饭店之间的订房越来越成为有利的手段。希尔顿系统每个月要处理 3 500 家饭店的顾客能预订到其他城市的希尔顿的饭店里。

(资料来源:根据百度百科 http://baike.baidu.com/view/310501.html? wtp=tt 希尔顿整理)

关键点控制

表 2-5　酒店战略实施的关键点控制

关键点控制	细化执行
1. 建立酒店战略实施目标	实施目标
1.1　长期目标	酒店发展报告
1.2　近期发展目标	酒店发展近期报告
2. 制订酒店战略实施计划	战略实施计划
3. 提出战略实施的政策指导意见	战略实施的政策指导意见
4. 优化资源配置	资源配置
4.1　组织结构调整	组织结构优化政策
4.2　人力资源安排	人力资源整合战略
5. 构建酒店企业文化	企业文化建设纲要
6. 培育酒店核心竞争力	酒店核心竞争力培育方案

实战训练

1. 深圳威尼斯饭店是中国首家威尼斯文化主题商务度假型饭店，华侨集团以管理合同的方式委托洲际饭店管理集团管理威尼斯饭店。开业以来，威尼斯饭店创造了一个引进国际先进饭店管理经验并使其逐渐本土化的成功范例。第一，采取"双品牌"策略，优势互补，实现文化上的本土化。华侨城集团经过 20 多年的发展，已成为享誉中外的强势品牌，其所包含的文化性、艺术性、国际性、包容性以及环境的美誉度、社会的认知度和企业的效益，使威尼斯饭店一开始就站在较高的起点上，表现出与众不同的品质。华侨城旅游业的整体推广、城区资源的有效整合、配套功能的合理布局，为扩大威尼斯饭店的知名度、提高入住率以及吸引回头客等方面起到了积极的推动作用。第二，配合双方的文化特色，打造独特的饭店文化。威尼斯饭店较好地实现了外方管理文化的本土化，形成了自己独特的饭店文化。文化上的融合就是理念的融合。华侨城"优质生活的创想家"的理念是其企业文化的实质，诠释着华侨城人对生活质量的追求，而"朴实无华、诚实可靠、坚持不懈、乐观大度，加之以一种复兴者的激情"的洲际饭店集团的企业精神正是他们生活态度的写照。这两种理念的碰撞与融合成就了威尼斯饭店对生活质量和人文关怀的执着、追求。无论是外籍员工还是中国员工，均表现出融洽、自信、乐观、积极向上的生活态度。接受新的理念，包容不同文化是威尼斯饭店文化的特征之一。在威尼斯饭店可以感受到亲和的文化氛围。管理方和业主间相处融洽。每月的经营汇报是业主和管理方最直接的沟通，业主可以一针见血地指出饭店管理中存在的问题，也可以毫不犹豫地接受外方提出的合理建议。而饭店之外，管理者和业主之间则是朋友般友善，正是这种开放的心态成就了威尼斯饭店开放的文化。人才的本土化和观念的国际化成就了威尼斯独特的管理模式。洲际集团的管理模式随着市场的变化在不断完善着它的本土化过程。进入中国市场之后，他们吃一堑，长一智，根据中国的国情和民族的特性进行合理调整。洲际在与华侨城合作中，更加注重管理模式的创新。比如饭店通过"人员本土化策略"，培养了一批本土管理人才，这些人员中有相当一部分来自华侨城集团，他们一方面在实践中掌握管理技术，另一方面也使外方的管理更符合中国的民风、习俗和价值观念。通过学习、融合、沟通，华侨城在吸引洲际管理经验的基础上，融入了中国文化，融进了华侨城的管理理念。在这种具有创造性的模式中，既有国际饭店管理集团公司严格规范的运作流程和市场经验，又不失东方管理的人文关怀、含蓄与奔放、亲和与严谨，使威尼斯饭店赢得了不同文化背景的客人的喜爱。

1. 威尼斯饭店如何实施其战略？在饭店跨文化经营管理中应该坚持什么原则？
2. 为该酒店制定一份新的战略实施方案。

学习测评

表 2-6 学习评价表

姓名		学号		班级	
任务		日期		地点	
任务开始时间： 年 月 日			任务完成时间： 年 月 日		
检测内容		系数	分值		得分
1. 酒店战略目标		1.5	15		
2. 酒店战略实施计划		2	20		
3. 制定战略实施的政策指导意见		1.5	15		
4. 资源配置		1.5	15		
5. 企业文化建设方案		2	20		
6. 酒店核心竞争力培育方法的提出		1.5	15		
合计		10	100		
个人认为做得好的地方：					
认为完成最不满意的地方：					
值得改进的地方：					
自我评价：			非常满意		
			满意		
			不太满意		
			不满意		
互评：					
师评：					
第三方评价：					

任务 7 酒店战略控制

任务目标

1. 选择酒店战略控制方法
2. 确定战略评价标准

3. 对战略进行有效调整

知识准备

1. 战略控制理论
2. 战略评价方法

任务实施

酒店战略控制流程如图 2-3 所示。

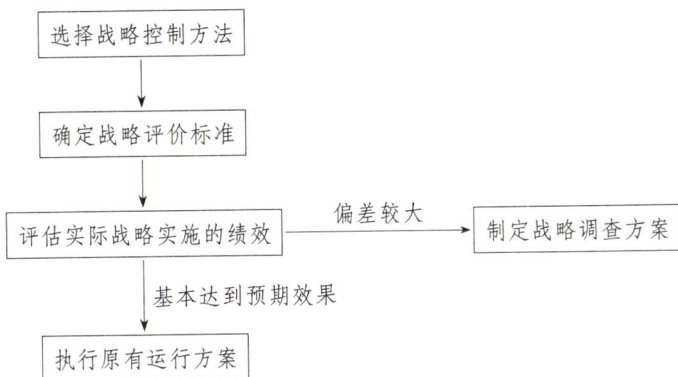

图 2-3 酒店战略控制流程图

战略控制主要是指在酒店经营战略的实施过程中,检查酒店为达到目标所进行的各项活动的进展情况,评价实施酒店企业战略后的酒店绩效,把它与既定的战略目标与绩效标准相比较,发现战略差距,分析产生偏差的原因,纠正偏差,使酒店战略的实施更好地与酒店当前所处的内外环境、酒店目标协调一致,使酒店战略得以实现。

一、选择酒店控制方法

1. 酒店高层管理者研究决定战略实施最终的衡量指标,一般衡量的方法有市场评价方法和财务评价方法,或者两者并存。

2. 如果是市场评价方法,衡量的指标主要有市场占有率、客房出租率、客人满意度、酒店美誉度等。

3. 如果是财务评价方法,则衡量的指标主要有酒店营业额、营业收入、酒店利润、客房出租率、客房营业额和成本支出等。主要通过这些指标看酒店战略实施过程中或实施后,酒店利润是否增加,酒店是否赢利等。

4. 当然酒店也可以选择这两种评价方法中的主要指标作为衡量要素,例如:选择市场占有率、客房出租率、酒店净利润、顾客满意度等作为衡量指标。

二、确定评价的标准

1. 根据评价指标,酒店管理者将任务下发到酒店各职能部门,同时下发绩效考核标准。

2. 根据最终运营统计结果,进行月度评估、季度考察、年度审核,衡量实际绩效,并形成绩效报告。

3. 通过月度总结、季度报告、年终总结报告比较实际绩效与标准绩效之间的差距,找出产生差距的原因,及时发现偏差,及时纠正。

阅读讨论

2010 年 10 月,喜达屋酒店与度假村国际集团(NYSE:HOT)为巩固其在中国作为最大的五星级和四星级酒店运营商之一的长期主导地位,在拥有 62 间酒店的基础上,筹建 86 间新酒店。在 2011 年来临之际,喜达屋筹划的每三个新建酒店之一将在中国开业,包括其九大品牌中已进入中国的八个品牌的全新旗舰店。中国将成为仅次于美国的喜达屋第二大酒店市场。面对如此大规模的扩张战略,你认为酒店集团应建立怎样的评价机制和监控机制?

三、战略调整

1. 根据产生差距的原因,做出具体的战略调整计划。例如:检查制定战略时的假设是否出现重大失误;在战略的实施过程中,环境是否发生了重大的变化,导致战略的失效。

2. 检查企业在运作过程中有无偏离战略方向,是否完成预期的战略目标。如果基本完成预期目标则按照原有运作方案继续执行,如果发生重大偏差则应做出调整决定。

3. 建立战略预警系统。在每一个战略制定时需建立配套的战略预警系统,当环境发生重大变化或者战略实施过程中发生重大偏差时应及时启用战略预警系统。

4. 运用非诊断型控制模式。制订预防性控制计划,建立酒店信仰系统、酒店管理制度和激励机制等对酒店战略进行有效的监控。

知识链接 2-3

饭店发展战略

1. 一体化战略:饭店一体化战略包括横向一体化、纵向一体化和混合一体化战略。

(1)纵向一体化,也称为垂直一体化,是指生产或经营过程相互衔接、紧密联系的企业之间实现一体化,按物质流动的方向又可以划分为前向一体化和后向一体化。

(2)横向一体化,也称水平一体化,是指与处于相同行业、生产同类产品或工艺相近的企业实现联合,实质是资本在同一产业和部门内的集中,目的是实现扩大规模、降低产品成本、巩固市场地位。

(3)混合一体化。这是指处于不同产业部门、不同市场且相互之间没有特别的生产技术联系的企业之间的联合,包括三种形态:① 产品扩张型,即与生产和经营相关产品的企业联合;② 市场扩张型,即一个企业为了扩大竞争地盘而与其他地区生产同类产品的企业进行联合;③ 毫无关联型,即生产和经营彼此之间毫无联系的产品或服务的若干企业之间的联合。

2. 多元化战略:包括产品多元化、市场多元化、投资区域多元化和资本多元化。

所谓产品多元化,是指企业新生产的产品跨越了并不一定相关的多种行业,且生产多为系列化的产品;所谓市场多元化,是指企业的产品在多个市场,包括国内市场和国际区域市场,甚至是全球市场;所谓投资区域多元化,是指企业的投资不仅集中在一个区域,而且分散在多个区域甚至世界各国;所谓资本多元化,是指企业资本来源及构成的多种形式,包括有形资本和无形资本,诸如证券、股票、知识产权、商标和企业声誉等。

一般意义上的多元化经营,多是指产品生产的多元化。多元化与产品差异是不同的概念。所谓产品差异是指同一市场的细分化,但在本质上是同一产品。而多元化经营则是同一企业的产品进入了异质市场,是增加新产品的种类和进入新市场两者同时发生的。所以多元化经营是属于经营战略中的产品——市场战略范畴,而产品差异属于同一产品的细分化。同时,对企业的多元化经营战略的界定,必须是企业异质的主导产品低于企业产品销售总额的70%。例如:许多饭店企业是由地产商经营起来的,企业的前身是经营房地产生意,后来由于经营扩张,产品多元化才开始经营饭店、旅游景区、车船公司等其他行业。

3. 饭店集团化:饭店集团化基本途径有二。一是有实力的企业自己组建饭店集团,二是实力相对不足的单体饭店加入饭店集团。饭店集团的发展模式主要有资本扩张、特许经营、管理合同、战略联盟等形式。其中资本扩张又包括资产并购、合资、全资和租赁经营。

4. 品牌化发展战略:饭店品牌的经营按照品牌与产品的关系及扩展方向,主要可以归纳为单一品牌策略、主副品牌策略和多元品牌策略三类。例如,香格里拉饭店集团和加拿大的四季饭店集团主要在全球豪华市场竞争,均使用单一品牌,无论是产品品牌还是公司品牌体现的都是豪华的形象。精品国际饭店集团,采用的则是多品牌策略。旗下的九个品牌彼此独立,且与精品国际本身无多大关联。其中 Clarion Hotels 是精品国际中提供全面服务的一流饭店品牌,该品牌的宣传口号是"精益求精";Econo Lodge 以大众可以接受的中等价位提供整洁、经济的服务,其名声在全球同档次的饭店中是最大的;Rodeway Inn 主要面向城市或大中城镇的高级旅游市场,提供中等价格的客房,该品牌的宣传口号是"温馨的家园"。

饭店品牌经营的生命力在于实现品牌资产的价值。因为只有使饭店的品牌产生溢价和增值效应,才能保证饭店品牌的持续经营。饭店品牌营运,既要注重品牌的有效保护,防止品牌形象受损或被侵权,又要利用品牌效应,实现品牌扩张。

(资料来源:陈继祥,王家宝.旅游企业战略管理[M].北京:旅游教育出版社,2007:120—137.)

关键点控制

酒店战略实施的关键点控制见表 2－7。

表 2－7　酒店战略实施的关键点控制

关键点控制	细化执行
1. 战略控制方法的选择	战略控制
1.1　市场指标的确定	市场营销战略
1.2　财务指标的确定	财务战略
2. 确定战略评价标准	战略评价标准
3. 评估实际绩效	各部门绩效评估报告
4. 战略预警系统制定	战略预警系统
5. 战略监控系统制定	战略监控系统
6. 战略调整决策	战略调整方案

阅读材料 2－5

2010 年 4 月,中国的锦江国际集团与美国的德尔集团(Thayer Lodging Group)携手收购美国洲际酒店集团(Interstate Hotels & Resorts, Inc.)的战略合作项目顺利完成,相关交易总价值达 3 亿美元。

这是中国旅游酒店企业首次以中外合作方式收购国外同行,是中国酒店企业开展国际并购以来最大的一宗交易,也是上海国有企业首次参与收购美国上市公司。

据介绍,此次中美双方企业的战略合作,旨在充分发挥并购效应,深化国际合作,推进国际、国内两个市场的协同发展,积极探索品牌发展与资产增值的有机结合。依托此次战略合作,中美企业今后有望发起设立中国第一只酒店旅游产业投资基金。同时,作为国际领先的独立酒店管理公司,洲际酒店集团可将其成熟的管理业务带入市场潜力巨大的中国。

　　据了解,2005年10月,锦江国际集团已与德尔集团合资设立了中国最大的旅游分销平台HUBS1(汇通天下),并成为中国2010年上海世博会的官方指定订房平台,今年全年订房量预计可达350万间/套。

　　锦江主营是星级酒店和餐饮,同时控股了锦江股份,遍布中国内地31个省自治区和直辖市,城市是180个,架构是星级集团投资管理业务,通过锦江股份从事星级酒店管理,这是在星级酒店在各个区域的分布。近几年锦江陆续收购了中国内地酒店和资产,包括武汉的锦江国际大酒店、北京的昆仑饭店、昆明的锦江大酒店、西安的西京国际饭店。锦江发展也实现了超常规发展,目前家数已经突破了500家。锦江规划和策略扩大中国市场份额,提升管理水平和核心竞争力,抓住机遇拓展海外市场,实现品牌和业务的国际化。回到并购的案子,锦江认为在策略和计划方面要选定好海外组织并购形式,要利用好中介机构,要遵循东道国和母国的法律,且在策略上要做好完备的调查,要充分把握法律风险,要充分关注管理和文化的整合,要关注随时可能发生的突发事件。

　　美国德尔集团是集酒店投资、酒店管理和酒店旅游网络信息技术为一体的旅游业综合实体。美国洲际酒店集团是北美领先的独立酒店管理公司,业务分布于全球七个国家,投资和管理着228家酒店,约4.6万间/套客房。

实战训练 ◀

　　请为锦江酒店集团制定战略实施方案评价体系。

学习测评 ◀

表2-8　学习评价表

姓名		学号		班级	
任务		日期		地点	
任务开始时间:　　年　　月　　日			任务完成时间:　　年　　月　　日		
检测内容		系数		分值	得分
1. 市场评价指标体系建立		1.5		15	
2. 财务评价指标体系建立		1.5		15	
3. 酒店战略实施方案评价标准建立		2.0		20	
4. 实际绩效评估方案制定		1.5		15	
5. 战略预警系统建立		1.5		15	
6. 制定战略调控系统		2.0		20	

（续表）

合计		10	100	
个人认为做得好的地方：				
认为完成最不满意的地方：				
值得改进的地方：				
自我评价：		非常满意		
		满意		
		不太满意		
		不满意		
互评：				
师评：				
第三方评价：				

任务8　酒店企业文化建设

任务目标

1. 满足酒店主动塑造的文化形态
2. 塑造酒店内部员工行为和关系的规范
3. 维系酒店企业成员的统一性和凝聚力

知识准备

1. 企业文化的概念
2. 酒店企业文化的作用
3. 影响酒店企业文化建设因素

任务实施

酒店企业文化建设流程如图2-4所示。

```
┌────────┐   ┌────────┐   ┌────────┐   ┌────────┐   ┌────────┐   ┌────────┐
│ 建立机构 │ → │ 诊断文化 │ → │ 提炼文化 │ → │ 设计行为 │ → │ 行为识别 │ → │ 文化培训 │
│        │   │        │   │        │   │ 规范    │   │ 体系    │   │ 体系    │
└────────┘   └────────┘   └────────┘   └────────┘   └────────┘   └────────┘
```

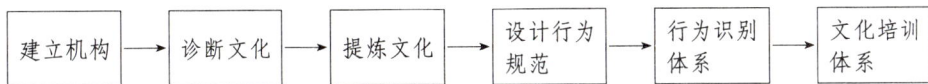

图 2 - 4　酒店企业文化建设流程图

企业文化是在一定的条件下,酒店企业生产经营和管理活动中所创造的具有该酒店特色的精神财富和物质形态,它包括文化观念、价值观念、企业精神、道德规范、行为准则、历史传统、酒店制度、文化环境、企业产品等,其中价值观是酒店企业文化的核心。

一、建立酒店企业文化实施机构

1. 高层领导者预定目标。

2. 建立企业文化实施机构:

(1) 统一思想,充分认识加强酒店企业文化建设的重要性、紧迫性。

(2) 赋予相关部门、人员酒店文化建设的职能、职权,既要有统一的目标,又要有明确的分工。

(3) 拟订企业文化建设分级考核体系,纳入年度业绩考核指标。

3. 酒店领导人要作为酒店企业文化建设的领导者和推行者。

二、诊断评估酒店文化

1. 诊断文化

组织相关人员或专业机构诊断酒店的现有文化。

2. 评估文化

组织相关人员或专业机构评估酒店的现有文化,并提出建议。

3. 设计文化

由酒店的管理者或企业文化的倡导者、设计者提出酒店企业文化建设的初步方案。

4. 培育文化

在酒店的各个部门培育企业文化。

5. 评价文化

对酒店文化培育过程中出现的问题以及实施情况进行跟踪,确保酒店企业文化建设任务顺利完成。

三、提炼酒店文化理念体系

1. 提炼文化

对有效的酒店企业文化进行归纳和加工,概括出易懂、简洁易记,又能鼓舞人心的语言来表达。

(1) 酒店找 10 位从创业到发展全过程都参加的人,让他们每个人讲 3 个故事。

(2) 把重复率最高的故事整理出来,进行初步加工,形成完整的故事。

(3) 找 10 个刚来企业一年左右的员工,最好是大中专学生,把整理好的故事讲给他们听。

（4）把专家和有关酒店领导集中封闭起来，对记录的内容进行研究、加工，从中提炼出使用率最高的代表故事精神的词。这些词经过加工，就是企业精神或企业理念。

（5）按照提炼出来的反映精神或理念的核心词，重新改编故事，在尊重历史的前提下，进行文学创作，写出集中反映核心词的酒店自己的故事。结合酒店发展历程，科学提炼、系统归纳现有的企业文化。

2. 建立酒店文化理念体系

（1）把酒店中层以上干部集中起来，把酒店的理念，逐句念出来，请大家把听到理念后，所想到的能代表这种理念的人物、事件说出来或写出来。如果大部分人都能联想到代表人物或事件，且事件相对集中，就说明酒店的文化得到了大家的认同；如果大部分人不能说出或写出代表性的人物或事件，就说明企业文化和企业理念没有得到员工的认同，就更谈不上对员工行为的指导作用。

（2）组织成员进行讨论，集思广益，在讨论中实现新旧价值观及文化的碰撞及交替，确立并完善企业文化的内涵。

（3）调整文化。跟踪反馈，对某些不符合环境变化的内容予以调整或重塑酒店文化。

四、设计酒店行为规范体系

1. 设计酒店员工职业行为规范
2. 设计酒店管理者职业行为规范
3. 设计酒店高层管理者职业行为规范
4. 设计酒店专业人员行为规范
（1）生产人员职业行为规范
（2）营销人员职业行为规范
（3）对客服务人员职业行为规范
（4）工程技术人员职业行为规范

五、设计酒店行为识别体系

1. 确定酒店 MI（理念识别）

（1）确定全体职工的价值观。酒店价值观是酒店文化的核心，决定酒店的命脉，关系酒店的兴衰。

（2）确立酒店精神。培育有个性的酒店精神是加强酒店文化建设的核心，培育具有鲜明个性和丰富内涵的酒店精神，最大限度地激发职工内在潜力，是酒店文化的首要任务和主要内容。培养酒店精神，要遵循时代性、先进性、激励性、效益性等原则，不仅要反映酒店本质特征，而且要反映出行业的特点和本单位特色，体现出酒店的经营理念。

（3）确立符合酒店实际的酒店宗旨是酒店生存发展的主要目的和根本追求，它是以酒店发展的目标、目的和发展方向来反映酒店价值观。酒店道德是在酒店生产经营实践的基础上,基于对社会和对人生的理解做出的评判事物的伦理准则。酒店作风是酒店全体干部职工在思想上、工作上和生活上表现出来的态度和行为,体现了酒店整体素质和对外形象。

2. 确立 VI(视觉识别)

(1)统一标识、服装、产品品牌、包装等,实施配套管理。在酒店发展中还要以务实的态度不断完善酒店视觉识别各要素,做到改进—否定—再改进—再确定。包含酒店标识、旗帜、广告语、服装、信笺、徽章、印刷品统一模式等。

(2)规范员工行为礼仪和精神风貌,在社会上建立起酒店的高度信任感和良好信誉。

3. 确立 BI(行为识别)

(1)酒店内部对职工的宣传、教育、培训。

(2)对外经营、社会责任等内容。要通过组织开展一系列活动,将酒店确立的经营理念融入酒店的实践中,指导酒店和职工行为。

(3)以人为本,树立精干高效的队伍形象,打造精神文化。

(4)树立共同理想,规范行动,养成良好行为习惯,塑造形象扩大社会知名度。

六、设计酒店文化推进系统

1. 导入酒店文化系统

2. 建立酒店学习型组织

3. 以企业文化为指导完善企业文化制度层,将企业文化以制度形式确立下来。

(1)内外并举,塑造品质超群的产品形象,打造酒店物质文化。

(2)目标激励,塑造严明和谐的管理形象,打造酒店制度文化。

(3)寓教于文,塑造优美整洁的环境形象,打造酒店行为文化。

4. 规划酒店文化建设战略

七、设计酒店文化培训体系

1. 确立酒店文化培训目标。

2. 发布并宣传酒店文化的内容,采取培训教育的方式,发动酒店全体成员学习了解。

(1)结合酒店发展战略,科学制订员工培养计划。

(2)对全体员工进行酒店文化培训。

(3)树立和培养典型人物。

(4)以酒店文化理念与价值观为导向,制定管理制度。

3. 审视酒店内外部状况,明确变革需求,制订切实可行的酒店文化培训体系。

知识链接 2-4

品牌文化等同企业文化吗?

品牌文化是品牌最核心的 DNA,它蕴涵着品牌的价值理念、品位情趣、情感抒发等精神元素,是品牌价值内涵及情感内涵的自然流露,是品牌触动消费者心灵的有效载体。

在市场竞争日趋"白热化"的今天,产品日益同质化,企业越来越难以在产品的价格、质量、渠道等方面制造差异,品牌文化正好赋予品牌独特的内涵和个性,增进消费者对品牌的好感度和美好联想,形成自身竞争优势。

品牌文化的价值在于,它把产品从冰冷的物质世界,带到一个丰富多彩的精神世界。在消费者心中,选用某一品牌不仅是满足产品物质使用的需求,更希望借此体现自己的价值观、身份、品味、情趣等。可以说,未来企业的竞争是品牌的竞争,更是品牌文化的竞争,培育具有品牌个性和内涵的品牌文化是保持品牌经久不衰的"秘笈"。

品牌文化由诸多要素构成,品牌核心价值是品牌文化的灵魂,品牌 VI 形象、品牌演绎故事等是品牌文化附着的载体,广告、新闻、公关活动等手段又成为品牌文化传播的途径。创建品牌的过程其实就是一个将品牌文化充分展示的过程,持续不懈的演绎,与时俱进的传播,使品牌文化深入人心。

例如,辉煌百年的可口可乐,把美国人的精神、美国人的生活方式融入了品牌文化,把品牌文化变成了人们生活中的一部分,渗透全球,成为品牌文化成功的典范。万宝路为我们展示了一幅美国西部牛仔阳刚、豪迈的"硬汉"形象,代表着勇敢、正义和自由;星巴克则面对都市白领,演绎出一种忙中偷闲、讲求品味和情调的咖啡文化。

一个品牌如果成为某种文化的象征,它的传播力、影响力和销售力是惊人的,这个品牌将占据人们的心智,消费者因信赖和忠诚而对某品牌产品进行反复购买,则会使企业获取长期的成功营销和利润。

企业文化则是不同于品牌文化的另一个概念,企业文化是企业在经营活动中形成的企业精神、价值观念、经营理念、经营方针、行为准则、道德规范、管理制度以及企业形象等的总和。它是企业个性化的体现,是企业参与竞争、寻求发展的原动力。

俗话说:"小企业看老板,中企业看制度,大企业看文化。"其实企业文化就是一种柔性的管理手段,是通过建立一种共同的价值观,从而形成企业统一思维方式和行为方式。

企业文化是企业生存发展原动力。那么,决定成败的关键因素是什么? 是人?是制度? 是产业? 其实都不是,是文化! 企业文化是企业参与竞争、寻求发展的原动力。海尔"创新、效率"的企业文化激发了所有海尔人的智慧和力量,也使海尔以飞快的速度崛起和腾飞。

企业文化能增强企业的凝聚力。企业文化一旦被企业员工共同认可后，它就会成为一种黏合力，使全体员工在企业的使命、战略目标、战略举措、沟通合作等方面达成共识，从而产生一种巨大的向心力和凝聚力。日本的三井公司正是因为有着"集体主义"的企业文化，才使其在经历了二十多年的分离后重又走在一起。

企业文化能加强企业的维护力。制度是刚性的，文化是柔性的，"刚不可久，柔不可守"，企业文化补充了企业制度刚性的弱点，有效地消除了员工对制度控制的抵触性，提升了员工的贯彻执行力，是企业管理的辅助工具。许多民营企业往往内部矛盾重重，难以基业长青，其实就是因为缺乏良好的企业文化。

古人云："人之力发自于心，心旺则事盛。"企业经营又何尝不如此呢？企业文化的实质就是"以人为本"，就是企业在经营中获得员工之心，使员工心往一处想，劲往一处使。

通过以上阐述，我们不难看出，品牌文化和企业文化既密切联系又有所不同。品牌文化是属于消费者的，它的本质是引导消费者的消费取向，获取消费者对品牌的信赖和忠诚，使企业获取源源不断的利益。而企业文化是属于企业员工的，它的本质是企业通过建立一种共同的价值观，从而形成统一思维方式和行为方式，凝聚员工人心，提升员工的执行力，增强团队的战斗力。

宝洁公司的企业宗旨是"生产和提供世界一流产品，美化消费者的生活"，但它并不在品牌传播中传递这些信息，甚至许多消费者都不知道吉利是宝洁公司旗下的品牌。可口可乐公司在品牌宣传中，也只是向消费者传播品牌形象及品牌文化，很少提及公司的企业文化。

让品牌承载丰富的企业文化内涵其实是一种不明智的做法。一般而言，消费者只关心企业带给他们的品牌怎样，是否能从品牌中获得自己内心所需求的功能或精神上利益，至于企业文化如何并不是他们关注的重点。

当然，品牌文化同企业文化也有着密切的联系。优秀的企业文化，将会助力品牌文化的建设和培育，促进企业品牌形象的提升。"可口可乐""微软""联想""海尔"等，那些成功的企业，其优秀的企业文化在其品牌形象塑造过程中发挥了巨大的作用。

（资料来源：中国企业文化网，http://www.ce-c.com/2009/0211/1135.html）

关键点控制

表 2 - 9　酒店企业文化建设的关键点控制

关键点控制	细化执行
1. 建立酒店文化实施机构	文化管理计划书
1.1　高层领导者预定目标	目标草案
1.2　审议组织结构和职责分工	组织结构图、考核指标
2. 诊断评估酒店文化	文化诊断资料
3. 提炼酒店文化理念体系	文化理念
3.1　提炼文化	文化归纳加工
3.2　建立酒店文化理念体系	调整或重塑酒店文化
4. 设计酒店行为规范体系	各类人员行为规范
5. 设计酒店行为识别体系	行为识别
5.1　确定酒店 MI	酒店价值观、酒店精神
5.2　确立 BI	行为识别
5.3　确立 VI	视觉识别
6. 设计酒店文化推进系统	文化实施体系
7. 设计酒店文化培训体系	酒店文化培训体系

阅读材料 2 - 6

华天以"心"文化开创现代服务文化新境界

华天的快速超常规发展之路,源于华天独具特色的具有鲜明时代特征的先进文化理念。

华天酒店文化是华天酒店创业 20 余年来不断发展着的文化,是华天人勤奋实践、努力学习,不断及时总结真实、新鲜、独特的企业生存经验而取得的智慧成果。华天酒店文化吸收并传承了军队文化与湖湘文化的特质基因让华天酒店文化具有强烈的时代感、鲜明的民族性。

华天酒店文化以"礼、智、信、仁、义、德"这一中国传统文化精髓为根基,以《华天三字经》为载体,以"百年华天,华开天下"为共同愿景,以"超越自我,服务创造价值"为核心价值理念,以"令顾客满意加惊喜的精致服务"为核心竞争力,呈现出"先、高、严、优、细"为代表的五字文化特征,以及"酒店、员工、顾客"三位一体的价值创造流程。

华天酒店文化是服务的文化,是用"心"构建的文化,华天"心"形企业文化建设模式是以酒店、员工、顾客三者为边界，遵循同一价值频率，形成一颗共同跳动之"心"、和谐之"心"、成长之"心"。

植根于华夏文明与湖湘沃土的华天企业文化如出水芙蓉，融传统于现代，精致而婉约。秉承华天服务文化的华天人正用精致服务为顾客创造着属于这个时代的精致生活与精彩人生。

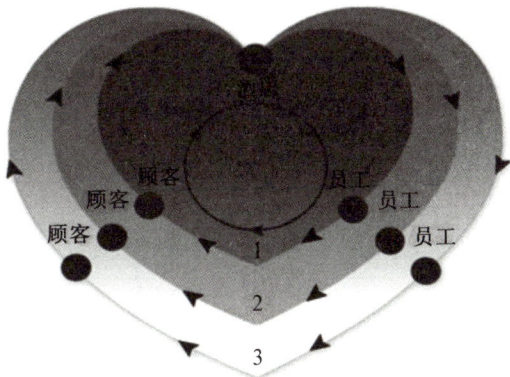

一个核心：超越自我，服务创造价值。

两个基本点：管理以员工为中心；经营以顾客为中心。

三个环节：酒店为员工创造价值；员工为顾客创造价值；顾客为酒店创造价值。

四大法宝：高标准、严要求的准军事化管理；精致化、精美化的华天特色服务；德为先、人为本的现代儒学文化；争第一、永创新的先进企业精神。

五字特征：先 高 严 优 细

先：勇于创新，敢为人先；高：高起点、高标准、高效率；严：严肃、严谨、严格；优：优质、优美、优秀；细：细节、细微、细致。

六十字《华天三字经》

华天人 立大志 敬事业 勤修身 恭俭让 礼智信 善为心 诚为本 孝父母 爱同仁 客如友 乐助人 语宜温 行端正 学不厌 永创新 严为爱 业技精 争第一 是店魂

（资料来源：华天酒店网，http://www. huatian-hotel. com/CataContent. aspx? CatalogId＝hxwh）

实战训练

1. 根据前面的资料，请为华天酒店各类人员设计行为规范体系。

2. 请为华天酒店设计培训体系。

学习测评

表 2-10 学习评价表

姓名		学号		班级	
任务		日期		地点	
任务开始时间： 年 月 日			任务完成时间： 年 月 日		
检测内容		系数	分值		得分
1. 建立酒店文化实施机构		1.0	10		
2. 诊断评估酒店文化		1.5	15		
3. 提炼酒店文化理念体系		1.0	10		
4. 建立酒店文化理念体系		0.8	8		
5. 设计酒店行为规范体系		2.2	22		
6. 设计酒店行为识别体系		1.5	15		
7. 设计酒店文化推进系统		1.0	10		
8. 设计酒店文化培训体系		1.0	10		
合计		10	100		
个人认为做得好的地方：					
认为完成最不满意的地方：					
值得改进的地方：					
自我评价：		非常满意			
		满意			
		不太满意			
		不满意			
互评：					
师评：					
第三方评价：					

拓展提升

阅读以下资料:

1. 陈继祥,王家宝. 旅游企业战略管理[M]. 北京:旅游教育出版社,2006.

2. 谷慧敏,秦宇. 世界著名饭店集团管理精要[M]. 沈阳:辽宁科技出版社,2001.

3. 陈继祥,黄丹,范徽. 战略管理[M]. 上海:上海人民出版社,2008.

4. 丁贵明,崔大鹏. 21世纪企业战略管理创新[M]. 北京:学苑出版社,2006.

5. 邹益明,周亚庆. 饭店战略管理[M]. 北京:旅游教育出版社,2006.

6. 中国企业文化网. http://www.ce-c.com.

7. 尚芳. 企业战略管理[M]. 北京:教育科学出版社,2016.

8. 晏辉. 企业文化[M]. 北京:北京师范大学出版社,2015.

9. 苏万益. 现代企业文化与职业道德(第二版)[M]. 北京:高等教育出版社,2015.

模块三　酒店计划管理

模 块 说 明

　　本模块中,学生将学习酒店的计划管理,共有两个任务,即酒店计划的编制和酒店计划的目标管理。

　　本模块要实现的能力目标:

　　1. 掌握酒店计划编制的流程和方法;

　　2. 掌握酒店计划目标管理的流程和方法;

　　3. 掌握酒店文化建设的流程和方法。

　　本模块要实现的素质目标:

　　1. 培育认真严谨的学习、工作态度与职业使命感;

　　2. 培养计划性思维;

　　3. 认识到伦理道德是现代酒店企业核心价值构件,树立道德责任感。

　　教学建议:

　　1. 设定情景,进行角色扮演,学生为某酒店总经理或部门经理,需进行酒店相关计划的制订工作;

　　2. 课前分配任务,小组准备并完成任务,课堂汇报,教师点评,学习测评;

　　3. 教师解析下一任务内容,核心技能与概念,布置新任务。

任务9　酒店计划编制

任务目标

　　1. 提高对酒店计划重要性的认识

　　2. 能够进行不同类型计划的编制

知识准备

　　1. 计划的概念、重要性及类型

2. 酒店计划中的各项指标

任务实施

酒店计划编制流过程如图 3-1 所示。

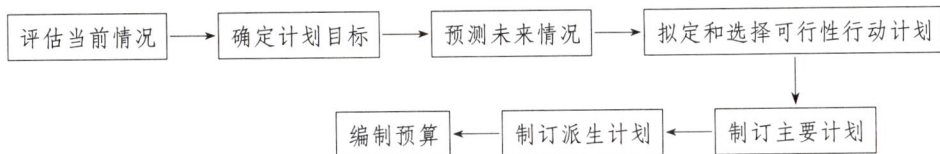

图 3-1　酒店计划编制流程图

酒店计划是指根据对组织外部环境与内部条件的分析,提出在未来一定时期内要达到的组织目标以及实现目标的方案途径。

一、评估酒店现状

1. 对于长期计划或综合性计划,应对组织自身的优势和劣势、外部环境的机会和威胁进行综合分析,即 SWOT 分析。

SWOT 分析法,即态势分析法,就是将与研究对象密切相关的各种主要内部优势、劣势和外部的机会及威胁等,通过调查列举出来,并依照矩阵形式排列,然后用系统分析的思想,把各种因素相互匹配起来加以分析,从中得出一系列相应的结论,而结论通常带有一定的决策性。

运用这种方法,可以对酒店所处的情景进行全面、系统、准确的研究,从而根据研究结果制定相应的发展战略、计划以及对策等。

2. 对于局部作业性质的计划,一般不需要特别复杂和综合的内外部环境分析,但应对内部的资源与外部关系做出基本的判断。

(1)分析内部资源,主要应考虑酒店的财务状况、员工技能、技术水平,以及那些能反映酒店当前工作状况的信息资料。

(2)分析组织的外部关系,如与供应者之间的关系、与顾客之间的关系、与银行等公共群体之间的关系等。

二、确定计划目标

计划具有两重含义。其一是计划工作,是指根据对组织外部环境与内部条件的分析,提出在未来一定时期内要达到的酒店组织目标以及实现目标的方案途径;其二是计划形式,是指用文字和指标等形式所表述的酒店组织以及酒店内不同部门和不同成员,在未来一定时期内关于行动方向、内容和方式安排的管理文件。

1. 确定目标主题,是哪类性质的目标,是扩大利润,提高顾客的满意度,还是改进产品质量。

2. 确定期望达到的数量或水平,如客房销售数量、部门管理培训的内容等。

3. 确定可用于测量计划实施情况的指标,如销售额、接受管理培训的人数等。

4. 确定时间期限,即要求在什么样的时间范围内完成目标。

三、预测酒店趋势

1. 对计划工作前提进行预测,如未来经营条件、销售量和环境变化,这是制订计划的依据和先决条件。

2. 对计划工作的结果进行的预测,如对一项新投资所做的关于支出和收入的预测。

阅读讨论

2005 年 9 月 13 日,香港迪斯尼乐园内的"迪斯尼好莱坞酒店"和"香港迪斯尼乐园酒店"正式开业,两家酒店共有 1 000 间房间,迪斯尼好莱坞酒店有 600 间房、迪斯尼乐园酒店有 400 间房。酒店原订下午 3 时为旅客登记入住,但早 8 时多已有不少住客到达,希望先把行李安顿在房间内,以便第一时间入园游玩。酒店大堂未料到客人如此精于计算,在人手不足情况下,大堂出现长长的队伍。其中以房间全部爆满的好莱坞酒店情况最为严重,一度聚集近 70 人排队领取房间。由于前台服务员对计算机订房系统操作不太熟悉,经常要向上级查询,故拖慢了处理的时间。8 个柜位全部开放,住客也要轮候约 1 小时才取得房间。而迪斯尼乐园酒店情况稍好一点,平均只有 10 多人轮候,约半小时便完成手续。

讨论:酒店在开业计划管理方面有哪些问题? 如果你是高层管理人员该如何处理?

四、拟定和选择可行性行动计划

1. 根据不同类型的计划由相应部门拟定数个可行性行动计划。

2. 各部门对计划进行讨论和修改后方可定稿。

3. 评估计划。采用运筹学中的矩阵评价法、层次分析法等方法比较各种可行性行动计划的利弊,对各个计划进行评价。

4. 选定计划。在对可行性行动计划进行评价后,要选择一个较为实际而合理的计划。该计划要求未知数较少,计划的每个步骤要能切合实际,实现计划所需的条件也与酒店的现实情况较接近,执行计划切实可行。

五、制订主要计划

将所选择计划用文字形式正式表达出来,作为一项管理文件。计划中要写明"5W1H"的内容。5W+1H 分析法也叫六何分析法,是一种思考方法,也可以说是一种创造技法,是对选定的项目、工序或操作,都要从原因(何因 Why)、对象(何事 What)、地点(何地 Where)、时间(何时 When)、人员(何人 Who)、方法(何法 How)六个方面提出问题进行思考。

六、制订派生计划

制订主要计划之后,计划工作并没有结束,还必须帮助涉及计划内容的各个下属部门制订支持总计划的派生计划。几乎所有的总计划都需要派生计划的支持保证,完成派生计划是实施总计划的基础。

七、编制预算

计划工作最后一步是把计划转化为预算,使之数字化,如项目预算、销售预算、采购预算等。

知识链接 3-1

德尔菲法

德尔菲法是在 20 世纪 40 年代由 O.赫尔姆和 N.达尔克首创,经过 T.J.戈尔登和兰德公司进一步发展而成的。德尔菲这一名称起源于古希腊有关太阳神阿波罗的神话。传说中阿波罗具有预见未来的能力。因此,这种预测方法被命名为德尔菲法。1946 年,兰德公司首次用这种方法进行预测,后来该方法被迅速广泛采用。

德尔菲法也称专家调查法,是一种采用通讯方式分别将所需解决的问题单独发送到各个专家手中,征询意见,然后回收汇总全部专家的意见,并整理出综合意见。随后将该综合意见和预测问题再分别反馈给专家,再次征询意见,各专家依据综合意见修改自己原有的意见,然后再汇总。这样多次反复,逐步取得比较一致的预测结果的决策方法。

德尔菲法的具体实施步骤如下:

1. 组成专家小组。按照课题所需要的知识范围,确定专家。专家人数的多少,可根据预测课题的大小和涉及面的宽窄而定,一般不超过 20 人。

2. 向所有专家提出所要预测的问题及有关要求,并附上有关这个问题的所有背景材料,同时请专家提出还需要什么材料。然后,由专家做书面答复。

3. 各个专家根据他们所收到的材料,提出自己的预测意见,并说明自己是怎样利用这些材料并提出预测值的。

4. 将各位专家第一次判断意见汇总,列成图表,进行对比,再分发给各位专家,让专家比较自己同他人的不同意见,修改自己的意见和判断。也可以把各位专家的意见加以整理,或请身份更高的其他专家加以评论,然后把这些意见再分送给各位专家,以便他们参考后修改自己的意见。

5. 将所有专家的修改意见收集起来,汇总,再次分发给各位专家,以便做第二次修改。逐轮收集意见并为专家反馈信息是德尔菲法的主要环节。收集意见和信息反馈一般要经过三四轮。在向专家进行反馈的时候,只需给出各种意见,但并不表明发表各种意见的专家的具体姓名。这一过程重复进行,直到每一个专家不再改变自己的意见为止。

6. 对专家的意见进行综合处理。

(资料来源:http://wiki. mbalib. com/wiki/%E5%BE%B7%E5%B0%94%E8%8F%B2%E6%B3%95)

关键点控制

酒店计划编制的关键点控制见表 3－1。

表 3－1　酒店计划编制的关键点控制

关键点控制	细化执行
1. 评估酒店现状	评估资料
1.1　对于长期计划或综合性计划进行 SWOT 分析	酒店市场评估报告
1.2　对于局部计划对内部的资源与外部关系做出判断	资源判断
2. 确定计划目标	计划目标
3. 预测酒店发展趋势	酒店市场研究预测报告
4. 拟定和选择可行性行动计划	计划前期材料准备
4.1　拟定数个可行性行动计划	可选择方案
4.2　对计划进行讨论和修改	酒店计划可行性分析报告
4.3　评估计划	酒店经营计划评估报告
4.4　选定计划	计划
5. 制订主要计划	酒店经营计划书
6. 制订派生计划	部门计划
7. 编制预算	酒店经营预算表

阅读材料 3－1

新饭店开业策划案

1. 策划主题

中日合资嘉兴某宾馆开业策划书。

2. 策划目的

通过策划,以开业前后的活动为载体,将宾馆全方位地宣传出去,争取达到家喻户晓,人人皆知,广泛吸引消费者关注,为开业后宾客盈门、经营效益和社会效益达到设计效果打下良好基础。

3. 策划内容

(1) 确定宾馆经营规模与功能,突出人无我有的特色产品:

① 本市首家中日合资宾馆;② 本市独家拥有桑拿浴与保龄球馆;③ 走进"东方",可提供食、宿、娱、康、会一条龙服务;④ 服务员全部经过旅游专业理论和实践培训;⑤ 位于市中心繁华地段,交通方便。

(2) 广告宣传:

① 确定形象广告语和定位广告语——"步入东方,人生辉煌""东方宾馆,高贵而不贵";

② 确定辅助广告语;

③ 编制和制作适合不同宣传途径使用的不同形式的广告宣传资料;

④ 在开业前后各一个月里,通过当地有影响力的广告宣传媒体做不同形式的广告宣传——

▲ 独家点播电视连续剧,插播形象广告和产品广告;

▲ 在家庭用户订阅众多的电视周报上刊登系列宣传广告和宾馆情况有奖征答栏目;

▲ 开业前一个月,设计、印制广告宣传单、册,组织营销部等人员到企业、机关、主要街口广为分发和邮寄;

▲ 开业前后两周内,在城市的主要街道悬挂过街广告横幅;

▲ 开业前一周用别出心裁的方式,在当地日报连续刊登递进式关联性悬念广告;

▲ 为使影响力辐射到周边地区,开业前一周,以彩车在五县二区主要街道行驶宣传宾馆情况;

▲ 制造新闻热点(如项目特点、筹建中典型的好人好事、社会公益活动、开业对城市的意义,等等),主动提供新闻线索,争取做合法的免费广告宣传;

▲ 制作有宾馆标志的小纪念品,在营销活动和经营中赠送。

(3) 利用政府重视招商引资,支持合资项目,在宾馆大门外举行隆重而热烈的开业典礼;邀请市领导及相关部门、单位和目标客户代表参加开业典礼;典礼仪式完毕,请到会人员参观宾馆经营设施,品尝宴会菜肴,体验宴会服务,进一步加强到会人员对宾馆产品的亲身感受,达到培育潜在客户和义务营销员的目的。

4. 活动时间安排表

(1) 开业前三个月,设计出开业典礼及后一个月的经营产品和经营方式。

(2) 开业前一个月,设计出典礼仪式程序与名单,列出各部门典礼用品清单并采购。

(3) 典礼前一周送发典礼请柬。

(4) 开业前三天,开始环境和绿化布置,张灯结彩。

(5) 开业典礼程序与时间安排。

5. 预算与计划(主要反映整个开业典礼所需的人、财、物的详细预算和计划)、活动实施时注意事项、策划小结等。

(资料来源:杨建英.饭店世界[M].)

实战训练 ◀

　　到附近一家酒店餐饮部、客房部和营销部进行调查访问,找出这些部门经营中的优势以及存在的问题,并据此制订以下部门年度工作计划:(1)餐饮部年度工作计划;(2)客房部季度工作计划;(3)营销部月度营销计划。

学习测评 ◀

表 3－2　学习评价表

姓名		学号		班级	
任务		日期		地点	
任务开始时间:　　年　　月　　日			任务完成时间:　　年　　月　　日		
检测内容		系数	分值		得分
1. 评估当前情况		1.5	15		
2. 确定计划目标		1.5	15		
3. 预测未来情况		1.0	10		
4. 拟定和选择可行性行动计划		2.0	20		
5. 制订主要计划		1.5	15		
6. 制订派生计划		1.5	15		
7. 编制预算		1.0	10		
合计		10	100		
个人认为做得好的地方:					
认为完成最不满意的地方:					
值得改进的地方:					
自我评价:			非常满意		
			满意		
			不太满意		
			不满意		
互评:					
师评:					
第三方评价:					

任务 10　酒店计划目标管理

▍任务目标 ◀

1. 使用目标管理方法完成计划任务
2. 提高计划完成的效率和效果

▍知识准备 ◀

1. 目标管理的概念
2. 目标管理的优缺点
3. 目标管理的影响因素

▍任务实施 ◀

酒店计划目标管理流程如图 3-2 所示。

制定目标 → 执行目标 → 评价成果 → 实行奖惩 → 制定新目标并开始新的目标管理循环

图 3-2　酒店计划目标管理流程图

目标管理由美国著名管理学家德鲁克(P. F. Druker)提出的,主张让工人参加工作目标的制定并在完成工作目标过程中实行自我控制的理论。目标管理理论认为企业的目的和任务必须转化为目标,企业各级管理人员必须通过具体的目标来对下级进行管理。如果一个部门没有特定的目标,这个部门的工作必然被忽视。

一、引进和推行目标管理制度

1. 引进目标管理制度。
2. 推行目标管理。
3. 因地制宜引进合乎本企业需要的目标管理方式。
4. 决定目标管理的应用范围。
5. 加强对员工的宣传和训练。
6. 推行目标管理的时间进度管理。

二、制定目标

1. 酒店高层领导者预定目标。

2. 酒店管理者必须根据酒店的使命和长远战略,估计客观环境带来的机会和挑战,对本企业的优劣有清醒的认识。

3. 审议组织结构的职责分工。

4. 量化分目标,确定下级目标。

5. 授予下级相应的资源配置的权力。

6. 编制目标记录卡片,绘制出目标图。

7. 目标的平衡和调整。

8. 目标体系的整理和确立。

阅读讨论

管理学家们曾经专门做过一次摸高试验。试验内容是把 20 个学生分成两组进行摸高比赛,看哪一组摸得更高。第一组 10 个学生,不规定任何目标,由他们自己随意制定摸高的高度;第二组规定每个人首先定一个标准,比如要摸到 1.60 米或 1.80 米。试验结束后,把两组的成绩全部统计出来进行评比,结果发现规定目标的第二组的平均成绩要高于没有制定目标的第一组。

摸高试验说明了什么道理? 为什么会产生这样的现象?

三、执行目标

1. 对下级按照目标体系的要求进行授权,以保证每个部门和职工能独立实现各自的目标。

2. 加强与下属交流意见,进行必要的指导,最大限度地发挥下属的积极性和创造性。

3. 严格按照目标及保证措施的要求从事工作;定期或不定期地进行检查等。

4. 建立跟踪检查制度。

5. 选择跟踪检查的工具。

四、评价成果

1. 自我评价。

2. 相互评价。

3. 领导评价。

4. 第三方评价。

五、实施奖惩

1. 建立目标绩效制度。绩效,从管理学的角度看,包括个人绩效和组织绩效两个方面。从字面意思分析,绩效是绩与效的组合。绩就是业绩,体现企业的利润目标,又包括两部分:目标管理(MBO)和职责要求。企业要有企业的目标,个人要有个人的目标要求,目标管理能保证企业向着希望的方向前进,实现目标或者超额完成目标可以给予奖励,比如奖金、提成、效益工资等;职责要求就是对员工日常工作的要求,比如业务员除了完成销售目标外,还要做新客户开发、市场分析报告等工作,对这些职责工作也有要求,这个要求的体现形式就是工资。效就是效率、效果、态度、品行、行为、方法、方式。效是一种行为,体现的是企业的管理成熟度目标。效又包括纪律和品行两方面,纪律包括企业的规章制度、规范等,纪律严明的员工可以得到荣誉和肯定,比如表彰、发奖状/奖杯等;品行指个人的行为,"小用看业绩,大用看品行",只有业绩突出且品行优秀的人员才能够得到晋升和重用。

2. 根据评价结果,按绩效奖惩。

3. 总结经验教训。

六、制定新目标并开始新的目标管理循环

1. 反馈。

2. 制订新目标。

3. 新一轮目标管理。

知识链接 3 - 2

SMART 原则

制定目标有一个"黄金准则"——SMART 原则。SMART 是英文 5 个词的第一个字母的汇总。好的目标应该能够符合 SMART 原则。

S(Specific)——明确性

所谓明确就是要用具体的语言清楚地说明要达成的行为标准。明确的目标几乎是所有成功团队的一致特点。很多团队不成功的重要原因之一就是因为目标定得模棱两可,或没有将目标有效地传达给相关成员。

例如:目标——"增强客户意识"。这种对目标的描述就很不明确,因为增强客户意识有许多具体做法,如减少客户投诉,过去客户投诉率是 3%,现在把它减低到 1.5%或者 1%。

M(Measurable)——衡量性

衡量性就是指目标应该是明确的,而不是模糊的。应该有一组明确的数据,作为衡量是否达成目标的依据。如果制定的目标没有办法衡量,就无法判断这个目标是否实现。

例如:"为所有的老员工安排进一步的管理培训"。"进一步"是一个既不明确也不容易衡量的概念,到底指什么? 是不是只要安排了这个培训,不管谁讲,也不管效果好坏都叫"进一步"?

改进一下:准确地说,在什么时间完成对所有老员工关于某个主题的培训,并且在这个课程结束后,学员的评分在85分以上,低于85分就认为效果不理想,高于85分就是所期待的结果。这样目标就变得可以衡量。

A(Acceptable)——可接受性

目标是要能够被执行人所接受的,如果上司利用一些行政手段,利用权利性的影响力一厢情愿地把自己所制定的目标强压给下属,下属典型的反映是一种心理和行为上的抗拒:我可以接受,但是否完成这个目标,有没有最终的把握,这个可不好说。一旦有一天这个目标真完成不了的时候,下属有一百个理由可以推卸责任:你看我早就说了,这个目标肯定完成不了,但你坚持要压给我。

R(Realistic)——实际性

目标的实际性是指在现实条件下是否可行、可操作。可能有两种情形:一方面领导者乐观地估计了当前形势,低估了达成目标所需要的条件,这些条件包括人力资源、硬件条件、技术条件、系统信息条件、团队环境因素等,以至于下达了一个高于实际能力的指标。另外,可能花了大量的时间、资源,甚至人力成本,最后确定的目标根本没有多大的实际意义。

例如:一位餐厅的经理定的目标是——早餐时段的销售在上月早餐销售额的基础上提升15%。算一下知道,这可能是一个几千块钱的概念,如果把它换成利润是一个相当低的数字。但为完成这个目标要花费多少呢? 这个投入比起利润要更高。

这就是一个不太实际的目标,就在于它花了大量的钱,最后还没有收回所投入的资本,它不是一个好目标。有时实际性需要团队领导衡量。因为有时可能领导说投入这么多钱,目的就是打败竞争对手,所以尽管获得的并不那么高,但打败竞争对手是主要目标。这种情形下的目标就是实际的。

T(Timed)——时限性

目标特性的时限性就是指目标是有时间限制的。例如:我准备在2018年5月31日之前完成某事。5月31日就是一个确定的时间限制。没有时间限制的目标没有办法考核,或带来考核的不公。上下级之间对目标轻重缓急的认识程度不同,上司着急,但下面不知道。到头来上司可能暴跳如雷,而下属觉得委屈。这种没有明确的时间限定的方式也会带来考核的不公正,伤害工作关系,伤害下属的工作热情。

(资料来源:《管理与财富》)

关键点控制

酒店目标管理流程见表3-3。

表3-3　酒店目标管理的关键点控制

关键点控制	细化执行
1. 制定目标	目标管理计划书
1.1　高层领导者预定目标	目标草案
1.2　审议组织结构和职责分工	组织结构图
1.3　确定下级目标	任务分解
1.4　目标的平衡和调整	目标调整
1.5　目标体系的整理和确立	目标体系图
2. 执行目标	目标管理制度
2.1　对下级按照目标体系的要求进行授权	有效授权
2.2　与下属交流意见,进行必要的指导	业务指导
2.3　按照目标及保证措施的要求从事工作	目标卡
2.4　定期或不定期地进行检查	目标管理时间进度表
3. 评价成果	成果评估报告
4. 实施奖惩	绩效奖惩制度
5. 制定新目标并开始新的目标管理循环	新目标

阅读材料3-2

让"目标管理"水到渠成

惠普公司创始人戴维·帕卡德在《惠普之道》(The HP Way)中说过:没有任何管理原则比"目标管理(Management by Objective)"原则对惠普的成功有如此大的贡献……将总体目标叙述得清清楚楚,并且征得大家的同意支持,在达成目标的过程中,员工在权限范围内,有自行决定最佳做事方法的弹性。这是分权管理的哲学,自由企业的精髓。

在企业管理中,特别是在竞争激烈的高科技产业,实践目标管理并不容易。这些年来,特别是从2000年开始全面掌管惠普中国区业务之后,我不仅是公司整体目标的实现者,也是下属机构和团队目标的设定者,对于目标管理的知易行难,有着很多亲身感受。

首先,设定目标本身就是一件充满挑战的工作。关于这个问题,"SMART目标设定法"涉及的明晰(Specific)、可评测(Measurable)、可实现(Achievable)、与工作相关(Relevant)和时间(Time),仅仅是制定目标的几个最基本的原则。在我看来,光有SMART是不够的,设定目标时还需要掌握以下几个要点:

首先,目标要具有关联性。任何组织、团队和个人的目标,都不能孤立于公司总体目标之外,在一个企业内部,每一个目标都要具备上下关联性,从而为企业的整体目标服务。

其次,目标要具备阶段性。一个终期目标需要由几个阶段性目标组成。这就好像驾驶飞机,需要把每一次长距离飞行任务分解成几个航程,在每一个航程预定的结束时间,检查飞机的位置、状态和航向。通过这种方式,可以及时发现问题,进而解决问题。

再次,不能只设定结果目标,还要设定过程目标。我们乘坐民航客机,都希望不仅准时抵达,而且不能有剧烈颠簸,不能陡升陡降,还要有好的空乘服务和机上饮食。在这里,准时抵达是结果目标,避免颠簸等就是过程目标。对企业来说,这就意味着不能为了结果目标如财务指标,放弃对过程目标的管理,这些过程目标包括客户满意度、团队合作效率、创新、遵守公司政策等。

结果与过程并重,人与事并重,分享与共识是实践目标管理的重要精神。

数据、检查和教导有没有严谨、客观的数据采集系统,是目标管理法能否发挥作用的重要基础。就如同自由的前提是严谨的纪律,任何目标的实现,都需要配套的、有效的数据采集系统,用于说明过程目标的完成情况。在我看来,如果没有这样的数据采集系统,就不能评价阶段性目标和过程目标,目标管理本身就是一句空话,这样的目标管理不要也罢。

定期的GAP检查与分析是实现目标管理法的一项利器。在企业管理中,任何一个结果,都不仅仅是期望的产物,而是期望加上检查的结果。在上面的故事中,就有这样一个关键环节:正是在定期进行的进展总结中,我的经理通过分析现状和预期之间的差距,及时发现了这个项目可能无法按时完成的风险,进而做出准确的分析,启发我找到了达成目标的方法。

所谓差距分析法(GAP Analysis),就是站在未来某一时间节点上,分析计划目标和现实预期结果之间的差距,并且找到弥补差距的有效方法。在这个过程中,惠普的业务人员要在数据采集系统的帮助下,自己做出预测目标,给出严格的定量数据;再分析为什么预计目标与最终目标会存在差距,进而提出完成最终目标的方案,并对这一方案的可行性和风险做出分析。

最后,要借助检查的结果对员工的工作进行总结和指导。在这个环节里,如何把握机会提供教导是关键。有时候,我们的确必须手把手指导员工做事的方法,但更多时候,我们要激发员工的脑力及主动思考能力,表现出色的要给予奖励;对于没有完成好任务的员工,应帮助他/她分析原因,激励员工克服困难、迈开脚步更好地完成工作。

面对激烈的市场竞争环境,目标管理可以最大限度发挥员工的主动性和创造性,设定并执行既定的目标,是惠普培养员工领导力的重要途径。与此同时,数据采集系统,检查与沟通,GAP 分析,及时的教导与鼓励,这样才能最大限度地发挥目标管理的优越性。

在这样的目标管理实践中,职业经理人可以放手激发员工的主动性和创造性,鼓励员工自己寻找达成目标的方法;同时,能够及时了解整个团队的工作进度,解决了在实施目标管理过程中,主管经理应该什么时候过问,什么时候插手的难题,有助于不折不扣地达成团队目标。这样一来,也就在更大程度上促进了员工的主动性,为在日常工作中提高员工领导力,提供了良性循环的基础。

实战训练

选择任务一实战训练中所拟的一个计划任务制订出与之相适应的目标管理计划。

学习测评

表 3-4　学习评价表

姓名		学号		班级	
任务		日期		地点	
任务开始时间:　　年　　月　　日			任务完成时间:　　年　　月　　日		
检测内容		系数		分值	得分
1. 制定目标		2.0		20	
2. 执行目标		2.0		20	
3. 评价成果		2.0		20	
4. 实施奖惩		2.0		20	
5.制定新目标并开始新的目标管理循环		2.0		20	
合计		10		100	

个人认为做得好的地方:

认为完成最不满意的地方:

值得改进的地方:

（续表）

自我评价：	非常满意	
	满意	
	不太满意	
	不满意	
互评：		
师评：		
第三方评价：		

拓展提升 ◀

阅读以下书目：

1. 彼得·德鲁克. 管理的实践[M]. 北京：机械工业出版社，2009.

2. 拉里·博西迪，拉姆·查兰. 执行如何完成任务的学问[M]. 刘祥亚译. 北京：机械工业出版社，2008.

3. 周志轩. 目标管理与绩效考核[M]. 成都：成都时代出版社，2008.

4. 张永良. 管理学基础（第三版）[M]. 北京：北京理工大学出版社，2018.

模块四　酒店人力资源管理

模　块　说　明

　　本模块中,学生将学习酒店人力资源管理,共有四个任务,即酒店员工招聘、酒店员工培训、酒店的激励管理和酒店员工绩效考评。

　　本模块要实现的能力目标:

　　1. 能进行酒店员工的招聘;

　　2. 能组织酒店员工的培训;

　　3. 能有效激励酒店员工;

　　4. 能对酒店员工绩效考评。

　　本模块要实现的素质目标:

　　1. 树立以人为本的价值观、正确的绩效观;

　　2. 培养克服困难,追求卓越的进取精神;

　　3. 树立服从战略的全局观和服务酒店企业的创新意识;

　　4. 培养酒店人力资源工作中沟通、合作意识,责任意识、公平意识和竞争意识;

　　5. 树立正确、职业与专业的工作价值观和职业规范。

　　教学建议:

　　1. 设定情景,进行角色扮演:教师为某酒店总经理或人力资源部经理,学生为该酒店人力资源部主管或工作人员;

　　2. 课前分配任务,小组准备并完成任务,课堂汇报,教师点评,学习测评;

　　3. 教师解析下一任务内容,核心技能与概念,布置新任务。

任务 11　酒店员工招聘

任务目标

1. 满足酒店对人力资源的需求
2. 优化内部人力资源配置
3. 提高人员招聘的成功率

知识准备

1. 掌握各种招聘渠道的优势和不足
2. 了解劳动力市场的供需状况

任务实施

配套微课

酒店员工招聘流程如图 4-1 所示。

```
人员需求   →   明确招聘岗位   →   制订招聘   →   发布招聘   →   应聘资料
分析           和要求           计划         信息         筛选
                                                            ↓
办理录用   ←   签订劳动   ←   发出录用   ←   做出录用   ←   初试和
手续           合同           通知         决策         复试
```

图 4-1 酒店员工招聘流程图

招聘是指酒店企业为了发展的需要,根据人力资源规划和工作分析的要求,寻找、吸引那些有能力又有兴趣到该酒店任职的人员,并从中选出适宜人员予以录用的过程。

一、审核用人需求

1. 申请

酒店用人部门应提前 30 天填报部门人员申请表,说明招聘岗位、需求人数、性别、年龄及学历要求、用工种类(正式工、临时工、季节工、培训生)等情况。

2. 审核

经人力资源部经理核准后,进行公开招聘,同时由人力资源部将部门人员申请表的副本交还用人部门,表明此申请已被接受。

3. 汇总

人力资源部对各部门提出的用人需求进行汇总,形成正式的酒店年度人员需求表。

二、招聘准备

1. 明确招聘要求

(1) 因事设职,因岗择人。

(2) 先店内,后店外;先本市,后外地。

(3) 公开招聘,平等竞争,择优录用。

2. 明确员工来源

(1) 劳务市场(招聘)。

（2）联系学校实习生。

（3）从传真、信件的个人资料中择优录用。

3. 选择招聘方式

（1）通过网络、报纸等刊登招聘广告。

（2）参加人才市场组织的现场招聘会。

（3）参加学校毕业生招聘会。

（4）登门自荐。

（5）内部调动。

配套微课

阅读讨论

某饭店招聘服务员，在招聘广告上写道：本饭店招聘前台服务员若干名。要求：女，20～25 岁，身高 162 厘米以上，五官端正，身体健康，××市户口，两年以上工作经验，大专以上学历等。你觉得这些要求都是有必要的吗？饭店在员工招聘中该如何有效选择人员？

4. 初步面试组织

人力资源部负责组织实施初步面试，即负责选择初试场地、进行场地布置、确定初试方案。

5. 初步面试通知

人力资源部通知应聘者参加初步面试，准确表述初步面试时间、地点和所需要准备的资料。

三、实施招聘

1. 初试

（1）应聘者到达应聘地点后领取并填写职位申请表，同时附 1 张近期免冠照片及相关资料参加初步面试。

（2）人力资源部文员检查表内各项内容是否有漏填或错填。

（3）人力资源部主管或经理对应聘者进行初步考察，主要通过面谈的方式进行。面谈结束后，人力资源部主管或经理将面谈结果填进职位申请表中。

（4）初试考核包括以下要点：

① 应聘者的基本信息，需提供的全部资料包括身份证、学历及专业资格证明、工作履历证明等。

② 对应聘者的临场表现做出公正的面试评估并将意见填写到职位申请表上，以作为第二次面试的参考资料之一。

2. 复试

（1）人力资源部将初试合格的应聘者的资料和已填写意见的职位申请表转交至用人部门经理。

（2）相关部门根据部门用人要求对初试合格人员的资料进行审核。

（3）用人部门对初试合格者进行复试，并将复试结果填入职位申请表中。

（4）职级在主管或以上的职位应聘者，在经过用人部门经理面试合格后，会转由酒店总经理或其授权者做第三次面试，面试后同样需要在职位申请表上填写最后面试意见，并及时将表格返还人力资源部。

（5）各部门经理与各行政管理人员不可私自保留任何已面试的职位申请表和应聘者的个人资料。

四、做出录用决策

1. 人力资源部收回所有职位申请表后，将部门录用、备用及不予录用的职位申请表分类存放。

2. 人力资源部按用人部门的录用意见，办理相关手续。倘若所填意见为"考虑"，人力资源部需把职位申请表存于候补档案内；倘若所填意见为"不合格"，人力资源部须把职位申请表存于否决申请的档案内。

（1）人力资源部根据用人部门的用人时间通知应聘者到酒店指定卫生防疫部门做体格检查。

（2）凡面试合格十级或以上的行政管理岗位的应聘者与敏感性岗位（如出纳、收银员、采购、收货与仓库管理员的任何职级岗位）的应聘者，必须接受人事调查。

（3）人事调查工作由人力资源部负责执行，并由人力资源部经理代表酒店向应聘者曾工作过的单位发出人事调查函；必要时，人力资源部经理可派人或联同用人部门的管理人员做实地调查。

（4）参与调查工作的负责人需填写人事调查报告表，并向人力资源部经理提交人事调查报告做审核。

3. 人力资源部向应聘者发出录取通知或不被录用通知。

五、签订劳动合同

员工入职时即与酒店签订劳动合同，一式三份，一份酒店备案，一份交员工留存，一份存入员工档案（经理级以上人员由财务部保存）。

六、办理入职手续

1. 全部入职员工通知完毕后，人力资源部填写员工到任通知书，注明员工姓名、性别、职位、职级、到职日期等，交用人部门，以便做好迎新工作。

2. 新员工必须按规定时间到人力资源部报到，人力资源部确认新入职员工的身份后，为员工办理入职手续，办理以下所需个人资料。

（1）本人户籍所在公安机关出具的无犯罪记录证明。如应聘者是各类学校当年应届毕业生，应出示所在学校公安处（科）出具的无不良记录证明。如应聘者为非本市户口人员，需提供原居住地公安机关出具的无犯罪记录证明或由本地人士作为担保人写出担保信,及担保人提供的本地公安机关出具的无犯罪记录证明。

(2)工作履历证明。

(3)酒店指定卫生防疫部门出具的体检证明及体检报销单据。

(4)近期一寸免冠照片两张,其中一张用于制作员工证,另一张备存。

3. 人力资源部向新员工发放下列物品:

(1)员工名牌、员工证。

(2)更衣柜钥匙。

(3)制服领用表。

(4)安排员工宿舍(需倒班时)。

知识链接 4-1

酒店员工从业素质要求

作为从事酒店服务的员工,因为工作环境的特殊,除具备良好的专业知识、职业技能外,还应具备:

1. 职业道德。职业道德是指酒店行业的从业人员在职业生活中应遵循的行为原则和基本规范,是职业素质的重要构成因素。酒店员工应具有的职业道德为:敬业爱岗、勤奋工作、无私奉献、诚实守信、遵纪守法、文明礼貌、真诚公道、信誉第一等。

2. 酒店服务意识。服务意识是指酒店员工表现出的热情、周到、主动为客人提供良好服务的意识和行为,是提高酒店服务质量的关键。只有具备良好的服务意识才能给顾客提供热情周到的服务,培养顾客忠诚度。万豪酒店创始人马里奥特认为"生活就是服务,我们时时刻刻都生活在为别人服务和被别人服务的环境当中"。服务意识发自于服务人员的内心,具体表现为:员工要微笑待客、时刻注意、满足客人的需求、热情周到、亲切真诚、一视同仁地对待每一位客人等。

3. 沟通交流能力。酒店的人际关系较为复杂,在酒店服务中,酒店员工需要处理好与客人、同事、上下级之间的关系,这需要酒店员工具有较强的交流沟通意识,掌握交际沟通的原则,具备良好的沟通交流的技巧与能力,积极地与同事、上下级交流,及时化解人际关系中的误解与矛盾,学会倾听不同的意见。服务过程中出现一些问题也需要员工用恰当的方式方法主动去沟通协调,从而使其在复杂多变的社会交往中建立良好的人际关系,有效地进行工作,取得事业成功。

4. 酒店外语应用能力。随着旅游业发展,外宾的数量快速增长,酒店对员工外语应用能力的要求大大提高,外语作为酒店员工的基本素质,越来越重要。如调查表明,酒店员工最欠缺的是流利的英语口语和酒店专业英语知识。酒店员工应具备较强的英语应用能力,掌握酒店的各个主要部门岗位常用服务和交流英语,有较强的英语口头表达能力,自如地应对国外客人。

5. 合作能力。乐于合作、善于合作是现代社会人文精神的主要基石。酒店产品是团队协作的结果,酒店工作需要各部门以及员工的密切合作才能实现。只有团结合作、顾全大局,才能获得良好的整体利益。酒店员工具备良好的合作能力,与上下级、同事相互支持,密切配合,相互协作,相互尊重,团结合作,彼此信任,酒店才会有较强的凝聚力和战斗力。

（资料来源：　　　　　　　）

关键点控制

招聘关键点控制见表 4-1。

表 4-1　招聘关键点控制

关键点控制	细化执行
1. 人员需求分析	需求分析
1.1　人力资源部根据人力资源规划对酒店现有人力资源状况进行分析	分析现状
1.2　各职能部门向人力资源部提出人员需求信息,人力资源部进行汇总	人力资源需求表
2. 明确招聘岗位和要求　在进行分析的基础上,明确酒店本年度的招聘岗位和招聘的具体要求	岗位分析文件、表单
3. 制订招聘计划　酒店人力资源部制订招聘计划,包括招聘时间、招聘渠道、招聘经费预算等	酒店年度招聘计划书
4. 发布招聘信息　人力资源部选择合适的招聘渠道,发布招聘信息	酒店招聘广告信息
5. 应聘资料筛选　人力资源部对所收到的应聘资料包括简历、证件复印件以及职务作品等进行审核	应聘人员简历及相关证件、资料
6. 初试和面试	考核
6.1　人力资源部对所有应聘人员进行初试,从人力资源管理的角度进行初步筛选	应聘人员登记表
6.2　各用人部门对经过人力资源部初步筛选的应聘人员进行复试,重点考察应聘人员的专业知识和能力	筛选人员
7. 做出录用决策	录用
7.1　人力资源部对初试和复试的结果进行综合评价,确定拟录用人员名单	拟录用人员名单
7.2　人力资源部将拟录用人员名单交人力资源部经理审核,经总经理审批签字后确定最终录用人员名单	录用人员名单
8. 发出录用通知　人力资源部向被录用者发出录用通知,告知其录用后所要准备的资料和注意事项	录用通知书
9. 签订劳动合同　人力资源部代表酒店同被录用者签订劳动合同	劳动合同
10. 办理录用手续　人力资源部为被录用人员办理各类录用手续,如户口、档案、保险关系转移等	录用手续

西餐厅沦为酒店"培训学校"

"最近我们一直在招服务员，没办法，人手严重不足！"上海一家西餐厅负责人向记者抱怨道。据了解，近段时期，由于新建酒店不断挖人，导致西餐厅的一线服务员和厨师处于严重短缺状态。

线上线下同步招聘。登录招聘网站，映入记者眼帘的是一长串酒店招聘名单：威斯汀大饭店、虹桥美爵酒店、哈一顿大酒店、浦东丽思卡尔顿酒店、展讯豪生酒店、华美达大酒店、虹桥元一希尔顿酒店、天禧嘉福璞缇客酒店……每家酒店的岗位清单中，中西餐厅经理/服务员、中/西餐厨师、领位员、咖啡/酒吧服务员、调酒师都是目前最紧缺的职位，招聘人数甚至不设上限。

很多酒店除了发布网络招聘信息外，专场招聘会几乎是每场必到。记者曾在多场旅游、酒店人才招聘会现场看到，已开业和在建的酒店都在扎堆招聘。与这些星级酒店同场"抢人"的还有很多高级餐厅，如外滩 3 号、莫尔顿西餐厅、BARBAROSSA LOUNGE 西餐酒吧、和伊授桌餐饮管理（上海）公司等，招聘需求也都集中在餐饮服务、厨师、收银、酒吧等一线岗位。

西餐厅成挖角重镇。"最近一段时间，酒店招聘实在是太猛烈了。"Stiller's 西餐厅负责人 Philip 先生有些无奈地说。近几个月，很多新建酒店扎堆招聘，岗位多，招聘量大，对西餐厅的冲击不小，他的餐厅已经走了好几位服务员了。

据了解，由于酒店招聘规模大，加上工作环境优于餐厅，对业内人员来说，在就业选择上，酒店的确具有一定的吸引力，这就造成与 Stiller's 遭遇同样境遇的西餐厅不在少数。

Philip 说："高星级酒店服务员所需的基本素质是形象好、反应快、懂外语、擅表达、殷勤热情、懂得礼仪，而能够满足以上条件的员工在人才市场上很难招到。"西餐厅的员工不仅符合上述条件，而且具有一定的工作经验，且综合素质要高于普通快餐厅，刚好是这些酒店的最佳人选。

的确，采访中记者也了解到，对于需求量最大的餐饮服务与厨师等岗位，酒店更倾向拥有几年工作经验的成熟人才，而西餐厅在员工的选拔与聘用方面，刚好与酒店的任职门槛相符，直接从西餐厅"挖墙脚"，已经成为酒店招揽人才的一条新途径。

"大家都在这么做，只是不挑明而已。"某筹建中的五星级酒店人事经理徐小姐并不避讳这种做法。她告诉记者，对于新开酒店，采购和人力资源是两大问题。由于前期准备和酒店运营目标，新开酒店需要 60%～70% 的成熟经验型员工，单靠几个月的短期培训，无法保证开业时的服务质量与水准。事实上，人员缺乏问题在很多新开酒店相当明显。

管理人员越跳薪越高。作为一家西餐厅的经理，刘女士从今年二三月份，就陆续收到了几家酒店发出的就职邀请，"从年初开始，我身边的同事和同行朋友中，很多人跳槽到新酒店了，进入外资五星级酒店后，薪水大约涨了 30%，"刘女士说。她目前也正为要不要辞职的事情烦恼着，毕竟目前任职的这家餐厅老板对她的培养付出了很多,也很器重她,所以这事让她很纠结。

刘女士话中折射出了今年上海酒店业硝烟弥漫的人才大战,多家大型酒店的筹备开业、老酒店的人力补充,让酒店人才出现增量需求,也加速了餐厅人员的流动。"说句实在话,新酒店招聘广告打出后,不论是工作环境,还是对个人的职业发展,都会让人动心,在我们看来,跳槽既是升职的机会,也是涨薪的好时机,"刘女士坦言。基于这种想法,在酒店急需经验型人才的机遇下,拥有两三年工作经验的西餐厅服务人员和厨师选择跳槽也就不足为奇了。据悉,业内很多人频繁跳槽后,薪水的确翻了几倍。

"如果只为多加几百元的薪水就盲目跳槽,我觉得并不可取,对于有职业追求的人而言,更是一种短视行为。"Philip认为,餐厅的管理人员尽管有一定的管理知识,但缺乏扎实的理论基础与酒店管理经验,与其在酒店从头做起,不如本分做好餐厅工作,积累了丰富的管理经验后,会更有助于个人的职业发展。总之,从业人员一定要端正心态,一步步在实践中耐心提升。短期逐利行为可能会对个人和餐厅的长期发展造成伤害。

实战训练

1. 南京一家四星级酒店拟招聘厨师长一名,工程部经理一名,客房、餐饮、前厅一线服务人员各4名。假若你作为酒店人力资源部经理,你该如何招聘?

2. 李俊是国内一家知名连锁饭店集团公司的总经理。就在前几天出了一件让他非常棘手的问题,市场部经理小卞由于个人原因向公司提交了辞呈,虽经公司多次挽留,仍然没有改变他的决定。现在,公司急需任命一位市场部经理来代替他。但是李总和公司其他部门的几位负责人讨论了几天,也没有达成一致的意见。李总认为现任市场部副经理韩少不错,可以接替。却遭到其他人的强烈反对,人事部负责人首当其冲:"韩少有很强的分析能力,在环境变化能很快适应,但我认为他太强势,甚至有点刚愎自用,很少听取别人的意见。如果由他当市场部经理,下面会怨声载道。而且,他只有高中的文化程度,下面的人多数都是大学毕业生,让一个没有什么学历的人来担任经理他们会服气吗?"销售部负责人也插言:"韩少干得的确不错,但是过分的热心和乐观令人感到有点不安,这有可能导致他无法进行正确开展实际的市场调查和研究工作。"李总又想到了市场部另一位副经理肖凌。和韩少不同,肖凌做事不张扬,为人非常随和,最擅于团结下属,手下人会很好地跟他结合在一起,办起事来也很有韧劲,在工作上肖凌的表现也很不错,但李总还是犹豫不定。因为,肖凌有时心太软,在他手下,有几位表现很差的销售员,按理说应该辞掉,可肖凌却不忍心这样做。这两天,又有人透露给李总一个消息:竞争对手某饭店集团的市场部经理王汶最近与老板闹翻了,正要辞职不干。我们何不趁此机会把她挖过来呢?她的能力我们都清楚,绝对没有问题。李总听后,觉得也是一个办法。但考虑后,又觉得不太妥当。王汶虽然是一位难得的人才,但她能否很快熟悉本公司的业务,理顺各种关系,有效地开展工作呢?外来的和尚不一定就会念经。再说,这样做很可能会挫伤本公司市场部门人员的积极性。

如果你是李总,你会选择谁呢? 如果选择外部的王汶,又有哪些利弊呢?

学习测评

表 4 - 2　学习评价表

姓名		学号		班级	
任务		日期		地点	
任务开始时间:　年　月　日			任务完成时间:　年　月　日		
检测内容		系数	分值		得分
1. 人员需求分析		1.0	10		
2. 明确招聘岗位和要求		1.5	15		
3. 制订招聘计划		1.0	10		
4. 发布招聘信息		0.8	8		
5. 应聘资料筛选、初试和面试		2.2	22		
6. 做出录用决策		1.5	15		
7. 签订劳动合同		1.0	10		
8. 办理录用手续		1.0	10		
合计		10	100		
个人认为做得好的地方:					
认为完成最不满意的地方:					
值得改进的地方:					
自我评价:			非常满意		
			满意		
			不太满意		
			不满意		
互评:					
师评:					
第三方评价:					

任务 12　酒店员工培训

配套微课

▶ 任务目标 ◀

1. 满足酒店对员工培训的需求
2. 优化酒店员工培训途径
3. 提高人员培训的效果

▶ 知识准备 ◀

1. 掌握各种培训的优势和不足
2. 了解培训市场的供需状况

▶ 任务实施 ◀

酒店员工培训流程如图 4-2 所示。

培训需求分析 → 明确培训要求 → 制订培训计划 → 实施培训 → 培训评估

图 4-2　酒店员工培训流程图

　　培训是酒店给有经验或无经验的受训者传授其完成某种行为必需的思维认知、基本知识和酒店服务、管理技能的过程。酒店理念培训是使酒店组织成员在思维方式和观念上发生转变,树立与外界环境相适应的新观念和思维方式,培养从新角度看问题的能力。酒店心态培训旨在建立酒店员工服务与管理的心态,从而为完成酒店服务与管理的任务创造心理条件。酒店能力培训是培训的基础,建立酒店员工服务与管理的能力基础。

一、确定培训组织结构及其职责

　　1. 总经理为培训工作总负责人,审批培训工作计划,监督培训执行。

　　2. 人力资源部全面负责酒店员工培训工作,包括培训需求分析、培训计划制订、培训机构组织、培训计划实施、培训效果评估等。

　　3. 各部门经理为部门培训工作负责人,负责组织和落实培训事宜。

　　4. 全体员工应认真执行酒店规定的培训项目。

二、分析培训需求

1. 培训需求分析内容

培训需求分析是实施培训的第一步,也是决定培训效果的重要环节。培训需求分析的内容见表4-3。

表4-3　培训需求分析内容一览表

分析内容	分析要点
战略分析	年度发展战略,年度经营目标,年度财务预算
人力资源系统分析	配备培训资源,建立培训体系
重大突发事件分析	确定事件影响
职位分析	明确职位职责
现存问题分析	发现问题原因
员工业绩分析	绩效结果反馈
职业发展需求分析	突出培养重点

2. 培训需求分析的开展

(1) 各部门向人力资源部提供培训需求的信息和资料见表4-4。

(2) 人力资源部对酒店外部相关单位和人员进行培训需求的调研。

表4-4　培训需求调查表

部门：　　　　　　　　　　　　　　　　　　　　填写日期：　　　年　　　月　　　日

姓名		入职日期		出生年月	
职位		已受培训		培训时间	
对目前所受培训的满意程度					
期望培训内容和方式					

培训内容	培训方式					培训时数
	□光盘　□授课　□情景模拟　□脱产　□考察　□其他					
1. 酒店规章制度和工作流程培训						
2. 酒店礼仪培训						
3. 财务知识培训						
4. 服务技能培训						
5. 公关技巧培训						
6. 办公自动化操作知识培训						
7. 卫生、消防安全知识培训						
8. 其他业务知识培训						
备注						

三、确定培训形式

1. 培训形式种类

培训项目的种类如表 4 - 5。

表 4 - 5　培训形式一览表

培训对象	培训形式
基层管理人员和员工	课程、讲座、开展竞赛、拓展训练等
中层管理人员	工作轮换、多层参与管理、在职辅导、管理培训班、脱岗教育等
高层管理人员	高级研习班、研讨会、报告会、自学、酒店间高层交流、热点案例讨论、MBA、EMBA 等

2. 确定培训形式

（1）人力资源部培训主管根据酒店的经济实力和发展阶段确定适合的培训形式。

（2）人力资源部培训主管根据培训的不同对象，确定不同时期所要达到的培训目标。

四、制订培训计划

1. 人力资源部培训主管根据培训目标和形式形成详细、全面的培训计划。培训计划包括培训课程、培训教师、培训对象、培训时间、培训地点、费用预算等。

2. 各部门对培训计划的内容提出意见和建议。

3. 拟定的培训计划需上报酒店总经理进行审核、签字。

五、实施培训

1. 参加培训员工根据培训计划准时参加培训，并填写签到表。

2. 培训教师负责考勤表的填写，并向人力资源部进行汇报。

3. 人力资源部对培训过程中出现的各类问题进行协调和沟通，如培训教师缺席、培训经费不足等，确保培训任务的完成。

4. 人力资源部培训主管定期将培训的实施情况向人力资源部经理进行汇报。

5. 建立员工培训档案见表 4 - 6、4 - 7。

表 4-6 员工培训记录表

编号：　　　　　　　　　　　　　　　　　　　　　　日期：　年　月　日

姓名		所属部门		出生年月	
职位		培训时间		培训类别	
培训内容					
培训方式					
培训考勤					
培训考核结果					
人力资源部意见				主管签字：	
所在部门意见				主管签字：	

表 4-7 员工培训档案表

档案编号：　　　　　　　　　　　　　　　　　　　填写日期：　年　月　日

姓名		部门		出生年月	
职位		专业		入职时间	
培训情况					
序号	培训项目	培训内容	培训时间	培训方式	考核纪律	考核得分	备注

六、评估培训效果

1. 评估目的

依据培训的目的和要求，运用一定的评估指标和评估方法，找出受训者有哪些收获或提高，检查和评定培训的效果。

2. 评估检查

人力资源部培训主管负责对培训效果进行总结性的评估或检查，见表4-8。

3. 评估项目及评估内容

（1）项目评估内容包括培训需要的评估、培训效果的评估、培训效率的评估、培训人员的工作评估等。其中，对培训人员的工作评估包括对培训学员、培训教师和培训工作组织者的评估等。

（2）对培训学员的评估包括两个方面：培训教师在课程进程中对学员的评估；学员在学习后，学员的直接主管对学员工作岗位的指导性跟踪评估。

表4-8 培训效果评估表

档案编号： 填写日期： 年 月 日

姓名		部门		培训项目名称	
评估对象	评估内容		评估内容		
课程	课程实用性				
	课程时间合理性				
	课程难易程度				
讲师	讲授方法				
	讲授技巧				
	讲授风格和技巧				
培训环境	培训场地设置				
	培训设施配置				
	后勤服务				
总体评价					
培训改进建议					

知识链接 4-2

培训评估实施方法

1. 动态评估法

动态评估就是把有关的人和事放到培训的整个过程中进行检测评估,既看原有基础,又看目前情况,更要看发展潜力和趋势。

2. 比较评估法

比较评估法包括纵向比较评估和横向比较评估两方面。

(1)纵向比较是将评估对象放在自身发展过程中,进行历史的和现实的比较,看其发展的相对位置是进步了还是退步了,其效果是增强了还是削弱了。

(2)横向评估的操作方式是在评估对象的集合中,选取一个或若干个对象作为参照,然后把各个评估对象和所选参照体进行比较,分出高低、好坏等级,再按先后排序。

3. 问卷评估法

问卷评估法对一些评估指标通过问卷的方式直接向评估对象了解。问卷的设计必须满足以下条件。

(1)与培训目标紧密相连。

(2)与受训者的培训内容有关。

(3)包括培训的一些主要因素,如培训教师、培训场地、培训教材、培训组织等主要环节。

　　(4)评价结果易量化。

　　(5)能鼓励受训者真实反映结果。

(侯光明.人力资源管理,高等教育出版社)

▮▮ 关键点控制 ◀

培训关键点控制见表4-9。

表4-9　培训关键点控制

关键点控制	细化执行
1. 人员培训需求分析	需求分析
1.1　人力资源部根据人力资源规划对酒店现有人力资源状况进行分析	现状分析
1.2　各职能部门提出人员培训需求信息,人力资源部进行汇总	培训需求汇总表
2. 明确岗位和要求　在进行分析的基础上,明确酒店培训具体要求	培训所需文件、表单
3. 制订培训计划　人力资源部制订培训计划,培训计划的内容包括培训时间、培训渠道、培训经费等	年度培训计划书
4. 发布培训信息　人力资源部选择合适的培训渠道,发布培训信息	酒店培训信息
5. 实施培训	员工培训档案表
5.1　人力资源部对所有培训人员进行培训	培训考勤表
5.2　协调和沟通培训中各类问题,确保培训任务完成	员工培训记录表
6. 评估培训效果	培训效果评估表

阅读材料4-2

某酒店年度培训计划,见表4-10。

表4-10　某酒店年度培训计划表

序号	培训课程	课程目标	培训对象	课时	培训方法	培训讲师	培训费用预算
1	如何提高团队执行力	建立团队共识,打造高绩效团队,提升工作效率,快速满足宾客的合理需求	管理者、督导员、优秀员工	6	讲授	总经理	全年培训经费预算:略
2	服务礼仪规范	提升酒店员工的整体素质和服务水平,塑造文明礼貌的职业形象,培养爱岗敬业的职业道德,以礼仪促规范	全体员工	4	讲授	培训讲师	

（续表）

序号	培训课程	课程目标	培训对象	课时	培训方法	培训讲师	培训费用预算
3	消防安全知识	熟悉酒店消防设备使用,掌握初起火灾的扑救方式,提高消防安全意识	全体员工	10	讲授案例式	安全部经理	
4	上岗证及资格证培训	熟练掌握岗位基本理论知识,顺利通过从业资格考试,获取考试合格证书,从而领取从业资格证,提升服务水平	无资格证人员	60	培训机构定	院校或培训机构	
5	新员工入职培训	使新员工对酒店有全方位的了解,对酒店半军事化管理做好上岗后的思想准备	新员工	12	讲授实地参观	培训讲师	
6	设施设备维护保养	掌握酒店设施设备维护保养的具体做法,学习各种设备的节能要点	全体员工	4	讲授	工程部经理	
7	…	…					

实战训练

1. 你作为一家经济型酒店人力资源主管,酒店目前经营效益欠佳,顾客投诉较多,员工工作积极性不高。同时,部分员工服务技能、服务能力以及管理者管理方法也存在缺陷。你该如何应对?

2. 请根据前面培训情况,制定员工培训考核办法、培训课程评估表,对培训情况做出评估。

学习测评

表4-11　学习评价表

姓名		学号		班级	
任务		日期		地点	
任务开始时间:　年　月　日			任务完成时间:　年　月　日		
检测内容		系数	分值		得分
1. 培训需求分析		2.5	25		
2. 明确培训形式		1.5	15		
3. 制订培训计划		2.0	20		
4. 实施培训		2.2	22		
5. 评估培训效果		1.8	18		

（续表）

合计	10	100	
个人认为做得好的地方：			
认为完成最不满意的地方：			
值得改进的地方：			
自我评价：	非常满意		
	满意		
	不太满意		
	不满意		
互评：			
师评：			
第三方评价：			

任务 13　酒店激励管理

任务目标

1. 满足酒店对人力资源的需求
2. 优化内部人力资源配置
3. 提高人员激励的效果

知识准备

1. 了解激励的功能与原则
2. 掌握各种激励手段的优势和不足

任务实施

酒店的激励管理流程如图 4-3 所示。

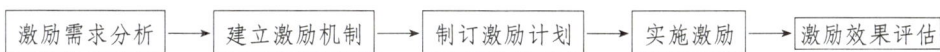

激励需求分析 ⟶ 建立激励机制 ⟶ 制订激励计划 ⟶ 实施激励 ⟶ 激励效果评估

图 4-3　酒店的激励管理流程图

　　激励就是酒店组织通过设计适当的外部奖酬形式和工作环境,以一定的行为规范和惩罚性措施,借助信息沟通,来激发、引导、保持和规范酒店员工的行为,以有效地实现酒店目标的过程。激励管理是激励理论在酒店管理中的运用,包含了多种多样的激励内容和激励形式,既有正面的激励,也有反面的激励,旨在提高酒店员工的工作效率,激发潜能。

一、激励需求分析

　　1. 酒店员工物质需求分析
　　2. 酒店员工精神需求分析
　　3. 酒店员工动态激励需求分析

二、确定激励目标和激励机制

　　1. 了解酒店系统目标
　　2. 设置激励目标
　　(1) 目标应该具体化。
　　(2) 要阐明目标的社会价值,并和个人利益相联系。
　　(3) 目标既要有一定难度又要有实现的可能性。
　　(4) 让完成目标的人参与目标设置。
　　(5) 要对达到目标的进程有及时、客观的反馈信息。
　　3. 建立激励机制
　　(1) 目标管理。酒店目标管理有四个要素:目标具体化(明确、具体描述预期的成果),参与决策(制定工作目标时,所有群体成员共同制定目标及规定如何衡量目标实现程度),限期完成(规定目标完成期限和每一阶段任务完成期限),绩效反馈(不断给予员工目标实现程度的反馈,使员工及时地进行自我督促和行为矫正)。
　　(2) 行为矫正。行为矫正的理论基础是强化管理,分为五个步骤:① 确认与绩效有关的行为;② 测量有关的行为;③ 确认工作行为的情景因素;④ 拟定并执行一项策略性干预措施;⑤ 评估绩效改进的情况。
　　(3) 参与管理。① 通过员工的参与决策可以让更多的人有所贡献;② 彼此协商后产生的决定,各方面都能致力推行;③ 可以使参与者对做出的决定有认同感,有利于决策的执行;④ 可以提供工作的内在奖励,使工作更有趣、更有意义。
　　(4) 绩效薪酬制。绩效薪酬制将酒店员工绩效与报酬相结合。
　　(5) 弹性福利制。允许员工在各种可能的福利方案中选择自己最需要的。
　　(6) 弹性工作制。在工作时间固定的前提条件下,灵活地选择工作的具体时间。
　　(7) 酒店员工工作轮换。
　　(8) 工作扩大化。酒店在横向水平上增加员工工作任务的数目或变化性,使工作多样化,但工作的难度和复杂程度并不增加。
　　(9) 工作丰富化。酒店在纵向上赋予员工更复杂、更系列化的工作,参与工作的规则制定、执行、评估,使员工有更大的自由度和自主权。

　　4. 激励机制的维护

三、选择激励方法

　　1. 确定激励原则。

　　2. 制定激励方案。

　　3. 筛选激励方案。

　　4. 激励方案实施。

四、实施激励和监控

　　1. 员工激励时机的确定

　　2. 员工激励频率的选择

　　(1) 对于工作复杂性强,比较难以完成的任务,激励频率应当高,对于工作比较简单、容易完成的任务,激励频率就应该低。

　　(2) 对于任务目标不明确、较长时期才可见成果的工作,激励频率应该低;对于任务目标明确、短期可见成果的工作,激励频率应该高。

　　(3) 对于综合素质较差的工作人员,激励频率应该高;对于综合素质较好的工作人员,激励频率应该低。

　　(4) 在工作条件和环境较差的部门,激励频率应该高;在工作条件和环境较好的部门,激励频率应该低。

　　3. 确定激励程度

　　4. 建立中长期激励

　　5. 多样化差异化激励

五、激励效果评估

　　1. 酒店员工激励效果调查。

　　2. 激励效果评估指标体系设计。

　　3. 激励效果评估综合评价。

六、反馈与调整

知识链接 5 - 3

激励理论

　　1. 期望理论

　　最具代表性的弗洛姆(V. H. Vroom)的"期望理论"认为,一个目标对人的激励程度受两个因素目标效价和期望值影响。

2. 目标设置理论

在弗洛姆之后,美国管理学家 E. 洛克(E. A. Locke)和休斯(C. L. Huse)等人又提出了"目标设置理论"。概括起来,主要有三个因素:目标的难度、目标的明确性、目标的可接受性。只有当职工接受了组织目标,并与个人目标协调起来时,目标才能发挥应有的激励功能。

3. 行为主义激励理论

这个理论认为,管理过程的实质是激励,通过激励手段诱发人的行为。在"刺激—反应"这种理论的指导下,激励者的任务就是去选择一套适当的刺激,即激励手段,以引起被激励者相应的反应标准和定型的活动。新行为主义者斯金纳在后来又提出了操作性条件反射理论。这个理论认为,激励人的主要手段不能仅仅靠刺激变量,还要考虑到中间变量,即人的主观因素的存在。

4. 认知派激励理论

这些理论都着重研究人的需要的内容和结构,以及如何推动人们的行为。激励的目的是要把消极行为转化为积极行为,以达到组织的预定目标,取得更好的效益。在激励过程中重点研究如何改造和转化人的行为。所以,只有改变外部环境刺激与改变内部思想认识相结合,才能达到改变人的行为的目的。

5. 综合型激励理论

行为主义激励理论强调外在激励的重要性,而认知派激励理论强调的是内在激励的重要性。综合型激励理论则是这两类理论的综合、概括和发展,它为解决调动人的积极性问题指出了更为有效的途径。心理学家勒温提出的场动力理论是最早期的综合型激励理论。这个理论强调,对于人的行为发展来说,先是个人与环境相互作用的结果。外界环境的刺激实际上只是一种导火线,而人的需要则是一种内部的驱动力,人的行为方向决定于内部系统需要的强度与外部引线之间的相互关系。波特和劳勒于1968年提出了新的综合型激励模式,将行为主义的外在激励和认知派的内在激励综合起来。在这个模式中含有努力、绩效、个体品质和能力、个体知觉、内部激励、外部激励和满足等变量。

6. 内容性激励理论

这种理论着眼于满足人们需要的内容,即人们需要什么就满足什么,从而激起人们的动机,重点研究激发动机的诱因,主要包括马斯洛的"需要层次论"、赫茨伯格的"双因素论"、麦克莱兰的"成就需要激励理论"和奥德弗的 ERG 理论等。

7. 过程型激励理论

过程型激励理论重点研究从动机的产生到采取行动的心理过程,主要包括弗鲁姆的"期望理论"、海德的归因理论和亚当斯的"公平理论"等。

关键点控制

激励关键点控制见表 4-12。

表 4-12　激励关键点控制

关键点控制	细化执行
1. 激励需求分析	需求分析
1.1　人力资源部对酒店员工物质需求状况进行分析	物质需求汇总表
1.2　人力资源部对酒店员工精神需求状况进行分析	精神需求汇总表
1.3　人力资源部对酒店员工动态激励需求状况进行分析	动态激励需求表
2. 确定激励目标和激励机制	激励目标和激励机制
2.1　确定激励目标	激励目标
2.2　建立激励机制	激励机制
3. 选择激励方法	激励方法
4. 实施激励和监控	激励
5. 激励效果评估	激励效果评估表
6. 反馈与调整	激励反馈表

阅读材料 4-3

员工激励管理 8 招

一个企业最核心的东西是什么？不是技术，不是品牌，不是场地，而是人，人是创造一切价值的生产力，没有了人，何谈技术、品牌等一系列的资本衍生物。所以，餐饮企业的发展最根本是在人才上，员工队伍是一切价值的根本。

雇佣保障——让员工感受职业安全

酒店应通过设计保障政策减少员工失业，不到迫不得已不轻易提出裁员计划，让员工有职业安全感。日本的一些酒店就倡导终身雇佣制，使员工与酒店成为一体，员工对酒店就产生了更多的认同感和主人翁的意识，实现员工对酒店的忠诚。

系统培训——让员工持续充电

酒店不仅应让员工有充电的机会，而且有持续的充电机会，为每一个有需要的员工建立培训档案，与员工一起进行职业规划，将员工的发展与酒店的发展联系起来。同时倡导建立一个学习型组织，让员工感觉到这个酒店的氛围可以让他不断地提升自己的技能，充实自己的经验。

及时支付——让员工感受及时雨

薪酬支付的时间也是有技巧的，支付的时间不同，产生激励的效果也不同。不同的员工会有不同的心理需求,而随着员工年龄的增长,经济状况的改变和酒店经营环境的变化也会影响到薪酬的支付效果。例如,对年轻的员工必须及时支付,无论是发奖金还是给予休假,给予奖励或表扬都必须及时。另外当员工情绪低落时,也应该采取及时的薪酬支付,而情绪高涨时则可采取延迟支付,这样有利于保持员工稳定情绪。

小型激励——让员工乐不思蜀

酒店应增加小型激励,在不减少激励分量的同时,适当提高激励的覆盖面。实际上频繁的小规模奖励会比大规模奖励更有效。小型激励会让员工经常沉浸在受奖励的快乐中,能够产生持续的激励效果,增加员工的工作动力。

心理契约——让员工有意外收获

减少定期奖励,增加不定期奖励,以抑制员工由于对固定奖励的模式化的思维而产生惰性心理。酒店应建立无制度的心理契约,这样员工不知道谁会在什么时候得到意外的奖励,这会给员工带来意外的惊喜,让他觉得工作更有乐趣。

联络家属——让大家、小家成为一家

酒店应设立一些专门为员工家属提供的特别福利,比如在节日之际邀请家属参加酒店的联欢活动,赠送酒店特制的礼品,让员工和家属一起旅游,给孩子提供礼物、奖学金等,让自己的员工在家属面前感到有"面子",也让其家属感到温情和满足。

充分尊重——让员工在平等中进取

尊重能够赢得人心。酒店应视员工为合作者,酒店的所有者、管理者和员工在人格上是平等的,在工作上只是扮演的角色不同而已。一些国外的酒店推行"同一公民"制度,总经理与员工穿相同的制服。野餐的时候,总经理也会给普通员工烤牛排,这样就拉近了双方的距离,消除了双方的情感屏障。

量身定做——让员工享受一对一激励

现在大多数酒店激励措施针对性不强,对员工最佳需要的捕捉仍然停留在简单的粗略估计上,没有以真实的调查和科学的需要分析为基础,也没有结合酒店自身的特点来制定激励政策和措施,所以激励政策缺乏针对性和及时性,出现了激励空档现象和激励错位现象,造成了人力、物力、财力资源的浪费。酒店要提高激励的效率就应该对员工(特别是 A 类核心员工)采取"一对一"的激励。根据员工不同的情况和需要量身定制不同的福利,并确保这项福利对该员工是最有吸引力的。

(资料来源:一大把网站　作者:赵峰)

实战训练

1. 设计当地某四星级酒店一线员工的下一年度激励方案。
2. 选择一家知名酒店集团,调查其激励机制。

学习测评

表 4-13 学习评价表

姓名			学号			班级	
任务			日期			地点	
任务开始时间： 年 月 日				任务完成时间： 年 月 日			
检测内容				系数	分值		得分
1. 激励需求分析				2.2	22		
2. 建立激励机制				1.8	18		
3. 选择激励方法				2.0	20		
4. 实施激励和监控				2.5	25		
5. 评估激励效果				0.5	5		
6. 反馈与调整				1.0	10		
合计				10	100		
个人认为做得好的地方：							
认为完成最不满意的地方：							
值得改进的地方：							
自我评价：				非常满意			
				满意			
				不太满意			
				不满意			
互评：							
师评：							
第三方评价：							

任务 14 酒店员工绩效考评

任务目标

1. 总结经验，有助于企业经营目标的实现

2. 制度性规范、程序和方法进行评价员工形成归属感
3. 以事实为依据的评价,开发员工潜力,提高绩效

知识准备 ◀

1. 绩效考评与绩效管理的区别
2. 绩效评估的原则
3. 有效绩效管理系统标准

任务实施 ◀

酒店员工绩效考评流程如图 4-4 所示。

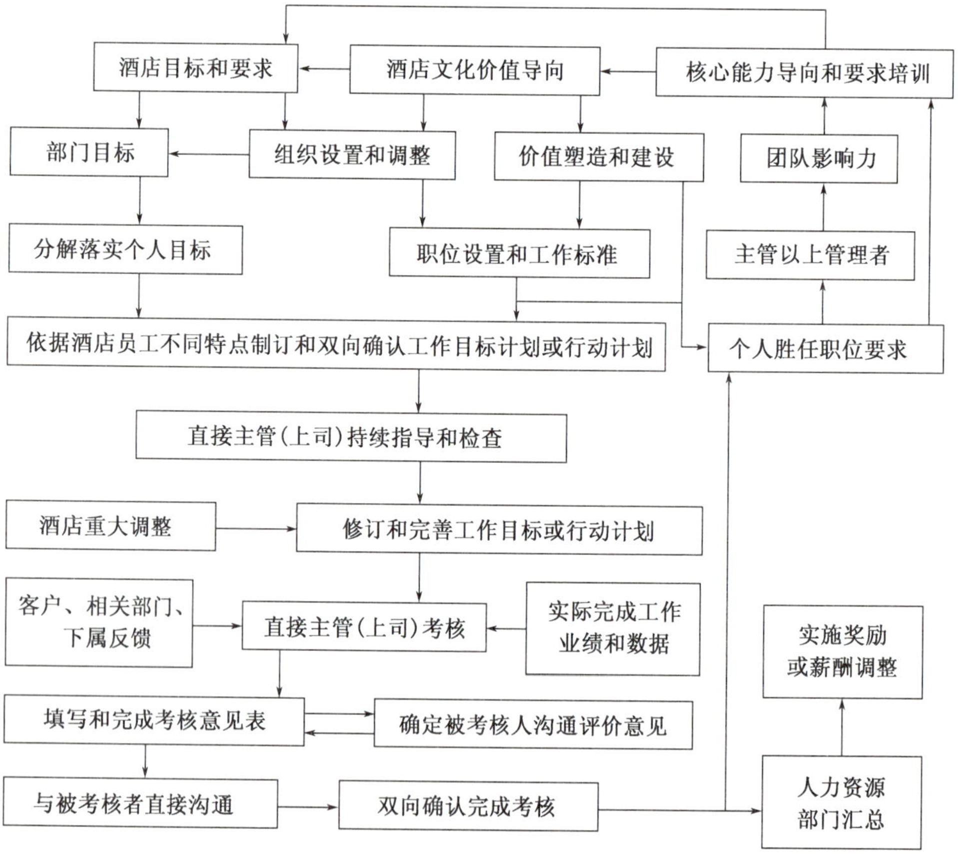

图 4-4 酒店员工绩效考评流程图

绩效,从管理学的角度看,是酒店期望的结果,是酒店组织为实现其目标而展现在不同层面上的有效输出,它包括个人绩效和组织绩效两个方面。绩效考评,是酒店人力资源管理的核心职能之一,是指评定者运用科学的方法、标准和程序,对酒店行为主体

与评定任务有关的绩效信息(业绩、成就和实际作为等)进行观察、收集、组织、贮存、提取、整合,并尽可能做出准确评价的过程。

一、制订考核计划

1. 明确考核的目的和对象

(1) 明确绩效考核的目的及重点。酒店绩效考核其核心是促进酒店获利能力的提高及综合实力的增强,其实质是做到人尽其才,使人力资源作用发挥到极致。

(2) 考核主体,即由谁对不同的被考核人进行考核评价。

(3) 考核频率,即不同的被考核人分别在什么周期内进行考核。

2. 选择考核内容和方法

(1) 确定考核内容。一般情况下从绩效、态度、能力三个维度思考。绩效包括任务绩效、周边绩效、管理绩效;态度包括积极性、协作性、责任心、纪律性;能力包括能力素质和专业知识技能。绩效考核的内容基本上可以从业绩、态度、能力、潜力、适应性五个方面着手。

(2) 选择考核方法。

(3) 确定考核周期。

3. 制订考核计划

二、进行技术准备

绩效考核是一项技术性很强的工作,其技术准备主要包括确定考核标准、选择或设计考核方法以及培训考核人员。

1. 构建绩效指标体系:

(1) 明确酒店战略;

(2) 建立酒店策略性目标;

(3) 分解酒店部门目标;

(4) 形成员工可量化指标;

(5) 形成部门和员工绩效指标;

(6) 指标筛选与定义;

(7) 指标权重分配;

(8) 指标标准界定。

2. 指标体系的模拟实施。

3. 指标体系的调整与沟通。

4. 指标体系调整后审核。

5. 指标体系的正式实施。

6. 选拔和培训考核人员。

7. 收集被考评人员资料信息。

收集资料信息要建立一套与考核指标体系有关的制度,并采取各种有效的方法来达到。

三、做出分析评价

1. 确定单项的等级和分值。

2. 对同一项目各考核来源的结果综合。

3. 对不同项目考核结果的综合。

（1）各级主管组织员工撰写述职报告并进行自评。

（2）所有员工对本人在考评期间内的工作业绩及行为表现（工作态度、工作能力）进行总结，核心是对照企业对自己的职责和目标要求进行自我评价。

（3）部门主管根据受评人日常工作目标完成程度、管理日志记录、考勤记录、统计资料、个人述职等，在对受评人各方面表现充分了解的基础上，负责进行客观、公正的考核评价，并指出对受评人的期望或工作建议，交上级部门主管审核。如果一个员工有双重直接主管，由其主要业务直接主管负责协调另一业务直接主管对其进行考评。

（4）各级主管负责抽查间接下属的考评过程和结果。

（5）人力资源部负责收集、汇总所有考评结果，编制考评结果一览表，报公司考评委员会审核。考评委员会听取各部门的分别汇报，对重点结果进行讨论和平衡，纠正考评中的偏差，确定最后的评价结果。

（6）人力资源部负责整理最终考评结果，进行结果兑现，分类建立员工绩效考评档案。

4. 控制考核误差

绩效考核误差可以分为两类：一类与考核标准有关，一类与主考人有关。

（1）考核标准方面的问题，包括考核标准不严谨、考核内容不完整。

（2）主考人方面的问题，包括晕轮效应、宽严倾向、平均倾向、近因效应、首因效应、个人好恶、成见效应。

四、考核结果反馈

1. 考核结果反馈面谈

双方共同制订可行的绩效改进计划和个人发展计划，提高个人及组织绩效。

（1）主管负责与下属进行绩效面谈。当直接主管和员工就绩效考核初步结果谈话结束后，员工可以保留自己的意见，但必须在考评表上签字。员工若对自己的考评结果有疑问，有权向上级主管或评委进行反映或申诉。

（2）对于派出外地工作的员工，反馈面谈可由该员工所在地的直接主管代为进行。

2. 设置考核申诉程序

3. 人力资源部对绩效考评成效进行总结分析，并对以后的绩效考评提出新的改进意见和方案，规划新的人力资源发展计划。

五、绩效考评结果评估诊断

1. 在作为阶段性的绩效考评，其效果的评估已做出明确的指标来衡量。

2. 通过信度和效量的测试检验考评的结果,保证其资料与信息的可靠性与准确性。

3. 以考核的完成率来评估考核体系的设计完善程度和反映各方面的利益与权责程度。

4. 以考核面谈所确定的行动记录来分析目前工作的贴近度和员工参与程度。

5. 通过考核结果的书面报告分析是否有具体事例说明上下级之间存在的争议性和差距。

6. 从参与考核与被考核人员的态度和角色入手,分析他们对绩效考评的认识、理解和所持态度。

7. 从企业阶段性业绩中检查部门与员工目标完成情况和做出符合实际的比较。

8. 通过适合的调研以检验绩效管理后员工的心态、观念、认识到行动的认同和素质变化。

9. 从员工的异动状况检验绩效管理带给员工的是积极与有效的更多,还是被动、滞后和压力。

10. 通过员工绩效满意度和合理化建议的内容,分析企业文化构成气氛和凝聚力程度。

知识链接 4-4

绩效考核方法

1. 图尺度考核法(Graphic Rating Scale,GRS):最简单和运用最普遍的绩效考核技术之一,一般采用图尺度表填写打分的形式进行。

2. 交替排序法(Alternative Ranking Method,ARM):一种较为常用的排序考核法。其原理是,在群体中挑选出最好的或者最差的绩效表现者,较之于对其绩效进行绝对考核要简单易行得多。因此,交替排序的操作方法就是分别挑选、排列得"最好的"与"最差的",然后挑选出"第二好的"与"第二差的",这样依次进行,直到将所有的被考核人员排列完成为止,从而以优劣排序作为绩效考核的结果。交替排序在操作时也可以使用绩效排序表。

3. 配对比较法(Paired Comparison Method,PCM):一种更为细致的通过排序来考核绩效水平的方法,它的特点是每一个考核要素都要进行人员间的两两比较和排序,使得在每一个考核要素下,每一个人都和其他所有人进行了比较,所有被考核者在每一个要素下都获得了充分的排序。

4. 强制分布法(Forced Distribution Method,FDM):在考核进行之前就设定好绩效水平的分布比例,然后将员工的考核结果安排到分布结构中。

5. 关键事件法(Critical Incident Method,CIM):一种通过员工的关键行为和行为结果来对其绩效水平进行绩效考核的方法,一般由主管人员将其下属员工在工作中表现出来的非常优秀的行为事件或者非常糟糕的行为事件记录下来,然后在考核时点上(每季度,或者每半年)与该员工进行一次面谈,根据记录共同讨论来对其绩效水平做出考核。

6. 行为锚定等级考核法(Behaviorally Anchored Rating Scale,BARS):基于对被考核者的工作行为进行观察、考核,从而评定绩效水平的方法。

7. 目标管理法(Management by Objectives,MBO):目标管理法是现代更多采用的方法,管理者通常很强调利润、销售额和成本这些能带来成果的结果指标。在目标管理法下,每个员工都确定有若干具体的指标,这些指标是其工作成功开展的关键目标,它们的完成情况可以作为评价员工的依据。

8. 叙述法:在进行考核时,以文字叙述的方式说明事实,包括以往工作取得了哪些明显的成果,工作上存在的不足和缺陷是什么。

(资料来源:袁庆宏.绩效管理.南开大学出版社)

关键点控制

绩效考评关键点控制见表 4–14。

表 4–14 绩效考评关键点控制

关键点控制	细化执行
1. 制订考核计划	考核计划
1.1 人力资源部明确考核的目的和对象	个人胜任职位要求
1.2 各职能部门选择考核内容和方法	职位、工作标准
1.3 依据酒店员工不同特点制订和双向确认工作目标计划或行动计划	行动计划
2. 进行技术准备	绩效考核体系
2.1 构建绩效指标体系	绩效指标
2.2 指标体系的正式实施	实施体系
2.3 选拔和培训考核人员	人员培训
2.4 收集被考评人员资料信息	被考评人员信息
3. 实施考评	考评
3.1 客户、相关部门、下属反馈	反馈
3.2 直接主管(上司)考核(实际完成工作业绩和数据)	考核意见表
3.3 与被考核者直接沟通,完成考核	沟通
4. 人力资源部门汇总	汇总表
5. 实施奖励或薪酬调整	奖惩

某五星级酒店薪资考核方法

一、薪资结构

1. 月薪制员工的薪资结构由原来的工资总额分为固定部分、绩效考核、营业额考核、利润考核四部分。固定部分占 60%（基本工资＋岗位工资＋企业补贴 179 元）、绩效考核占 10%（每季度根据上级主管对其绩效考核的成绩）、营业额考核占 5%（每月根据连锁店完成营业额进行考核）、利润考核占 25%（每月根据连锁店完成利润进行考核）。

2. 时薪制员工

将现在时薪分为基本时薪和效益时薪二部分。其中效益时薪：员工 0.5 元/小时，星级员工 0.7 元/小时。

二、考核

1. 月薪制

（1）绩效工资按岗位绩效考核的成绩执行（新进员工本季度按 100% 计算）

（2）营业额考核工资

完成当月预算营业额考核工资的 100%，未完成预算营业额按未完成比例扣除。例如：某店预算月营业额为 240 000 元，如完成 240 000 元以上得 100%，如完成 221 000 元则得 221 000/240 000＝92%，则得营业额考核工资部分的 92%。

（3）利润考核工资（含减亏）

完成上月预算利润指标得利润考核工资 100%，未完成预算的按未完成比例扣除。例如：某店预算利润为 50 000 元，如完成 50 000 元得 100%；如完成 45 000 元则得 45 000 元/50 000 元＝90%，则得利润考核部分的 90%。

2. 时薪制员工

实得效益时薪＝效益时薪×（营业额完成率＋利润完成率）/2×100%

三、超额利润的分配（含减亏）

1. 每季度核算一次，按超利润部分的 50% 返回门店，分配比例按以下工时计算：

店经理按 500 工时计算；店副理按 400 工时计算；一级助理按 350 工时计算；二级助理按 300 工时计算；见习助理按 200 工时计算，员工按实际工时计算。例如：某店季度超利润 10 000 元，有店经理一名，一级助理一名，二级助理二名，员工 20 名，用工时 3 000 小时。应得奖励时薪 10 000×50%/（500＋350＋250×2＋3 000）＝1.15/小时，店经理得奖励＝500×1.15＝575 元，员工得奖励＝150×1.15＝172.5 元。

2. 完成当年预算和利润，而年度员工工资总额（按预算百分比）有节余的，节余部分的 70% 按以上办法分配。

四、发放时间

每年的 4 月、7 月、10 月和次年 1 月考核发放上一季度的超额利润（含减亏），奖励发放时以当日在册人员为准，不论何种原因离店都不列入发放范围。

实战训练

1. 各小组提交选题及调研思路,可行性讨论,进行实地调研,完成服务员、厨师或领班的绩效管理制度设计方案。

2. 绩效面谈(角色互换,作为上级或下级应当如何应对)。

部门	职位	姓名	考核日期
			年　月　日
工作成功的方面			
工作中需要改善的地方			
是否需要接受一定的培训			
本人认为自己的工作在本部门和全公司中处于什么状况			
本人认为本部门工作最好、最差的是谁? 全公司呢?			
对考核有什么意见			
希望从公司得到怎样的帮助			
下一步的工作和绩效的改进方向			
面谈人签名:		日期:	
备注:			

学习测评

表 4 - 15　学习评价表

姓名		学号		班级	
任务		日期		地点	
任务开始时间:　　年　　月　　日			任务完成时间:　　年　　月　　日		
检测内容		系数		分值	得分
1. 制订考核计划		2.5		25	
2. 进行技术准备		2.5		25	
3. 实施考评		3.0		30	
4. 人力资源部门汇总		0.5		5	

（续表）

检测内容	系数	分值	得分
5. 实施奖励或薪酬调整	1.5	15	
合计	10	100	

个人认为做得好的地方：			
认为完成最不满意的地方：			
值得改进的地方：			
自我评价：		非常满意	
		满意	
		不太满意	
		不满意	
互评：			
师评：			
第三方评价：			

拓展提升

阅读以下书目：

1. 赵辉.酒店人力资源管理实务[M].长春：东北师范大学出版社，2014.

2. 都大明.现代酒店管理（第二版）[M].上海：复旦大学出版社，2014.

3. 徐桥猛.现代酒店管理（第三版）（五年制高职）[M].北京：高等教育出版社，2014.

4. 钱程.人力资源管理实务（第2版）[M].北京：北京大学出版社，2015.

5. 杨东辉.企业人力资源开发与管理（第四版）[M].大连：大连理工大学出版社，2014.

6. 顾全根.人力资源评价实务[M].北京：高等教育出版社，2015.

7. 邵冲.人力资源管理（第2版）[M].北京：中国人民大学出版社，2014.

8. 朱长丰.人力资源管理技能训练教程[M].北京：中国人民大学出版社，2014.

模块五　酒店物资和设备管理

模 块 说 明

　　本模块中,学生将学习酒店的物质和设备管理,共有三个任务,即酒店的物资管理、酒店设备的使用和维护及酒店设备的采购与改造。

　　本模块达到的能力目标要求:

　　1. 能进行酒店物资管理的成本控制环节;

　　2. 能提高酒店员工的成本控制;

　　3. 能有效地使用酒店设备;

　　4. 能对酒店设备管理、维护、维修、保养。

　　本模块要实现的素质目标:

　　1. 培养团队协作精神;

　　2. 培养绿色、低碳环保、节能增效的意识;

　　3. 培养诚实守信、按章办事的规矩意识。

　　教学建议:

　　1. 设定情景,进行角色扮演,教师为某酒店物资管理负责人,学生为该酒店业务主管或工作人员;

　　2. 课前分配工作任务,小组设计准备并完成任务,现场汇报,教师现场点评,学习检测;

　　3. 教师诠释下一工作任务内容,核心技能与操作要领,布置新任务。

任务 15　酒店物资管理

任务目标

1. 能够合理采购酒店物资
2. 能满足酒店对物资的需求
3. 能对酒店物资进行有效管理

知识准备

1. 饭店物资定额管理,饭店物资管理的基本内容
2. ABC分类管理法及应用

配套微课

任务实施

酒店物资管理流程如图5-1所示。

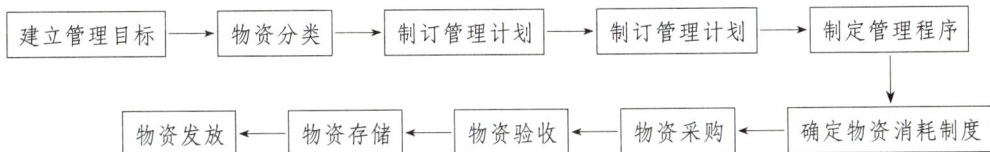

图5-1 酒店物资管理流程图

物资是指酒店经营生产过程所消耗物品的各种生产材料。物资管理是指酒店对各种生产资料的购销、储运、使用等,所进行的计划、组织和控制工作。酒店物资管理的目的是,通过对酒店物资进行有效管理,以降低酒店企业生产成本,加速资金周转,进而促进酒店企业盈利,提升酒店的市场竞争能力。

一、建立酒店物资管理目标

1. 核定酒店各种物资需求量,编制与执行物资供应计划,并根据市场情况、酒店业务情况的新变化不断修正供应计划,提高物资供应的科学性。

2. 全面了解饭店所需的各种物资的特性,深入研究适合各种物质的保管、储藏方法,使物资安全度过采购—使用之间的过渡期。

3. 编制科学、严密的物资管理制度。制定酒店各类物资的流通程序、设计物资流转过程的管理方法和严格的规章制度。

4. 核定酒店各类物资的消耗定额,监督各类物资的使用过程,核算其使用效率,使所有物资在酒店的业务过程中充分发挥其应有的使用价值和经济效用。

5. 用各种方法回收酒店各种尚有利用价值的报废物资并设法使其再生,再次为酒店经营做出贡献,达到物尽其用、节约经营成本的目的。

酒店物资管理的基本目标要达到:适时、适量、优质、优价、善藏、高效。

二、对酒店物资分类

1. 按物资的价值分类:低值易耗品、物料用品和大件物资。

2. 按物资的自然属性分类:棉织品、装饰用品、服务用品、清洁用品等。

3. 按客人消耗和价值补偿方式分类:客用多次消耗用品和客用一次消耗用品。

4. 按物资用品使用方向分类：客用物资用品、办公用品、安全保卫用品等。

5. 按物资所处的不同阶段分类：在用物资、在库物资、在途物资。

三、确定酒店物资消耗定额工作程序

1. 考虑到各个部门的具体情况，酒店首先将物资消耗定额的任务下达到各个部门，并详细说明物资消耗定额的意义和内涵以及各部门进行物资消耗定额的工作要求和确定物资消耗定额的标准。

2. 各部门根据自己的特点详细制定单位产品或单位接待能力所需的物资配备表，注意区别一次性消耗物品和多次性消耗物品。

3. 确定客用一次性消耗物品单位时间或单位产品的消耗定额。

4. 确定客用多次性消耗物品在寿命期内的损耗率或一段时间的更新率。

5. 综合汇总。

四、确定物资消耗定额方法

1. 经验估算法。

2. 统计分析法。

3. 实物实验法。

五、完善酒店物资采购与验收

1. 酒店物资采购管理

（1）认真分析酒店所有业务活动的物资需要，依据市场近况，科学合理地确定采购物资的种类与数量，如表 5-1。

表 5-1　采购申请单

申请部门： 部门经理签字：				申请日期：　　年　月　日		
物品名称	单位	采购数量	采购价格范围	物品标准说明	备注 （物品标准）	
采购理由：		运费及保险说明：		总计		
采购部经理：		财务部经理：		总经理：		

审核人：

（2）根据酒店各业务部门对物资的质量需求与价格需求，选择最为合适的供货商，并及时订货或直接采购。

（3）控制采购活动全过程，堵塞每个环节中可能存在的管理漏洞，使物资采购按质、按价、按时到位。

（4）制定采购各种物资的严密程序、手续和制度，使控制工作环环有效。

（5）制作并妥善保管与供货商之间的交易合同，保证合同合法有效并对饭店有利。

（6）协助财务部门做好饭店对供货商的贷款清算工作。

2．编制采购计划

3．采购价格比较

（1）价格比较的程序：

① 设立最高限价；

② 估计供方的最低限价。

（2）获取理想价格的手段和途径：

① 充分利用企业形象资本；

② 集中批量订货；

③ 注意信息的采集和分析，选择恰当的采购时机；

④ 建立长期的购销合同；

⑤ 减少中间商，直接进货；

⑥ 选择恰当的支付方式；

⑦ 与供货商进行谈判，通过富有技巧的讨价来压低供货商的报价；

⑧ 寻找合适的替代品。

（3）选择支付方式。

（4）选择酒店物资供应商。

① 采购空间距离；

② 供货商的信誉；

③ 供货商的供货能力；

④ 供货商诚恳的合作精神；

⑤ 供货商的员工队伍；

⑥ 供货商的卫生状况。

4．酒店物资验收

（1）检验：

① 凭证检验；

② 时间检验；

③ 数量查核；

④ 质量查核；

⑤ 价格查核。

（2）填写验收单。

（3）收货入库。

（4）退货处理。

5. 酒店物资验收的程序

（1）前期准备工作。

（2）验收操作，物资入库。

（3）记录验收结果。

（4）拒收。

六、做好酒店物资储存与发放

1. 酒店物资储存管理

（1）酒店物资储存管理的目标

仓库管理的任务是为酒店经营活动的正常运转提供可靠的物资供应，保证物资不短缺，不积压，不破损，不变质。要求五保：保量、保质、保安全、保成本、保急用；三化：仓库规范化、保养经常化、存放系列化。

（2）酒店物资储存管理工作的程序

① 适当安排仓储场所

② 入库存放

③ 物资保管

保证质量的一些行之有效的方法：先进先出、保持良好的仓储环境、加强仓储物资的养护管理、做好库存物资的检查工作。

为所有在库物资建立卡、账，设立账务系统，记录物资的流动情况及在库情况。

（3）盘点库存

准确查清在库物资的数、质量，确保物资的安全，提供采购的依据。

① 日常盘点

② 定期盘点

③ 延期盘点

④ 临时盘点

2. 酒店物资发放管理

酒店物资管理的最后出口，使物资真正用于饭店的生产经营，实现其价值转移或最终体现其使用价值。

（1）确定酒店物资发放管理基本要求

（2）酒店物资发放管理程序

① 点交

领料部门填写领料单，凭领料单发放物资，并做好记录。

② 清理

账面清理、地面清理、物资管理。

③ 复核

为避免出错，物资发放人员应该对发放作业过程中的每个环节仔细进行自查、复查，层层复核，包括：品种、规格、数量。

④ 原料计价

反映在领料单上,便于饭店各部门进行成本核算。

(3) 酒店物资发放管理的重点内容:

① 审批人,物资发放的关键。

② 执行人,加强日常管理。

③ 发货区域问题

饭店应设专门的发货区域,是防止物资发放出差错的重要手段。

④ 发货时间问题

采用定时和不定时进行,区别不同的货物。

⑤ 货物交接问题

发货与收货必须交接清楚,交接依据是领料单,双方签字认可。

⑥ 物资数量短缺问题

物资数量短缺是物资管理的常见问题,也是最令物资管理人员头痛的事情,常采用以下方法避免:制定合理的有区别的损耗率,提前修改物资的包装。

(4) 酒店物资发放管理的原则

① 先进先出原则

防止物资老化,减少浪费

② 保证经营原则

所有的管理制度都是为了饭店的正常生产经营,物资管理更要处理好轻重缓急。

③ 补料审批制度

为了进行个性化或人性化服务,某些时候会有先领料再补手续的现象,必须按照规则完善补料手续,严格控制。

④ 退库核销制度

发生退库现象时,也需要完善手续。

⑤ 以旧换新制度

为避免浪费,制定以旧换新制度,可以收回部分残值。

表 5-2　采购结算单　　　　　　　　　　年　　月

采购人	名称	购讲情况			使用情况			备注
		数量	单价	金额总计	数量	单价	金额总计	
采购部门主管签字:　　　　　　年　　月　　日			财务部签字:　　　　　　年　　月　　日			总经理办公室签字:　　　　　　年　　月　　日		

统计人:

1991年,"威尔士王子商业领导论坛"创建了"国际旅馆环境倡议"机构,该机构由世界11个著名的饭店管理集团组成一个委员会,由英国查尔斯王子任主席。1993年,英国查尔斯王子倡议召开了旅馆环境保护国际会议,通过了这11个国际旅馆集团签署的倡议,并出版了《旅馆环境管理》一书,目的是为了指导旅馆业实施环保计划,改进生态环境,加强国际合作,交流旅馆环境保护工作的经验和有关信息,促进政府、社区、行业及从业人员对旅馆环境保护达成共识并付诸实践。从那时起欧美许多国家的饭店纷纷重新审视企业的经营方式和服务程序是否符合环境保护的要求,并着手改进经营和服务方式,其中最主要的就是采用先进的节能设备;加强排放物的污染控制;尽量回收可再生的物资,同时倡导绿色消费。在全球性的绿色浪潮的推动下,我国一些大城市的饭店也开始重视环境保护,加强员工的环保意识,注意在经营中节能、降耗、减少污染。

2015年4月22日,为了支持雅高国际酒店集团一年一度的"21世纪地球"活动,上海虹桥美爵酒店在酒店的大堂举办了"环保艺术家"主题展,展示了酒店各部门的员工利用废弃的回收材料,亲自动手制作而成的创意环保作品,以此提高人们对于环境保护的意识,特别是针对日常废弃物品的再回收、再循环和再利用。

菲律宾长滩岛天堂大使度假村在运营管理中,采用了利用废弃食用油发电的可再生能源系统,能够很好地利用废油,价值两百万披索(约29万人民币)的机器(KG-1000)安装在度假村内,用来回收度假村使用过的烹饪油,并且使之与柴油混合后用来发电。可再生能源系统是一种燃料供给控制装置,它不需要进行化学的处理就能够使用废弃物或者使用过的烹饪油作为发电机的燃料。

据相关媒体的报道,南京金陵酒店管理集团近日与凯尚科技集团合作,凯尚科技集团是一家专门研究利用纳米技术进行杀菌的现代科技公司,而它们的合作,其战略的目的,就是来共同打造绿色节能酒店及全国首家利用纳米杀菌技术的无菌示范酒店。

(资料来源:中国饭店协会、环球旅讯)

关键点控制

物资管理关键点控制见表5-3。

表5-3 物资管理关键点控制

关键点控制	细化执行
1. 建立酒店物资管理目标	编制与执行物资供应计划、制度
2. 对酒店物资分类	分类物资

(续表)

关键点控制	细化执行
3. 确定酒店物资消耗定额工作程序	确定物资消耗定额的标准
4. 确定物资消耗定额方法	定额管理
5. 完善酒店物资采购与验收	采购与验收
5.1 酒店物资采购管理	采购申请单、编制采购计划
5.2 酒店物资验收管理	验收表
6. 储存与发放物资	物资储存发放各类表格

阅读材料 5-1

　　酒店常用物资单位价值一般都比较小,单位价值比较高的物资也有,但是用量较小。如有些一次性客用品平均价只有1元甚至几角(按最小单位计量),但是每日的消耗总量很大;餐饮原料90%为新鲜的时令果蔬、鲜活肉类、海鲜等,而价格受季节、质量、市场环境的影响巨大,如樱桃的价格受季节、质量影响波动的范围为4.5~60元/斤,特别是在2018年市场影响,产品价格波动更是不可估计,几乎每天的价格都有4%的波动。加强过程的分析,寻找成本泄漏点,严格控制每个环节,在物资流通的整个过程中做到闭环管理,信息畅通。

　　酒店产品具有不可储藏、消费与生产同一过程等特点,而酒店物资具有品种繁多,价格浮动大,而且流通过程中受人为因素影响大等特点,因此,成本控制要落实到每个环节,即不能单独追求成本的降低而降低服务质量,也不能一味追求满意的服务而忽略成本,要加强整个过程的监督,加强过程的分析。

　　成本泄露点,如在餐饮物资的流通中:菜单计划→申购→采购→验收→入库→(出库)发料→加工切配→烹调→餐饮服务→餐饮推销→销售控制→成本核算,要将成本控制的理念贯穿到整个过程中。

实战训练

　　1. 一家四星酒店拟采购客房智能控制系统,要求系统能集智能灯光控制、空调控制、服务控制与管理功能于一体,具有智能化、网络化、规范化等特点,能帮助酒店各级管理人员对运作过程产生的大量动态复杂的数据和信息进行及时准确的分析处理。同时要求系统全面兼容国际标准的TCP/IP协议和以太网技术,无须单独布线,可以利用原有的宽带布线来实现对客房实时的监控和管理。请根据酒店之相关规定实施采购。

　　2. 请制定一份酒店物资管理制度。

学习测评

表5-4 学习评价表

姓名		学号		班级	
任务		日期		地点	
任务开始时间： 年 月 日			任务完成时间： 年 月 日		
检测内容			系数	分值	得分
1. 酒店物资管理分析			1.5	15	
2. 熟悉酒店物资管理特征			0.5	5	
3. 酒店物资管理方法应用			2.0	15	
4. 构建酒店物资管理组织架构体系			1.0	10	
5. 酒店物资管理实施			1.8	20	
6. 做出酒店采购决策措施			1.0	10	
7. 建立酒店采购仓储管理办法			1.2	15	
8. 具体实施酒店物质发放			1.0	10	
合计			10	100	
个人认为做得好的地方：					
认为完成最不满意的地方：					
值得改进的地方：					
自我评价：			非常满意		
			满意		
			不太满意		
			不满意		
互评：					
师评：					
第三方评价：					

任务16　酒店设备使用和维护

任务目标

1. 保证酒店设备运行良好
2. 能使用酒店设备
3. 能对酒店设备进行常规性维护

知识准备

1. 设备种类
2. 设备维修知识
3. 设备管理程序

任务实施

酒店设备的使用和维护流程如图5-2所示。

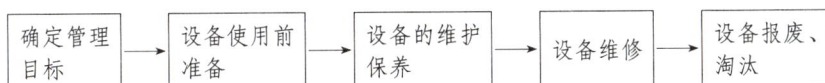

图5-2　酒店设备的使用和维护流程图

酒店设备指可供酒店企业在服务生产中长期使用,并在反复使用中基本保持原有实物形态和功能的劳动资料和物质资料的总称。酒店设备维护为防止酒店设备性能劣化或降低设备失效的概率,按事先规定的计划或相应技术条件的规定进行的技术管理措施。

一、新装设备管理

1. 工程部根据设备的使用说明、设计要求以及设备的性能,对设备进行全面检查,合格后,方可使用。
2. 在安装过程中,工程人员全程跟进。
3. 设备安装后,设备使用说明书、合格证、产品介绍等有关技术资料由工程部留存。
4. 安装工作结束后,工程部与使用部门共同验收,验收合格后,由工程部出具验收报告,使用部门确认,并办理移交手续,工程部负责设备的技术资料与备品备件登记工作。

二、设备编号与资料归档

1. 设备账卡管理(见表 5-5)

(1) 酒店全部设备的账单和维修卡由工程部管理保存。每年度末由工程部相应设备负责人核查设备在位情况,并填写相应记录(酒店统一格式),交由工程部保存。

(2) 如果发生设备变更情况,则由工程部提供新的设备账单,或根据情况修改设备账单。设备账单的任何改动处,都要有原签字人与中心主管领导的共同签字才能生效。

(3) 公用设备由工程部保管,各操作室可根据需要临时借用。设备借用必须办理相关手续,交接时必须检验设备是否完好。

表 5-5 设备管理卡

设备编号		设备型号		图纸编号	
设备名称		设备价格		使用部门	
启用日期		安装地点			
设备性能及参数					
设备维修负责人员					
计划维修标准	检修周数		检修频率		
	大修周数		大修频率		
厂家供应商资料					
厂家名称					
联系地址			邮政编码		
联系电话			传真		
常用备件资料					

2. 建立设备档案

(1) 每台设备必须由相应班组责任人建立完整、详细的设备档案(记录在相应账单的背面)。记录设备使用期间的异常情况不可以取代其他记录(如维修记录等)。

(2) 责任人必须清楚每件设备的具体位置,并对其负完全的保管责任。

(3) 设备档案是设备检查的重要项目,应作为资料长时间保存。

三、设备日常管理

1. 设备运行管理

(1) 各部门所辖的设备设施必须设专人管理。未经主管领导同意,任何人不得私自修改设备运行参数。

（2）设备附件张贴安全使用说明及操作注意事项。操作人经培训合格后方可进行设备操作。

（3）设备使用完毕后，操作人必须按规定对设备进行清洁处理。

（4）各区域电气控制箱设专人管理，无关人员严禁操作。各区域电气开关由工程部按计划清扫、紧固。

（5）重要设备旁应标有设备的运行参数及操作具体要求说明。

（6）设备运行中，如果发现设备存有故障隐患，应及时按设备故障报修程序进行报修，工程部组织检修。

（7）设备发生故障后，未经工程部确认，严禁各部门私自拆卸。

（8）各部门内各种移动的电气设备或手持电气工具必须按规定交工程部检修，检修周期为半年。设备使用中应严格执行安全操作规程。

2. 设备使用管理

（1）所有当事人必须严格按照操作规程使用设备，非本操作室人员未经允许不得擅自动用设备。责任人要负责做好设备的保管、保养工作，下班离开操作室，应关掉设备电源并拉下房间电闸。

（2）无工程部主管同意，非该设备维修班组人员不得私自打开设备外壳。除修理或工作状态必需外，任何设备外壳不得处于非封闭状态。

（3）小型设备如需携离酒店，必须征得上级主管同意并告知相应设备班组。

（4）凡不属酒店正式订购的设备，未经工程部许可，不能私自留用、试用；由厂方提供用于更换的备用设备一律由工程部登记存放。

3. 设备调动管理

（1）设备跨部门的调动，由工程部领导根据情况做出决定。有关当事人（包括工程部）要办好相应手续，弄清设备状况，做好相应记录。

（2）一般情况下，主要设备位置要保持相对固定。部门内的设备调动由部门主管负责掌握，有关设备责任人应做好设备档案记录。如跨房间调动，必须及时通知工程部。

（3）一般时期，设备临时性的调动，可以适当从权处理，但要做好设备档案记录。

4. 设备借用管理

（1）设备在酒店范围内借用必须征得相关设备班组主管同意，并在工程部备案。当事人之间必须办理完备的手续。设备借用人不得再把该设备转借他人。

（2）设备借到酒店范围外，必须征得工程部主管领导同意，其他要求同上。

（3）设备使用完毕归还时，有关设备责任班组应进行检查验收，做好记录，并通知工程部。

（4）从外部借入设备到酒店使用，应征得工程部主管领导同意并通知工程部。

5. 设备异常管理

（1）如果酒店内发现损坏、丢失设备情况，有关责任人需及时填写设备档案记录并向工程部汇报，待查清原因后，按酒店及相关规定处理。

（2）在未告知第三方的情况下，造成设备无人值守，一经发现将援例处理。

四、设备检查维修

1. 设备检查

（1）定期的设备检查工作每月一次。

（2）根据实际需要,有些设备还可采取不定期的检查（抽查）。

（3）设备检查（抽查）情况,作为重要指标计入个人年终考核。

2. 设备维修管理

（1）保修期内的设备不得擅自拆开修理。

（2）设备如不能正常使用,由所在使用部门主管与工程部主管商讨解决方案（见表5-6）。

表5-6

优先等级	种类	反应时间
一级	与消防和人身安全有关	立即
二级	与客人有关	10分钟到场,30分钟内完成
三级	设备故障影响到客人	10分钟到场,60分钟内完成
四级	一般设备故障	本班范围完成
五级	设备大修	一周内完成
六级	新增项目	根据工作量

3. 有关责任人要做好相应的记录（表5-7、5-8）。

表5-7 设备维修保养单

序号	设备运转状况	保护措施	设备使用单位	保养人
1				
2				
3				
4				
5				

制表部门:酒店工程部　　　　使用单位签名:　　　　　　主管签字:

表5-8 设备维修报告

序号	设备运行存在问题	检修状况
1		
2		
3		
4		
5		

制表部门:酒店工程部　　　　使用单位签名:　　　　　　主管审核:

4. 设备部件的更换由设备使用部门主管签字认定,报工程部领导审批。换下的部件交工程部登记存放。

五、设备报废与淘汰

1. 设备报废申请

(1) 设备操作人可根据设备的综合情况,向所在设备班组汇报,由后者确认后备案并通知工程部。

(2) 工程部各设备班组人员要定期向各设备使用部门了解仪器工作情况,汇总后向工程部领导汇报并列出报废申请单。

(3) 在向中心申请报废期间,相关设备仍应留在原工程部。

2. 设备的淘汰

(1) 总经理同意报废后,各部门可将需报废的设备送工程部集中,有关责任人应做好设备档案记录。工程部应出具接收清单(两份),由设备班组主管、责任人各保留一份。

(2) 在合适时机由工程部向资产部、财务部等职能部门提出报废申请。

(3) 待设备负责班组报废申请经审查通过后,由工程部与相关部门办理报废手续。

(4) 设备报废完成后,工程部应及时把新的设备账单返回有关责任人。

▋▋ 关键点控制 ◀

酒店设备使用与维护关键点控制见表 5-9。

表 5-9　酒店设备使用与维护关键点控制

关键点控制	细化执行
1. 新装设备管理	设备资料
2. 设备编号与资料归档	设备管理卡、设备账单
3. 设备日常管理	严格执行安全操作规程
3.1 设备运行管理	运行制定
3.2 设备使用管理	使用程序、规范
3.3 设备调动管理	调动手续
4. 设备检查维修	设备维修保养单、设备维修报告
5. 设备报废与淘汰	报废资料

阅读材料 5-2

工程设备管理是一个集现代工程技术、旅游服务知识、质量管理、财务管理、人力资源管理、信息管理及公共关系等多方面的知识内容,是一门多学科交叉的综合性学问,工程设备管理绝不是简单的降点能耗、贴补墙纸、换换灯泡那么简单,它在呼唤着现代化的管理,同时也呼唤现代化复合型的工程设备管理人员。

工程部所提供的设备和能源是"服务产品"的一部分,是保证客人舒适、安全、方便,给人留下服务印象的重要部门。在酒店设备的配置、保证正常运行检查、维修与保养、更新改造、设备资产能源供应、对外关系等都负有重要的责任。

某酒店在疏水器的改造上,就有这么一个创新的项目:原来,用的是老式的国产疏水器,漏气、跑气无法避免,白白浪费了能耗;后来,经工程设备设施人员创新攻关,采用半弧球式的疏水器,有效地防跑止漏,节约了蒸汽,燃油消耗下降,降低了成本。酒店一般大型场所都有空调新风机,但都不能调节噪声大,且风量无法控制,有时会浪费电能。工程设备管理人员经过创新,改用变频器调节风量,实现自动控制,噪音小了,风量适中了,能源下降了。

实战训练 ◀

1. 调研了解当地酒店物资设备情况,并做出调研报告。
2. 尝试为一家新开张的四星级酒店制定物资设备使用维护制度。

学习测评 ◀

表 5-10　学习评价表

姓名		学号		班级	
任务		日期		地点	
任务开始时间:　　年　　月　　日			任务完成时间:　　年　　月　　日		
检测内容		系数	分值		得分
1. 新装设备管理		1.0	10		
2. 设备编号与资料归档		1.5	15		
3. 设备运行管理		1.0	10		
4. 设备使用管理		0.8	8		
5. 设备调动管理		2.2	22		
6. 设备检查维修		1.5	15		

（续表）

7. 设备报废与淘汰	1.0	10	
8. 设备使用管理	1.0	10	
合计	10	100	
个人认为做得好的地方：			
认为完成最不满意的地方：			
值得改进的地方：			
自我评价：	非常满意		
	满意		
	不太满意		
	不满意		
互评：			
师评：			
第三方评价：			

任务 17 酒店设备采购与改造

▌ 任务目标 ◀

1. 能采购酒店合适的设备
2. 能有效改造酒店设备
3. 满足酒店经营对设备的需要

▌ 知识准备 ◀

1. 掌握酒店常用设备类型、特征及专业术语
2. 了解酒店财务制度和采购规范

▌ 任务实施 ◀

酒店设备的采购与改造流程如图5-3所示。

```
┌─────┐   ┌─────┐   ┌─────┐   ┌─────┐   ┌─────┐
│确定目标│→ │设备选择│→ │设备购置│→ │设备更新│→ │设备改造│
└─────┘   └─────┘   └─────┘   └─────┘   └─────┘
```

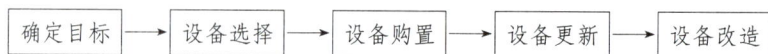

图 5-3　酒店设备的采购与改造流程图

　　酒店设备采购是指酒店企业在一定的条件下从供应市场获取生产或服务所需的设备,以保证酒店生产及经营活动正常开展的一项酒店经营活动。酒店设备改造是指为了改善酒店现有设备的性能和提高生产效率,对酒店设备进行技术革新或结构改进。

一、确定酒店设备采购与改造目标

　　1. 确定酒店设备采购目标

　　2. 确定酒店设备改造目标

二、酒店设备选择与购置

　　1. 设备申购

　　(1) 工程部按照酒店设备使用情况,统计设备总体情况。

　　(2) 根据酒店服务需要,工程部填写设备采购申请单,提出设备申购请求,并说明所需设备规格、型号等设备标准,交采购部。

　　2. 确定酒店设备选择的要求

　　(1) 财务物资部及服务采购部门负责供方评定的组织工作。

　　(2) 由物资采购领导小组负责对供方的评定工作。

　　(3) 财务物资部负责物资采购工作的管理和实施,相关部门负责服务采购工作的管理和实施。

　　3. 选择酒店设备

　　(1) 动力设备

　　(2) 传输设备

　　(3) 工作设备

　　4. 酒店设备购置

　　(1) 确定酒店设备采购资金预算

　　(2) 建立酒店设备购置程序

　　使用部门申购→报价→报批→订货入仓。

　　(3) 部门更新替旧设备和物品采购程序:

　　如部门欲替换旧设备或物品,应先填写一份"固定资产、物品遗失或损坏报告"给主管副总及财务经理审批。经审批后,将一份遗失或损坏报告和采购申请单一并送交采购部,采购部按酒店采购程序和审批程序办理有关审批,经总经理批准后,组织采购。

　　(4) 比较酒店设备性能,确定采购供应商

　　① 联络供应商,可以利用电话。传真或其他通讯途径向供应商索要资料,报价及样品、供应商资料可从以下来源获得。

　　一是营业代表的来访;二是供应商目录及邮寄小册子;三是刊物或电话黄页;四是

报刊的广告；网上查询。

② 有关部门的介绍。

③ 地区若品质或数量上可以接受的话，最好选择本地的供应商，从而节省运输费，且联系方便，易于随时检查合同的执行情况。

④ 价格：如所有供应商供应货品、品质、数量及交货期都能符合酒店要求，选择供应商要选择价格最低的一个。若品质条件不同则应与申购部门共同考虑，协商核定最符合酒店要求的供应商。

⑤ 维护保养：如所购买的物品是需要日后维修保养的，选择供应商便需要注意这一项，对设备等项目的购买，采购员要向工程部咨询有关自行维护的可能性及日后保养维修方法。同时，事先一定要向工程部了解所购物品能否与酒店的现有配套系统兼容，以免造成不能配套或无法安装的情况。

5. 实施采购

采购部按照采购申请单的要求组织进货，签订订单时，着手向有关供应单位询价并填制报价单，包括：

① 填写报价单中所需要的物品名称、产地、规格、型号、数量、包装、价格、质量标准及交货时间，邮寄或送交供应商（至少选择 3 个供应商），要求供应商填写价格并签名退回。

② 对于交通不便或外地的供应商，如果采购期限较短，可用传真或电话询价。用电话询价时，应把询价结果填在报价单上并记下报价人的姓名、职务等。

③ 写个简单的报告，说明询价方式及其全部过程，并提出采购部的选择意见和理由，连同报价单一起送交给主管副总和总经理审批。

三、酒店设备更新和改造

1. 建立酒店设备更新和改造程序

（1）编制改造、更新计划，见表 5-11。

表 5-11　酒店年度设备更新项目计划表

填报日期　　　　　　　　　　　　　　　　　　　　　　　　　　　　年　月　日

序号	项目名称	项目内容	列项理由	建筑面积（m²）	拟投资万元	本年投资额	本年度资金来源（万元）				拟定开工年月	拟定竣工年月
							专款	节能贷款基金	其他贷款	自筹		
1												
2												
3												
4												
5												
6												
小计												
备注												

领导签字：　　　　　　　　　　工程部项目经理签字：　　　　　　　制表

（2）进行技术、经济分析

（3）编制设备技术改造任务书

2. 酒店设备更新

3. 酒店设备更新统计（见表 5 - 12）

表 5 - 12　酒店年度设备更新统计表

序号	项目	主要部位	完成时间	取得效果
1				
2				
3				
4				
5				
6				
7				

制表人：

4. 酒店设备改造

知识链接 5 - 2

酒店设备改造作用与原则

1. 设备改造和更新的作用

设备磨损的补偿：随着设备使用年限的增加，设备的有形磨损和无形磨损日益加剧，可靠性相对降低，导致费用上升。应通过设备的改造和更新对设备实施补偿。

适应酒店经营的需要：酒店设备具有较大比重的享受因素，经过一定时间，虽然还具有使用价值，但已经陈旧过时，会造成客人精神上的不愉快，影响酒店的等级和声誉，不利于设备使用的经济性。

2. 设备改造和更新的原则

设备技术改造的原则：针对性、适应性、可能性、经济性。

设备的更新及其原则：多次大修，技术性能达不到要求，无法保证酒店服务质量；技术性落后，经济效果很差；通过修理、改造虽能恢复性能但不经济；耗能大或污染环境严重，进行改造又不经济；不能满足酒店经济需要。

关键点控制

酒店设备采购与改造关键点控制见表 5 - 13。

表 5 - 13　酒店设备采购与改造关键点控制

关键点控制	细化执行
1. 确定酒店设备采购目标	设备采购目标
2. 确定酒店设备改造目标	设备改造目标
3. 酒店设备选择与购置	设备选择与购置
3.1　设备申购	申购单
3.2　选择酒店设备	设备信息资料
3.3　酒店设备购置	购置设备
4. 酒店设备更新和改造	更新和改造设备
4.1　酒店设备更新	更新设备
4.2　酒店设备改造	改造设备

阅读材料 5 - 3

中国洛南县音乐小镇栖凤堂、民俗客舍酒店设施采购项目招标公告

西安瑞君建设项目管理有限公司受洛南县音乐小镇文化旅游有限公司的委托,经政府采购管理部门批准,按照政府采购程序,拟就中国洛南县音乐小镇栖凤堂、民俗客舍酒店设施采购项目进行公开招标,欢迎符合条件的供应商参加采购活动。

一、采购项目名称:中国洛南县音乐小镇栖凤堂、民俗客舍酒店设施采购

二、采购项目编号:RJZB2017 - HW - 170

三、采购人名称:洛南县音乐小镇文化旅游有限公司

地址:洛南县城关街道办事处唐村贺村组楼

联系方式:0914 - 2056525

四、招标代理机构名称:西安瑞君建设项目管理有限公司

地址:西安市高新区高新三路 9 号信息港大厦

联系方式:029 - 88815754

五、采购内容和要求(具体详见招标文件第三部分招标内容及要求):

A 包:餐饮部、客房部、中厨瓷器、玻璃器皿、厨杂　　　　采购预算:152 万元

B 包:布草、台布、沙发套采购　　　　采购预算:80 万元

C 包:床垫采购　　　　采购预算:50 万元

D 包:客房杂品、客房消耗品、客房家电、清洁设备、清洁工具、制服房杂项等采购

采购预算:191 万元

项目用途:自用

项目性质:财政拨款

交货期:接到采购人供货通知后 3 日历天

六、供应商资质要求:

1. 合法注册的法人或其他组织,并出具合法有效的营业执照、组织机构代码证、

税务登记证(或具有统一社会信用代码的营业执照);

2. 同一品牌只接受一家供应商投标(核心产品);

3. 代理商需提供经销许可证明;

4. 供应商应授权合法的人员参加投标全过程,其中法定代表人直接参加投标的,须出具法人身份证,并与营业执照上信息一致。法定代表人授权代表参加投标的,须出具法定代表人授权书及授权代表身份证;

5. 参加政府采购活动前 3 年内在经营活动中没有重大违法记录的自主书面声明;

6. 本项目不接受联合体投标。

七、采购项目需要落实的政府采购政策:依据《中华人民共和国政府采购法》和《中华人民共和国政府采购实施条例》的有关规定,落实政府采购政策,详见招标文件。

1.《政府采购促进中小企业发展暂行办法》(财库〔2011〕181 号);

2.《财政部、司法部关于政府采购支持监狱企业发展有关问题的通知》(财库〔2014〕68 号);

3.《国务院办公厅关于建立政府强制采购节能产品制度的通知》(国办发〔2007〕51 号);

4.《环境标志产品政府采购实施的意见》(财库〔2006〕90 号)。

八、公开招标文件发售:

1. 发售时间:2017 年 10 月 11 日至 2017 年 10 月 17 日时止(每日 9:00—12:00,14:00—17:00,节假日除外)

2. 发售地点:西安市高新区高新三路 9 号信息港大厦 601 室。

3. 售价:招标文件每包售价 500 元(人民币),售后不退。若需邮购,需另做说明。

4. 购买招标文件携带单位介绍信或法人授权委托书及被委托人身份证。

九、招标文件的提交:

1. 提交截止时间:2017 年 11 月 1 日 14:00 时。

2. 开标时间:2017 年 11 月 1 日 14:00 时。

3. 开标地点:西安市高新区高新三路 9 号信息港大厦 601 会议室。

十、其他说明事项:

采购项目联系人:任工　董工

联系方式(电话/传真):029-88815754

招标代理机构开户名称:西安瑞君建设项目管理有限公司

开户行名称:西安银行股份有限公司汉城路支行

账号:614011580000056611

西安瑞君建设项目管理有限公司

(资料来源:中国政府采购网,http://www.ccgp.gov.cn/cggg/dfgg/gzgg/201710/t20171019_9014026.htm)

实战训练

1. 为中国洛南县音乐小镇民俗客舍酒店制订客房设备采购方案。
2. 尝试为上海一家拟开张的四星级酒店制订厨房生产设备采购方案。

学习测评

表 5-14　学习评价表

姓名		学号		班级	
任务		日期		地点	
任务开始时间：　年　月　日			任务完成时间：　年　月　日		
检测内容		系数	分值		得分
1. 确定酒店设备采购目标		1.5	15		
2. 确定酒店设备改造目标		1.5	15		
3. 酒店设备选择		1.5	15		
4. 酒店设备购置		1.8	18		
5. 酒店设备更新		2.2	22		
6. 酒店设备改造		1.5	15		
合计		10	100		
个人认为做得好的地方：					
认为完成最不满意的地方：					
值得改进的地方：					
自我评价：			非常满意		
			满意		
			不太满意		
			不满意		
互评：					
师评：					
第三方评价：					

拓展提升

阅读以下书目：

1. 袁富山.饭店设备管理[M].天津：南开大学出版社，2001.
2. 陆诤岚.饭店设备管理[M].北京：旅游教育出版社，2005.
3. 任保英.酒店设备运行与管理[M].大连：东北财经大学出版社，2007.
4. 史华.物业设备维修与管理(第二版)[M].大连：大连理工大学出版社，2014.

模块六 酒店信息管理

模 块 说 明

本模块中,学生将学习酒店信息化管理,共有三个任务,即酒店信息采集、酒店信息分析和酒店信息传播。

本模块要实现的能力目标:

1. 能进行酒店信息采集;

2. 能分析酒店信息;

3. 能对酒店的信息有效传播。

本模块要实现的素质目标:

1. 培养信息化驱动酒店发展的意识;

2. 培养客观辩证、探索创新的意识;

3. 培养追求真理的科学观;

4. 树立正确的信息伦理与信息道德。

教学建议:

1. 设定情景,进行角色扮演,教师为某酒店总经理或信息管理负责人,学生为该酒店信息管理主管或工作人;

2. 课前分配任务,小组准备并完成任务,课堂汇报,教师点评,学习测评;

3. 教师解析下一任务内容,核心技能与概念,布置新任务。

任务 18 酒店信息采集

● 任务目标 ◀

1. 满足酒店对信息的需求

2. 优化信息资源配置

3. 提高信息采集的有效性

1. 掌握各种信息采集方法的优势和不足
2. 酒店信息化对酒店经营的影响

🔴🔴 **任务实施** ◀

酒店信息采集流程如图6－1所示。

确定采集渠道 → 明确采集目标 → 选择采集方法 → 组织信息采集

图6－1　酒店信息采集流程图

信息是对客观世界中各种事物的运动状态和变化的反映,是客观事物之间相互联系和相互作用的表征,表现的是客观事物运动状态和变化的实质内容。酒店信息指与酒店企业有关音讯、消息、通信系统传输和处理的对象,泛指酒店传播的一切内容。信息采集是指酒店的生产经营决策前在信息资源方面做准备的工作,包括对信息的收集和处理,它是酒店决策的直接基础和重要依据。

一、确定信息采集的渠道

1. 明确采集范围

在采集原则下确定采集范围,可减少重复采集与信息流失的概率,是使酒店信息采集原则具有可操作性的基本措施。采集范围的确定需要同时考虑信息采集部门的职能与业务需求,若该信息涉及多个部门的需求,还得确定信息共享的范围。

2. 了解信息采集的渠道

主要有大众传媒渠道、出版发行渠道、信息系统渠道、人际关系渠道、文献情报机构渠道、专业性学会渠道、行业协会渠道、社会中介机构渠道、互联网渠道、信息发布机构渠道、各类会议渠道等。

3. 选择信息采集的途径

(1) 查找公开信息
(2) 索取信息资料
(3) 交换信息资料
(4) 委托收集信息
(5) 实地采集信息

二、酒店信息采集的程序

1. 确定信息采集的目标

(1) 确定信息采集的主题

从三个方面分析酒店为特定目的所需信息的具体内容：

① 确定要进行信息采集目的；

② 确定想要了解或知道的内容；

③ 信息分析的价值；

④ 选择经济有效的方法。

（2）预算酒店工作人员估算完成此项信息采集任务所需的人力、物力、财力和时间。

（3）确定信息采集的总体目标和具体目标。

① 确定信息采集的总体目标；

② 根据总体目标，确定信息采集的具体目标。

2. 确定所需材料和收集现有材料

（1）初步情况分析。

（2）收集现成资料。

（3）制订采集计划。

3. 组织实地采集信息

酒店信息部门根据信息采集计划，组织人员实施计划。

4. 信息整理分析

5. 编写分析报告

三、选择酒店信息采集方法

1. 确定信息来源（如图 6-2 所示）

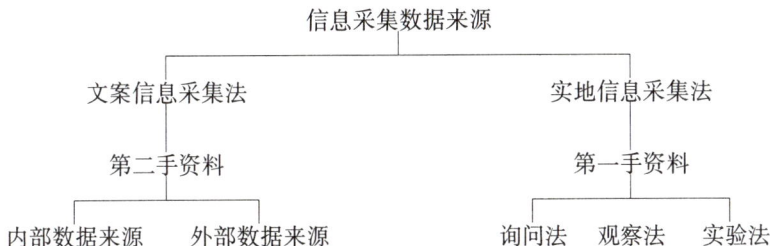

```
                    信息采集数据来源
          ┌──────────────┴──────────────┐
      文案信息采集法                  实地信息采集法
          │                              │
      第二手资料                      第一手资料
      ┌───┴───┐                ┌────────┼────────┐
  内部数据来源  外部数据来源    询问法    观察法    实验法
```

图 6-2　酒店信息采集的数据来源

2. 确定信息采集方法

（1）问卷设计技术

（2）文案调查技术

（3）询问调查技术

（4）观察试验技术

3. 问卷设计

4. 抽样设计

5. 实地采集

知识链接 6-1

酒店信息化引领酒店业未来新格局

酒店信息化是以信息技术和网络技术为支撑,将酒店管理信息数字化,同时为顾客提供数字信息技术产品,借助计算机和 Internet 进行辅助管理和服务的模式。这其中就包括了两个方面的内容:其一,利用计算机、网络技术建立以酒店信息为管理中心的系统,如酒店电子商务、网上预定系统、酒店管理信息系统(HIS)、酒店客户关系管理系统(CRM)等;其二,利用计算机、多媒体、网络技术等信息技术,为酒店客人提供个性化的数字信息产品,如客房宽带、可视电话、网络游戏等,其目的在于满足顾客的多样化和个性化需求,增加酒店收入。

1. 效益

借助现代科技的酒店内部多种管理信息系统和基于 Internet 的酒店集团管理信息系统,不仅可以降低酒店运营成本、提高管理效率、全面整合酒店(集团)资源,而且数字信息产品培植了酒店新的营业收入增长点。信息技术的使用,使得管理者可以随时掌握酒店的经营状况,增强各部门之间的协作,从而可以优化传统酒店运行中的流程,降低酒店人力资源成本。虽然酒店信息化是一项耗资巨大的系统工程,但它给酒店带来的总收益将远远超出其成本。

2. 核心竞争力

信息时代互联网的发展和应用,改变了酒店的营销方式,拓宽了营销领域,丰富了营销技术,如何借助网络的信息化平台开展酒店网络营销、开展有特色的服务、优化酒店管理的流程,成为酒店业竞争的新内容。同时,企业经营管理思想和理念可以说是酒店的核心竞争力之所在,酒店信息化建设的过程也是贯彻实施管理理念的重要途径,谁先采用了先进的科技手段,谁就将增加自身的核心竞争力,谁就将抢占市场的先机。

3. 发展需要

从目前我国酒店的客源市场构成来看,随着中国对外开放和参与国际经济交流和合作的不断深入,旅游业的蓬勃发展,来华外国客人的数量逐年增加,世界旅游组织预测中国在 2020 年将成为世界最大旅游目的地,接待旅游者人数将达 13 710 万人次,庞大数量的接待任务需要高效率的信息流程管理,尤其是商务客人的数量将有较大的增长,信息化商务酒店将为客人营造良好的网络环境,顺应我国制定的旅游信息化战略决策,更好地适应未来酒店发展的需要。

4. 查缺补漏

我国酒店企业大多仍停留在传统的经营模式上,酒店信息化程度不高且资源利用率不高,虽说目前国内对酒店信息化水平的评定还没有明确的标准,但酒店信息化的含义远远超出做个酒店宣传网页、使用酒店管理信息系统管理的范畴。

在酒店信息化建设上,大多数酒店只重视硬件的高档配置,而没有考虑实际和未来的发展需要,同时在员工的操作技能培训上不够重视,除了少数高档次、大型酒店和酒店集团外,很少配备专业计算机网络人才,对系统的开发缺乏专业论证,总想一步到位,事实上酒店信息化建设实施过程也是贯彻酒店经营管理理念和经营思路的过程,是将信息化技术和酒店服务相结合的新发展,它完全改变了酒店的经营理念和竞争模式,大多数酒店经营者没有把信息化建设与提高酒店的经营管理、竞争和长期效益结合起来。

另一方面,我国国内的酒店集团与国外酒店集团相比规模还不是很大,酒店集团内部缺少较为先进的信息网络系统,早在1965年假日酒店集团就建立了自己独立的电脑预订系统,现在拥有的Holidex2000是世界上最大规模的民用电子计算机网络,而国内酒店集团在这方面的投入和研发不足;对单体酒店而言则难以支撑高额的信息化工程投资成本、运营成本、维护成本和升级成本,资金成为制约酒店加快信息化步伐的瓶颈。

整体上来看,我国酒店信息化水平偏低,目前我国酒店信息化还仅限于简单信息发布和初级计算机辅助管理阶段,缺乏个性化和人性化发展以及全行业的整体协调发展,因而电子信息技术还需要在酒店行业寻求更深层次的应用。

5. 思考分析

不同的酒店管理者对信息化持有不同的态度和认识,国内大多数酒店经营者认为酒店属于传统的服务行业,主要是靠出租客房和床位来创收,通常把投资信息化与投资房间内的设施(如增添浴缸或沙发)的投资回报等同看待,没有把信息化建设与影响和改善酒店的经营、管理效率等方面的功效挂起钩来,没有把信息化的价值融入酒店自身价值链在竞争中发挥的作用挂起钩来。

6. 统一化管理

由于酒店业属于劳动密集型服务行业,进的产品设备或解决方案推销给酒店,单就客房网络的具体实施来说,就有ISDN、ADSL、XDSL、802.11无线网卡、CableModem、光纤、双绞线等方案,然而其结果通常是酒店付出了昂贵的代价却不尽如人意,供应商和酒店没有利益上的一致性,技术功能与酒店需求错位,因而在酒店信息化的过程中需实施行业认证管理,制定统一的酒店行业信息化标准和等级,统一对酒店信息化内涵的理解,规范IT公司在酒店信息化中技术开发。

7. 技术、观念升级

酒店在资源的结构上有非常鲜明的即时响应特征,如何提高自有资源的使用效率和社会资源的配置效率应该是最关心的问题。来自客户对会议、客房、餐饮的预订需求信息,不停地通过在线或者离线的方式传到酒店方,那么酒店就应该在自己的细分市场内为现实或者潜在的客户提供快速的预订服务,从而链动对其他内部的或者外部的"供"的资源的配置。从现代酒店的发展趋势来看,有关酒店信息化更高层次的CRM、SCM、ERP等管理理念和信息技术也将会在未来酒店管理中得到广泛的应用。

(资料来源:中国饭店网,www.ch-ra.com)

关键点控制

酒店信息采集关键点控制见表 6-1。

表 6-1　酒店信息采集关键点控制

关键点控制	细化执行
1. 确定信息采集的渠道	采集渠道选择
1.1　明确采集范围	信息采集的要求、范围
1.2　了解信息采集的渠道	信息渠道
1.3　选择信息采集的途径	采集途径
2. 酒店信息采集的程序	信息采集程序
2.1　信息采集目标的确定	确定目标
2.2　确定所需材料和收集现有材料	信息采集材料
2.3　组织实地采集信息	人员安排、采集计划
3. 选择酒店信息采集方法	信息采集表
3.1　确定信息源	信息源的选择
3.2　选择信息采集方法	问卷
3.3　实地采集	抽样

阅读材料 6-1

酒店业信息化提升酒店档次　吸引高端客户

"这不仅是酒店业的竞争,更是电信运营商之间的竞争。"一位运营商内部负责人如此表示。随着日前白天鹅宾馆与中国移动广东公司广州分公司(以下简称"广州移动")结盟打造中国第一家信息化酒店,从而拉开了国内酒店信息化竞争的序幕,亦启动了运营商之间新的竞争。

先进信息化将吸引高端客户

随着 2008 年年底国内旅游业世贸保护期结束,广东酒店业直面国际资本进入,竞争空前激烈。据相关预测,仅广州市未来 3 年内建成并开业的五星级酒店有 10 多家,中、低星级和经济型酒店的数量都将上升。为保持竞争优势,不少豪华酒店均竞相引入新通信技术为卖点吸引高端客户。

前不久,开业 25 周年的白天鹅宾馆宣布与广州移动利用手机打造中国第一家"信息化酒店"。据介绍,白天鹅宾馆数字化后,工作人员可通过手机随时查询所有入住用膳客户的各种资料以便提供个性化服务。移动 POS 机业务,先进的会务签到系统亦同步推出。此外,宾馆内部管理中,移动信息化的应用将使白天鹅内部沟通变得更加畅通无阻,真正实现无纸化办公。

将新通信方式视作提升自身竞争力的豪华酒店并非仅仅只有白天鹅宾馆一家。据相关人士透露,在获悉白天鹅宾馆全面进行信息化建设后,另一家广州顶级酒店香格里拉随即向广州移动打听信息化项目的情况。

据悉,豪华酒店不但热衷于与运营商合作,而且也乐于直接采购电信设备商的解决方案。据电信设备商北电向记者透露,他们已向广州本地超豪华酒店提供"统一通信"服务,基于客户的商业秘密,他们不方便透露酒店名称,但强调,先进的信息化手段已成为酒店吸引高端商旅客户的重要手段。一位北电负责人表示,先进的通信方式不但实用,而且这些通信科技能让豪华酒店给顾客一种前卫的高科技体验。

豪华酒店成运营商最佳试验田

国内酒店业竞争升级亦导致国内运营商集团客户部门竞争加剧。随着重组即将结束,中国移动、中国电信和中国联通国内三家电信运营商均实现全业务经营。蓬勃发展的国内酒店业自然成为集团客户竞争的重点。

有业内分析师预计,豪华酒店很可能会成为运营商全业务经营的最佳试验田,包括 5G 应用、IPTV、超高速上网、游戏、视频点播、内容信息服务乃至各种通信创新都可能在豪华酒店出现。

"几十元一个月的 IPTV 如果在家庭使用看似昂贵,但就酒店中使用,则非常便宜。"电信观察家项立刚认为,豪华酒店不但需要大量宽带业务,更需要类似 IPTV 等新业务。

此外,豪华酒店亦让传统语言业务以更新的经营模式运营。项立刚介绍,在昆明一些豪华酒店已经与运营商合作,实现打任何长途电话均不收费用。

"无疑,这样的合作既方便了运营商,又提升了酒店的档次。"

(资料来源:中国航空旅游网 http://travel.sina.com.cn/hotle/2009-04-02/092174085.shtml)

实战训练

1. 作为广州一家三星级酒店的信息采集人员,该酒店现急需了解酒店目标顾客的相关信息,请采集酒店消费者信息和酒店市场形象信息。

2. 请采集当地该酒店的竞争对手信息,包括竞争对手基本信息、价格信息和经营活动信息。

学习测评

表 6－2　学习评价表

姓名		学号		班级	
任务		日期		地点	
任务开始时间：　年　月　日			任务完成时间：　年　月　日		
检测内容		系数	分值		得分
1. 信息采集的渠道		2.5	25		
2. 酒店信息采集的程序		2.5	25		
3. 明确采集范围		1.0	10		
4. 选择酒店信息采集方法		0.8	8		
5. 实地采集		3.2	32		
合计		10	100		

个人认为做得好的地方：

认为完成最不满意的地方：

值得改进的地方：

自我评价：	非常满意	
	满意	
	不太满意	
	不满意	

互评：

师评：

第三方评价：

任务 19　酒店信息分析

任务目标

1. 能对酒店采集的数据进行筛选与鉴别
2. 能对信息进行分类

3. 掌握酒店信息评价方法

知识准备 ◀

1. 掌握各种信息存储方式的优势和不足
2. 了解酒店信息分析的原则

任务实施 ◀

酒店信息分析流程如图 6 – 3 所示。

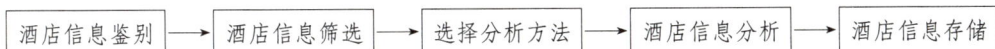

酒店信息鉴别 → 酒店信息筛选 → 选择分析方法 → 酒店信息分析 → 酒店信息存储

图 6 – 3　酒店信息分析流程图

酒店信息分析是指以酒店的特定需求为依托,以定性和定量研究方法为手段,通过对社会相关信息的收集、整理、鉴别、评价、分析、综合等系列化的加工过程,形成新的、增值的信息产品,最终为酒店经营管理的科学决策服务的智能活动。

一、酒店信息的鉴别与筛选

1. 酒店信息鉴别

（1）酒店信息鉴别的内容：

① 信息源的可靠程度；

② 信息的真实性；

③ 信息的保障性；

④ 采集的方法科学性；

⑤ 信息内容的相关性。

（2）酒店信息的鉴别：

① 核查法；

② 判断法；

③ 比较法；

④ 分析法。

（3）对酒店信息分类和排序：

① 确定信息分类方法。有地区分类法、内容分类法、主题分类法、时间分类法和综合分类法等。根据实际情况确定酒店信息分类方法。

② 实施信息分拣。

③ 对信息进行排序。

2. 建立酒店信息筛选的评价体系

（1）确立目标层

　　① 组织酒店现有信息资源,围绕酒店战略、经营、管理、生产、服务等开展信息处理工作,为酒店各层次提供所需信息。

　　② 确立目标

　　(2) 建立评价指标集

　　(3) 确定评价指标权重集

　　① 采用专家调查法确定权重

　　② 采用层次分析法与专家调查法确定权重

　　③ 完全采用平权的方法

二、酒店信息的分析方法

　　1. 情景分析法

　　2. 德尔菲法

　　3. 比较法

　　4. 回归分析法

　　5. 时间序列法

　　6. 层次分析法

　　7. 模糊综合评价法

　　8. 线性规划法

　　9. 引文分析法

三、酒店信息的存储

　　1. 确定信息储存的目标

　　2. 选择信息储存的技术

　　(1) 印刷存储技术。

　　(2) 微缩储存技术。

　　(3) 光盘储存技术。

　　(4) 计算机存储技术。

　　3. 酒店客户数据库建设

　　(1) 选择建立酒店客户信息库的方法。

　　(2) 建立酒店客户信息库。

四、酒店信息安全

　　1. 酒店信息安全体系构建

　　2. 酒店信息安全网络管理技术

　　3. 酒店信息安全监控与管理

知识链接 6-2

中国会议酒店排行榜信息采集表,见表 6-3。

表 6-3　中国会议酒店排行榜信息采集表

填报单位					所在城市	
负责人		电话			传真	
联系人		手机			E-mail	
通信地址					邮编	
项目	细分				数据	
品牌影响	本年度宣传经费(万元)					
	所获荣誉次数(请把所获得的奖项名称附调查表后)					
硬件设施	最大会议室面积(m^2)					
	会议室数量(个)					
	客房数量(间)					
	800 m^2 以上会议室数量(个)					
经营业绩	五百人以上会议场次(不含政府会议,请提供名单)					
	全年接待最大十个会议的收入(万元)					
人才素质	酒店在职员工大学以上学历构成比例(%)					
	酒店在职员工接受外聘培训教育的场次(次)					
环境与配套	酒店交通(A:机场;B:火车站;C:高速公路)					
	酒店所在景区的评级状况(3A-5A)					
	酒店所评星级					

注:每项中有 A\B\C 注释的,在数据中请选择"A+B+C"的模式。

序号	会议名称(500 人以上)	时间	与会人数

填表单位(盖章)

年　　月　　日

(资料来源:中国会展在线,http://www.cce.net.cn/hysd/files/jdph.doc)

关键点控制

酒店信息分析关键点控制见表6-4。

表6-4　酒店信息分析关键点控制

关键点控制	细化执行
1. 酒店信息的鉴别与筛选	鉴别筛选信息
1.1　酒店信息鉴别	信息鉴别
1.2　建立酒店信息筛选的评价体系	信息评价
1.3　酒店信息筛选	信息筛选
2. 酒店信息的分析方法	信息分析
3. 酒店信息的存储	信息存储
3.1　确定信息储存的目标	存储目标
3.2　选择信息储存的技术	存储技术
4. 酒店信息安全	信息安全

阅读材料6-2

　　所谓的"信息化"是指旅游酒店集团为了实现一体化与多元化发展战略,并形成更大的规模经济和范围经济,而有计划地通过现代信息技术和互联网平台来打造集实时在线旅游咨询、服务、经营与管理为一体的,跨越时间与空间范围和行业与产业界线的公共互动旅游服务平台的过程。近年来在旅游企业信息化发展方面取得突破性进展的企业或项目包括:"海航"在2003年启用的网络版前台运营管理系统(PMS),中国互联网酒店联盟在2004年搭建的公共旅游服务平台雏形,"开元"在2004年推出的网络版企业资源规划系统(ERP),"锦江"在2005年合资开发的中央预订系统(CRS),金陵在2006年推出的电子网络采购系统(EPS),2006年问世的天下旅游产品交易所和畅联在线交易处理平台等。促进旅游酒店业"信息化"发展趋势的主要动因也有三个方面。

　　其一,旅游产业的信息密集性。旅游业的信息密集性主要体现在旅游业的信息节点众多,信息处理量巨大,信息形式的多元复杂性。具体表现为:交易的异地性、产品的无形性、消费的体验性,无法事先试用和检验,依靠形象促销、动态性(产品和价格经常变化)、强调多个子行业紧密协作配合等。譬如:旅游者出游行为是以旅游信息的收集和比较为前提的;旅游目的地及旅游产品能否被游客所认知取决于信息的有效传达;旅游产品的预订、各类旅游机构之间的协作、旅游服务的提供都伴随有信息传递的过程。信息还是旅游企业决策和产品开发的重要依据。因此,旅游产业的信息密集性决定了酒店业及其他旅游行业的信息化发展趋势。

其二,旅游企业的联盟化需要。近年来,为了应对中国"入世"的挑战、改变"散、小、弱、差"的局面,中国旅游业的联盟化发展趋势越来越明显。譬如:通过行政纽带组建的首都旅游集团、上海锦江国际、广州岭南企业集团、港中旅集团等;通过产权纽带组建的泰达国际旅游集团、开元旅业集团、海航酒店集团等;通过网络纽带组建的中国主题酒店联盟、中国酒店互动联盟等。旅游企业联盟化带来了新的信息服务需求,如综合化、一体化的产品或服务的提供需要广覆盖的信息网络来支撑,才能实现信息的快速传递以及共享。构建一个跨地区、跨行业、跨平台的大网络,使内外信息充分共享,传递更加及时迅速,是旅游企业打造"大旅游"、提升竞争力、从"做大"到"做强"的必然途径。

其三,旅游市场的个性化需求。近年来,自主型、个性化、自由人式的旅游正在逐渐取代传统的随团旅游,旅行者可以自由安排旅游时间,自行设计旅游线路,自主选择食、宿、娱等内容,并能够从中完全体验到旅游的乐趣与刺激。个性化旅游需要旅游者在出行前就很好地了解旅游目的地的信息,并据此做出选择或决策;在旅游者到达一个陌生的目的地之后,就更需要对食、宿、行等供求方面的信息进行全面、细致的了解。此外,旅游产品或服务的提供商为了吸引回头客并满足个性化需求,也需要为每个游客建立个性化客史档案和客户关系管理系统。因此,个性化旅游市场的需求决定了酒店业及其他旅游行业的信息化发展趋势。

(来源:迈点网)

实战训练

1. 对本模块任务一中所采集回来的信息进行分析,并形成分析报告。
2. 对该酒店内部经营管理信息进行分析,并提出改进措施。

学习测评

表6-5 学习评价表

姓名		学号		班级	
任务		日期		地点	
任务开始时间: 年 月 日			任务完成时间: 年 月 日		
检测内容		系数		分值	得分
1. 酒店信息鉴别		0.5		5	
2. 建立酒店信息筛选的评价体系		2.5		25	
3. 酒店信息筛选		1.0		10	

（续表）

4. 酒店信息的分析方法	1.8	18
5. 酒店确定信息的存储目标	1.7	17
6. 选择信息储存的技术	1.5	15
7. 酒店信息安全	1.0	10
合计	10	100

个人认为做得好的地方：

认为完成最不满意的地方：

值得改进的地方：

自我评价：	非常满意	
	满意	
	不太满意	
	不满意	
互评：		
师评：		
第三方评价：		

任务 20　酒店信息传播

▌ 任务目标 ◀

1. 满足公众对酒店信息的需求
2. 树立酒店良好的企业形象
3. 提高酒店知名度

▌ 知识准备 ◀

1. 掌握各种传播渠道的优势和不足
2. 了解劳动力市场的供需状况

任务实施

酒店信息传播流程如图 6-4 所示。

传播渠道策划 ⟶ 确定传播目标、内容 ⟶ 选择传播途径 ⟶ 信息传播方案

图 6-4　酒店信息传播流程图

酒店信息传播是酒店通过符号和媒介交流信息,向消费者或团体传递信息、观念、态度或情意,以期发生相应变化的活动。

一、酒店经营信息的策划

1. 酒店广告信息策划

(1)增强酒店广告信息的创意。

(2)围绕酒店广告信息的主题。

2. 酒店企业形象策划

二、酒店信息传播策划

1. 确定酒店目标客源在不同购买阶段所需信息

2. 确定酒店信息传播的目标

3. 确定信息传播吸引力的重点

三、确定酒店经营信息的传播内容

1. 传播酒店产品信息

酒店有针对性地向消费者提供酒店餐饮、客房等有关产品信息。

2. 传播酒店服务信息

(1)酒店服务的方式。

(2)酒店服务的内容。

(3)酒店服务的地点向消费者传播酒店的地理位置信息。

3. 传播酒店消费观念、形象信息

(1)创造消费观念。酒店通过信息传递创造某种意识和观点,使得消费者树立一种有利于推销酒店产品的观念。

(2)提升酒店形象。酒店在市场定位的基础上,有针对性地向目标市场传递有关酒店的经营目标、经营理念、企业文化等内容。

4. 传播酒店促销活动信息

及时向公众传播酒店的各项促销活动信息。

5. 传播酒店社会活动信息

准确地向公众传播酒店参与社会公益活动及重大接待活动信息。

四、选择酒店信息传播途径

1. 熟悉酒店信息传播媒体特征
(1) 酒店信息传播各类媒体的优势。
(2) 酒店信息传播各类媒体的劣势。
2. 选择适当的传播形式和媒介
(1) 制定选择信息传播媒体的标准和依据。
(2) 依据标准,选择适当的传播形式和媒介。

五、制定实施酒店信息传播方案

1. 制定酒店信息传播方案
2. 决定酒店信息传播费用预算
(1) 选择酒店信息传播经费预算的方法。
(2) 预算酒店信息传播经费。
3. 实施酒店信息传播方案
(1) 实施酒店信息传播方案。
(2) 调整或修正酒店信息传播实施方案。
4. 酒店信息传播方案实施效果评估

阅读讨论

　　根据调查显示,21世纪酒店客人消费需求将更加追求个性化,求新与多变。网上酒店一方面让顾客事先就可以了解自己所订酒店的位置、价格与类型等,通过虚拟客房,让顾客在入住前就能充分体验酒店的有关产品与服务。另一方面,酒店可以更多地从网上信息平台获取顾客们的兴趣与偏好,针对客人的个性需求和自身能力重新整合酒店产品,全面提升对客服务和酒店管理,充分体现酒店与顾客共同设计产品的特色,客人们在自己参与"设计"的酒店里,会得到最大程度的满足。

　　酒店经营需要大量的物资,采购量大,成本难以控制成为酒店经营的一大难点。EOS(Electronic Ordering System)即电子订货系统在酒店的运用,则可以在根本上解决这一问题。电子订货系统是指将批发、零售商所发生的订货数据输入电脑,即刻通过电脑网络连接的方式将资料传送至总公司、批发业、商品供货商或制造商处。因此,EOS能处理从新商品资料的说明直到会计结算等所有商品交易过程中的作业,可以说EOS涵盖了整个商流。

　　在网络技术迅速发展的今天,EOS成为现代化物流管理中的重要一环,它使得零库存得以实现。

　　在商业经济日益发达的今天,为客人提供信用消费成为酒店竞争的一大手段,然而由此引起的拖欠款却令酒店老总大伤脑筋,运用IT技术进行交易结算,可使资金周转更快捷、更经济。利用网络从事金融和贸易方面的活动,逐渐成为发展的潮流,随之相伴而生的电子化货币也向我们走来。今天,大多数的酒店和客人都是在持续一段的消费之后将一大笔款项支付出去,这种计算方法是笼统而不经济的,比如电费的支付就应该以小时为单位。电子化货币使这样的精确支付成为可能,当信用卡持卡者能够以小时为计算单位,向信用卡提供者或资金出借者给付借款,那么酒店对于费用和资金流动方式的控制将会比现在精确得多。同样地,酒店也会使账户流动更加顺畅和迅速。

网上营销以其信息量大、覆盖面广而成为众多酒店最早接触电子商务的领域,但从目前酒店网上营销的运用来看,还仅仅只限于简单的信息发布和接受客人预订等方面,这虽然在一定程度上提高了酒店客房的利用率,却不能从根本上解决酒店产品闲置所造成的价值损失。酒店网络营销可引入分时营销新概念,RCI(Resort Condominiums International)分时度假交换公司则是这方面成功的典型。酒店业全面引入 RCI 模式,推出"酒店房东权益证"的全新概念商品,融合其使用权、选择权、收益权、交易权、赠让权和优惠权为一体,既是消费又是储存,既是服务又是家产,既可自用又可赠送,可以大大加速酒店空房销售,全面提升酒店和客人的综合效益,真正实现酒店的无区界销售。

如何看待电子商务的发展,对于酒店信息管理有何关联?

知识链接 6–3

完善酒店信息化之三大助手

随着酒店信息化的不断推进,电信运营商、内容提供商和社会化订房中心也从网络、电视点播和呼叫中心等各个维度,为酒店业提供功能性模块,成为酒店信息化新的"左膀右臂"。

1. 电信运营商

运营商对酒店信息化基本围绕网络功能展开。在客房服务方面,包括为酒店客房提供宽带接入,客房电脑终端出租和各种形式的 IP 电话,住客也可以通过网络进行 VOD 点播。而在常常举行各种会议的商务酒店中,运营商则开始部署各种集视频、音频和数据于一体的交互式多媒体通信业务。

以中国电信的"新视通"为例,用户可通过点对点呼叫、多点主叫呼集、网上预约等方式召开视频会议,并可在会议中自主控制会议时间、延长会议时长、增加会议方数,每个客户可看到多个画面、具有多种方式的多画面组合等。此外,"新视通"具有远程播放幻灯片等功能,可在"面对面"交流的同时,将会议使用的有关文件、资料、图片等与异地的分会场共享。用户可通过普通电话加入会议,接收视讯会议的音频信息,也可以进行远端发言。

2. 内容提供商

随着版权意识的提高,在酒店信息化中也有越来越多的内容提供商参与进来,为住客提供服务。以北京安美为例,市场部王紫萱介绍说,通过与电影发行公司合作,安美建立了自己的首播院线,住客只要付费,就可以欣赏到与电影院线同步的最新大片,同时可以通过电视点播多达数千部影片,并收看各家电视台提供的正版电视剧集,还可以通过电视屏幕收到天气、外汇、航班、本地交通状况等实时信息。对于内容提供商来说,高星级酒店住客的消费能力使它们有机会通过各种增值服务获得利润,同时也提高了酒店的服务水平。

3. 社会化订房中心

如果说前两者是酒店欢迎的,那么对社会化订房中心,酒店业则是爱恨交织。

一方面,以携程、e龙为代表的社会化订房中心,以技术密集+劳动密集的模式,在酒店客户和酒店之间建立联系,使酒店获得了更多客源。但在另一方面,15%以上的分成也大大挤压了酒店的利润,而可能出现的行业垄断更让各酒店担心。尽管经济型连锁酒店也在纷纷建立自己的订房中心,但国内单体酒店在这方面处于绝对的弱势,举一家酒店之财力是不可能完成这类项目,它们急需加入相应组织或建立行业综合服务体系。

(经济日报)

关键点控制 ◀

信息传播的关键点控制见表6-6。

表6-6 信息传播的关键点控制

关键点控制	细化执行
1. 确定酒店经营信息的传播内容	信息发布内容
1.1 酒店产品信息	产品信息
1.2 酒店服务信息	服务信息
1.3 酒店消费观念、形象信息	形象信息
2. 酒店经营信息的策划	经营信息策划
2.1 酒店广告信息策划	广告信息
2.2 酒店企业形象策划	形象信息发布
3. 酒店信息传播策划程序	策划程序
3.1 确定酒店目标客源在不同购买阶段所需信息	客源信息需求分析
3.2 确定酒店信息传播的目标	发布目标
3.3 确定信息传播吸引力的重点	理性、情感、道德吸引力

（续表）

关键点控制	细化执行
4．选择酒店信息传播途径	信息发布途径
4.1　熟悉酒店信息传播媒体特征	媒体选择
4.2　选择适当的传播形式和媒介	信息发布形式
5．制定实施酒店信息传播方案	信息传播方案
5.1　制定酒店信息传播方案	制定方案
5.2　决定酒店信息传播费用预算	费用预算表
5.3　实施酒店信息传播方案	实施方案
5.4　酒店信息传播方案实施效果评估	效果评估表

阅读材料 6-3

以人为尊　三星开启酒店数字化服务之门

据统计，中国目前共有星级酒店超过 15 000 家。在未来几年内，数字信息技术产品在中国酒店业的应用将达到高峰，最大市场容量高达 2 300 亿元。庞大的市场牢牢吸引住数字信息技术相关行业，电信霸主、IT 巨头、知名家电企业先后入市，酒店行业信息化竞争迅速进入白热化。

在这些耳熟能详的企业中，三星不断向全球酒店行业提供领先的酒店电视和客房视听解决方案，帮助酒店行业塑造高端形象。在酒店行业数字化的转型浪潮中，三星通过对平板电视的精确把握，在星级酒店一跃成为霸主。目前，在全国已有上百家，上万套高级套房采用三星先进的数字电视系统。包括喜来登、香格里拉、希尔顿、威斯汀等顶级国际酒店集团在内，三星力压彩电群雄，成为这些奥运高档酒店客房的首选电视品牌。

在"酒店 E 化"的大趋势下，酒店已从较为单一的吃住场所向集住宿、酒店、娱乐、康体和会议等多种功能为一体的服务场所转变。因此酒店需要的不是单一产品，还需要办公、商务、多媒体会议系统、安防、监控系统等全系列设备。三星将与酒店进行深度合作的着眼点就放在了此处。三星不仅仅是为酒店行业客户提供单纯的电视产品，而是与酒店管理集团深入进行技术开发等全方位的合作，将三星适合酒店用的产品，比如显示器、打印机、传真机等整合起来，为智能酒店网络服务。数字酒店客房系统由客房中的智能网络电视和后台的软件平台及服务器群组成，可以通过酒店的运营管理系统与客房的空调、门锁、窗帘等自动控制装置集成起来，形成一个完整的智能化酒店网络系统，为客人提供舒适而富有未来感的环境体验。使用数字酒店客房系统后，"Wake up"服务不再是枯燥的铃声，而是你自己设定的音乐，并且伴随着缓缓亮起柔和灯光、徐徐拉开的电动窗帘和自动启动的咖啡壶。

在数字酒店客房里,新型的智能网络电视也可以是一台电脑,客人面对超大的屏幕轻松惬意地使用 office 软件办公、浏览网页、聊天、收发 E-MAIL,体验文件打印和网络传真的同时,惊喜地发现客房已和自己的办公室别无二致!

(资料来源:慧聪酒店网,http://info. hotlesupplies. hc360. com/2008/09/110839109368. shtml)

实战训练

1. 北京一家以中国传统文化为主题的酒店正筹备开业,拟需对外发布信息,为提升酒店市场形象和知名度,你该如何做?

2. 你所在的酒店由于受竞争对手的误导,对酒店产生一些负面影响,消费者信心也不足,对此该如何应对?

学习测评

表 6-7 学习评价表

姓名		学号		班级	
任务		日期		地点	
任务开始时间:　　年　　月　　日			任务完成时间:　　年　　月　　日		
检测内容		系数	分值		得分
1. 酒店经营信息的传播内容的确定		1.5	15		
2. 酒店经营信息的策划		1.5	15		
3. 酒店信息传播策划程序		1.5	15		
4. 选择酒店信息传播途径		1.8	18		
5. 制定实施酒店信息传播方案		2.2	22		
6. 酒店信息传播方案实施效果评估		1.5	15		
合计		10	100		
个人认为做得好的地方:					
认为完成最不满意的地方:					
值得改进的地方:					

（续表）

自我评价：	非常满意	
	满意	
	不太满意	
	不满意	
互评：		
师评：		
第三方评价：		

拓展提升

阅读以下书目：

1. 赵泉. 信息管理基础[M]. 北京：机械工业出版社，2004.

2. 金朝崇，熊艺. 信息管理概论[M]. 天津：天津大学出版社，2009.

3. 吴凯. 旅游与酒店信息管理方法与技术[M]. 大连：东北财经大学出版社，2009.

4. 周贺来. 酒店计算机信息管理[M]. 北京：中国水利水电出版社，2008.

5. 穆林. 酒店信息系统实务[M]. 北京：中国轻工业出版社，2017.

6. 袁宇杰. 酒店信息化与电子商务（第 2 版）[M]. 北京：北京大学出版社，2014.

模块七　酒店营销管理

模 块 说 明

本模块中,学生将学习酒店营销管理,共有四个任务,即酒店市场调研管理、酒店市场定位管理、酒店产品促销管理和酒店形象与口啤塑造。

本模块要实现的能力目标:

1. 掌握市场问卷调查的设计方法,能够设计较为科学合理的调查问卷;

2. 能运用酒店市场细分和定位理论和方法进行酒店目标市场营销的实践和操作;

3. 能够正确选择销售渠道,熟练运用各类促销手段进行促销策划。

本模块要实现的素质目标:

1. 培养精准服务,激发创造活力;

2. 树立厉行节约,杜绝"舌尖上的浪费"意识

3. 培养社会责任感和职业规范;

4. 培养良性竞争意识、团队协同意识与责任担当意识。

教学建议:

1. 设定情景,进行角色扮演,教师为某酒店的重要客户,学生为该酒店营销部门的负责人或工作人员;或者教师为酒店管理者,学生为酒店营销部门工作人员;

2. 课前分配任务,小组准备完成任务。课堂汇报,教师点评,学生自评。推选最优的营销方案;

3. 教师解析下一任务内容,核心技能与概念布置新任务。

配套微课

任务 21　酒店市场调研管理

任务目标

1. 满足酒店选择目标市场时的信息要求
2. 优化酒店营销资源配置
3. 提高市场调研的有效性

知识准备

1. 掌握各种调研方法的优缺点
2. 了解市场营销的基本理论

任务实施

酒店市场调研流程如图 7-1 所示。

确定市场调研内容 → 进行市场调研策划 → 设计调查问卷 → 撰写市场调查报告

图 7-1　酒店市场调研流程

一、确定酒店市场调研内容

1. 宏观环境的调研

（1）调研政治、法律环境。

（2）调研经济环境。

（3）调研社会、文化环境。

（4）调研技术环境。

（5）调研人文环境。

（6）调研自然环境。

2. 酒店行业及竞争者调研

（1）竞争者属性。

（2）竞争企业各类产品销售额。

（3）竞争对手的产品。

（4）顾客的评价。

（5）竞争对手的销售渠道和销售策略。

（6）竞争对手的促销策略。

（7）竞争对手的公共关系的状况。

（8）广告，宣传的方法、频率、投入金额和渗透程度等。

（9）人员推销的方法和推销活动的特性。

（10）营业推广的方法。

（11）服务人员的数量及素质。

3. 酒店市场供求与消费现状调研

酒店需要对市场的供求现状进行调研，掌握市场特性、规模及企业产品的需求总量、消费者的需求状况以及整个市场的供应能力等方面的情况，才能更有效地满足消费市场需求。

（1）市场特性。

（2）市场规模及供求状况，包括现实需求和潜在需求。

（3）可能销量的预测。

（4）市场动向和发展性。

（5）市场对产品销售的接受程度和抵抗程度。

（6）市场增长率。

（7）酒店及其产品的市场占有率。

（8）市场上最大竞争者的市场占有率。

除了对市场供求情况进行调研，酒店还需要掌握消费者的需求结构及消费行为，明确酒店消费者对同类产品不同规模、不同档次等的需求状况，了解消费者的购买心理、购买动机、购买模式及购买习惯等，分析影响购买决策的主要因素。调研内容主要包括以下几个方面。

（1）酒店消费者结构、分布。

（2）酒店消费者的需求及其变化与发展趋势。

（3）酒店消费者的购买方式、购买习惯及其变化。

（4）酒店消费者的购买能力和购买行为。

（5）酒店消费者的心理（好奇心理、怀古心理、求异心理、求安全的心理、求健康的心理、求舒适、求快乐的心理、满足自尊心理、与人分享心理、求知心理、爱美追美心理等）。

4. 酒店内部调研

（1）酒店发展战略及使命。

（2）酒店内部资源。

（3）酒店业务组合及相互关系。

（4）酒店既往业绩与成功关键要素。

（5）酒店市场及本酒店目标市场的需求及发展趋势。

（6）本地区客源数量的现状及发展趋势，本地区酒店的总体规模、客房平均出租率、客房平均价格及其发展趋势。

（7）本酒店在竞争中的位置（将自己酒店的平均客房出租率、平均房价与本地酒店业的客房平均出租率、客房平均价格对比）。

（8）酒店的需求状况。

（9）酒店的管理机制与管理水平。

（10）酒店的接待条件与能力，包括人力、物力、财力等。

（11）酒店的交通条件。

（12）酒店设施状况：包括大厅、酒吧、客房、餐厅、会议室、多功能厅、停车场等的规模、数量、类别、布局、装修、式样、风格、新旧程度、气氛等。

（13）酒店产品的价格。

（14）酒店及各项产品的形象。

5. 营销组合调研

（1）调研产品：

① 产品使用者的特征和需求；

② 潜在购买者的态度和偏好；

③ 各产品的行情好坏及其原因；

④ 产品的顾客层；

⑤ 产品组合及其占有率、利润率、销售贡献率；

⑥ 产品或品牌的知名度和忠诚度；

⑦ 对各产品的购买动机；

⑧ 产品顾客满意度；

⑨ 不同产品的购买习惯及变化；

⑩ 新产品的机会。

配套微课

（2）调研分销渠道：

① 分销渠道的选择；

② 分销渠道的变更；

③ 代理商的了解和选择；

④ 零售商的了解和选择。

（3）调研价格制订：

① 价格设定；

② 折扣策略的制定；

③ 按价格划分市场。

（4）调研促销活动：

① 促销的主要方面；

② 促销的方式和方法；

③ 推销人员管理情况；

④ 广告媒体的选择、广告策略、广告效果及费用等；

⑤ 营业推广策略的定位；

⑥ 公共关系时机的选择和策略的决定等。

阅读讨论

阙里宾舍的孔府文化

我国古代著名的思想家、教育家、儒家学说的创始人孔子的故乡——山东曲阜市，有一家三星级涉外饭店——阙里宾舍。它背依孔府，西邻孔庙。阙里宾舍作为曲阜市的"国宾馆"，1986 年开业以来平均每年接待游客住宿与用餐达 50 万人次，下榻者达 8 万人次，其中外宾 5 万人次，每年都有 80 余批（次）中外政府首脑、政界要人、各国使团光临。宾舍浓郁的孔府文化背景深受国内外游客的欢迎。阙里宾舍经营者以得天独厚的孔府文化为核心，来指导宾舍的硬件设计和建设，营造宾舍的文化氛围，并提供相应的软件配套服务。海外报道称,阙里宾舍是一家"最中国式的饭店"。

怎样看待阙里宾舍的成功呢?

二、酒店市场调研策划流程

市场调研是一个由不同阶段、不同步骤相互联系、相互衔接构成的一个统一的整体。市场调研策划流程通常分为十个步骤,分别贯穿于四个阶段之中:第一,调研策划的准备阶段,通过对内外环境及企业自身的分析提出调研问题并确定目标;第二,调研策划的实施阶段;第三,调研策划的实施阶段;第四,调研策划的结论阶段。

1. 调研策划的准备阶段

第一步,确定调研的必要性。

并非每一项调研都有执行的必要,要清楚收集信息的原因,明确企业是否已拥有所需要的信息,是否有充裕的时间与资金进行调研并权衡调研收益与成本的关系,分析信息可获得程度的高低。

第二步,明确调研问题。

在分析调研的必要性后,就要对调研的问题及主题加以确定。通常在正式调研之前都要进行一项非正式调研,又称探索性调研,即一种小规模的调研,目的是确切地掌握问题的性质和更好地了解问题的背景环境,以便节省调研费用、深入地了解调研问题、缩小调研范围。

第三步,确定调研目标。

调研目标必须尽可能准确、具体并切实可行。

2. 调研策划的设计阶段

第四步,设计调研方案。

调研方案的设计是指为实现调研目标而制订调研计划书,是调研项目实施的行动纲领。一份完整的调研方案通常包括以下几个方面的内容:确定资料来源;设计具体的调研内容;设定调研的时间表;确定调查对象和调研人员;说明调研预算。

第五步,选择调研方法

营销策划的 5 种方法即文案法、问卷法、访问法、观察法和实验法。

第六步,选择抽样方法并设定样本容量。

可采用随机的抽样或非随机抽样的方法进行调研。在选定抽样方法之后,就要根据抽样特点确定样本的容量。

3. 调研策划的实施阶段

第七步,数据采集。

调研设计正式确定之后,接下来是根据其进行数据采集,一般可以采取人员采集和机器记录两种数据采集方式。

4. 调研策划的结论阶段

第八步,撰写调研报告。

调研报告是调查结束后的书面成果汇报,提出结论性意见及建议。调研报告通常包括3种形式:数据型报告(提供调查所得的数据)、分析型报告(提供数据并进行分析)、咨询型报告(不仅提供数据、分析结果,并在此基础上提供咨询方案)。调研报告通常包括3方面内容:前言、主体、附录。

（1）前言:

① 封面;

② 授权书;

③ 目录;

④ 执行性摘要。

（2）主体:

① 引言;

② 分析与结果;

③ 结论及建议;

④ 调研方法;

⑤ 局限性。

（3）附录:

① 调查问卷及说明;

② 数据统计图表及详细计算与说明;

③ 参考文献及资料来源索引;

④ 其他支持性材料。

第九步,跟踪反馈。

为了更好地履行调研工作的职责,调研人员应持续关注市场变化情况,跟踪调研,不断提高调研水平。

知识链接 7－1

菲利普·考特勒的需求状况与营销管理

表 7－1　需求状况与营销管理

需求状况	特征	市场营销管理任务
负需求	消费者不喜欢产品	通过重新设计、促销等方案来改变顾客的印象和态度
无需求	消费者对产品不感兴趣	想办法将产品功效和人们的需求与兴趣结合
潜在需求	没有产品满足现有需求	开发产品和服务以有效满足潜在需求
下降需求	需求量下降	改变产品特性、开发新市场、加强沟通来刺激需求
不规则需求	需求量有明显的淡旺季	通过灵活定价、促销来改变需求模式,使之平均化
充足需求	需求量已达厂家预期	提高产品质量、关注消费者的满意程度
过度需求	需求水平超厂家预期	通过提价、减少促销来减少需求
有害需求	对消费者有害(毒品等)	通过宣传其危害、减少购买机会等使公众戒掉它们

调查问卷的设计

1. 调查问卷的结构

(1) 标题。

(2) 问候语与填表说明。

(3) 正文。

(4) 被访问者背景资料。

(5) 调研人员资料集问卷编号。

(6) 结束语。

2. 设计调查问卷的程序

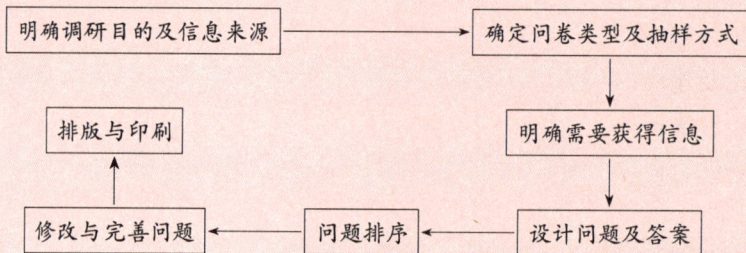

图 7-2 调查问卷的设计程序

关键点控制

酒店市场调研关键点控制见表 7-2。

表 7-2 酒店市场调研关键点控制

关键点控制	细化执行
1. 确定酒店市场调研内容	调研内容
1.1 根据酒店实际需要,明确酒店市场调研目的	酒店调研的目的
1.2 根据酒店市场调研目的,确定酒店市场调研内容	酒店调研的内容
2. 明确酒店市场营销内容的基础上,确立酒店市场调研流程	市场调研流程
2.1 根据酒店经营和管理的需要,确定调研的必要性	重视调研
2.2 分析调研的必要性后,对调研的问题及主题加以确定	探索性调研的必要性
2.3 设计调研方案,确定调研采用的方法和样本容量	市场调研的设计要求及方法
2.4 实施调研方案,进行数据采集	数据采集的方式
2.5 根据调研所得数据,进行数据分析,并撰写调研报告	撰写调研报告

酒店业不断把握世界需求的新潮流

现代酒店经营的任务可用三句话来概括:一是要发现和创造顾客;二是顾客是被饭店的承诺所吸引的;三是顾客是由于满意而忠诚的。显然,要完成好酒店的经营任务,关键是要把握好宾客的新需求。那么,营销人员一般应把握宾客哪些新需求呢?我以为至少应把握以下两方面:(1)世界需求新潮流;(2)饭店主要客源市场的需求特点。在这里着重说明世界需求新潮流及酒店营销的新对策。

1. 青春化潮流

每个旅游者都希望自己像想象的那样年轻,特别是中老年旅游者更是如此。

2. 健身化潮流

西方旅游者,很怕因环境污染而损害健康。针对这种需求,饭店可以采取以下四项措施:

(1)在饭店里推销中医、中药。

(2)改变菜单设计,增加蔬菜和豆制品。

(3)推销天然饮料和健身菜。

(4)推销健身用品、健身器材与健身俱乐部。

3. 发达国家的爱国热潮和发展中国家向发达国家看齐的热潮

针对这种需求,饭店在为外国旅游者服务时,要特别尊重他们的民族自豪感。如维也纳马里奥萨尔茨堡喜来登宾馆,在门厅上悬挂主要客源国的国旗。发展中国家则掀起了向发达国家看齐的热潮。针对这种需求,我们可以适当宣传,我们中外合资饭店,我们的产品是中外合资产品,我们的饭店是由国外著名饭店管理公司管理的。

4. 非正式、非正规化潮流

如时装的休闲化、随意化、自由化,几乎想得出的、穿得出的都是时装。一个最典型的例子是牛仔裤可以一截二,裤上可以有破洞,裤边上可以有虚线。这启发我们在饭店商场里销售各色时装。

5. 回归自然

旅游者越来越追求阳光、海水、海滩、绿色植被、清新的空气和纯净的大自然。针对这种需求,饭店大堂以配有自然采光的透明屋顶,设置由绿树环抱的花园咖啡厅,再加上瀑布或喷泉。

6. 追求奇观

旅游者越来越追求新奇、新鲜的经历,他们渴望暂时摆脱或改变一下自己已经习惯和厌倦的生活与工作环境。

7. 个性化服务

宾客到饭店来追求的是高气氛与高服务的产品,一般具有很强烈的自尊感,同时往往也具有各自独特的需要,我们要精心予以满足。要注意选用一批专业化的、富有同情心的、能提供个性化服务的员工来从事营销、服务工作,从根本上杜绝此类现象的出现。

实战训练

1. 选择当地一家酒店,并设计一份以酒店特色为主题的调查问卷。
2. 搜集一家酒店的调查问卷,并对其结构、内容等进行评价。

学习测评

表 7-3　学习评价表

姓名		学号		班级	
任务		日期		地点	
任务开始时间:　年　月　日			任务完成时间:　年　月　日		
检测内容		系数	分值		得分
1. 明确酒店市场调研目的		0.5	5		
2. 确定酒店市场调研内容		1.5	15		
3. 确立酒店市场调研流程		1.5	15		
4. 确定调研的必要性		0.5	5		
5. 确定调研的问题及主题		1.0	10		
6. 设计调研方案		2.0	20		
7. 确定调研采用的方法和样本容量		1.0	10		
8. 实施调研方案,进行数据采集		1.0	10		
9. 进行数据分析,并撰写调研报告		1.0	10		
合计		10	100		
个人认为做得好的地方:					
认为完成最不满意的地方:					
值得改进的地方:					

（续表）

自我评价：	非常满意	
	满意	
	不太满意	
	不满意	
互评：		
师评：		
第三方评价：		

任务 22　酒店市场定位管理

任务目标

1. 满足酒店准备定位的需求
2. 优化酒店市场竞争战略
3. 提高酒店市场定位的成功率

知识准备

1. 了解市场细分的理论基础
2. 掌握目标市场定位的策略

任务实施

酒店市场定位管理流程如图 7-3 所示。

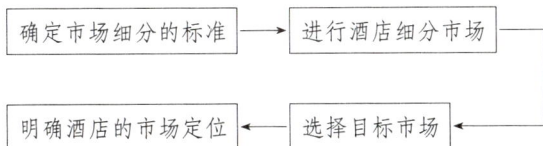

图 7-3　酒店市场定位管理流程图

一、确定市场细分的标准

1. 按照人口因素进行市场细分

人口细分一般根据年龄、性别、收入、职业与教育水平、家庭规模、家庭生命周期、种族等对整体市场进行细分。

2. 按照地理因素进行市场细分

地理细分其具体变量根据国家、地区、城市、农村、地形气候、交通运输等进行细分。

3. 按照心理因素进行市场细分

心理细分按照顾客的生活方式、个性特点、购买动机、价值取向以及对商品供求局势和销售方式的感应程度等心理变量来细分酒店市场,见表 7 - 4。

表 7 - 4　酒店顾客追求的利益

产品属性	核心利益	展现利益	附加利益
产品服务	房间、餐厅和其他消费场所	房间的舒适、餐厅气氛、员工仪容仪表	酒店服务人员的热情服务、免费的演出、餐厅宣传、现场 POP 等
地点效用	方便、易预订	接近商业中心、交通枢纽和风景名胜区	便捷而超值的服务
时间效用	方便客人的时间安排,24小时不间断运行接待	节省时间,没有入住障碍	随时保证饭店、生活品采购等基本服务
心理感受	产生良好的感觉,尊重和协调的氛围	通过良好的气氛使客人过得舒适、愉快	减少心理上的不协调
费用开支	价格合理,能适当给予优惠	价值与价格的关系,易支付	减少经济风险

二、酒店细分市场的程序

1. 整体市场识别

整体市场识别过程是对庞大复杂的市场进行分析,选定产品和服务的范围。

2. 找出所选范围内所有得潜在消费者的全部需求

3. 分析可能存在的细分市场

4. 暂时确定各个细分市场

5. 进一步分析了解各个细分市场

6. 评估各细分市场

三、选择目标市场

酒店在各种细分市场中所选择并确定其作为自己营销对象的市场,酒店的目标市场通常往往是一个主目标市场与几个次目标市场的组合。

1. 确定目标市场的选择条件

(1)首先要考虑目标存在尚未被满足的需求,即我们常说的寻找市场空缺。

(2)目标市场要有一定的人数规模。

(3)目标市场要有可进入性。

(4)目标市场要有营利性。酒店营销遵循的宗旨是"让顾客满意,使酒店获利"。

2. 根据酒店的规模档次、经营特点等确定自己的经营模式

（1）密集单一市场集中模式

酒店的目标市场高度地集中在一个市场上，只提供一类产品，只服务于一个客人群体。

（2）选择性专门化模式

酒店结合自己的长处，通过市场细分后，有选择地进入几个市场面，有选择地生产和销售能够满足以上市场客人各种需求的产品。

（3）产品专门化模式

酒店突出提供一类产品，向各类客人销售。

（4）市场专门化模式

酒店针对特定的客人群体，生产和销售他们所需的各种产品。

（5）全面进入模式

酒店为所有细分市场生产各种不同的产品，分别满足各类客人的不同要求，希望尽量覆盖整个市场。

阅读讨论

酒店目标市场的选择

假设酒店的经营费用（包括公关、广告、代理、中介等各种费用）是相同的。在这个前提下，酒店目标市场的营利性就决定于目标市场的营业收入。目标市场的营业收入可以用一个公式来表示：

目标市场营业收入＝客源人次×客源人均停留天数×客源人均天消费额

据此，我们可以把客源市场大体分为四类：A 类客源市场——人次多或人均停留天数长而且人均天消费额又高；B 类客源市场——人均天消费额高但是人次不多或人均停留天数不长；C 类客源市场——人次多或人均停留天数长但是人均天消费额不高；D 类客源市场——人次不多，或人均停留天数不长，而且人均天消费额不高。

酒店如何根据自己的规模档次来选择适合的目标市场？

四、明确酒店的市场定位

酒店根据目标市场上同类产品竞争状况，针对顾客对该类产品某些特征或属性的重视程度，为本酒店产品塑造强有力的、与众不同的鲜明个性，并将其形象生动地传递给顾客，求得顾客认同。市场定位的主要任务就是在酒店市场上，让顾客从心里记住酒店的品牌。酒店市场定位的工作内容主要有以下几点：

（1）明确目标市场客人的关键利益。

（2）明确目标市场的竞争形式及酒店竞争的优势、劣势。

（3）确定酒店产品的特色。

（4）树立酒店市场形象。

（5）有效地向目标市场传播自己酒店的市场形象和产品特色。

（6）巩固市场形象。

知识链接 7 - 3

酒店市场细分的原因

酒店市场细分的主要原因就是为了有效地使用酒店各种营销费用及资源。另外,市场细分之所以必要,是因为它还能帮助营销人员回答以下问题:

1. 谁（WHO） 指酒店应针对哪一些客源市场。

2. 什么（WHAT） 指这些客源市场中的消费者需要什么样的产品和服务。

3. 怎样（HOW） 指酒店如何进行各种合适的营销活动来最有效地满足顾客的需要和要求。

4. 哪里（WHERE） 指酒店在哪里向顾客宣传自己的产品和服务。

5. 何时（WHEN） 指酒店在什么时候宣传和促销自己的产品和服务。

6. 为何（WHY） 指酒店要明确消费行为的动机或影响其行为的因素,即了解消费者为何做出购买行为。

（资料来源:邓新华.现代酒店服务与管理[M].第一版.长沙:湖南师范大学出版社,2000.）

▦ 关键点控制 ◂

酒店市场定位关键点控制见表 7 - 5。

表 7 - 5　酒店市场定位关键点控制

关键点控制	细化执行
1. 确定对整个客源市场进行分类的各种标准	确立酒店具体的细分标准
2. 运用各种标准对客源市场进行细分	细分后的市场符合市场细分原则
2.1　根据各种标准将整个客源市场细分成各个子市场	子市场
2.2　正确认识已细分子市场的特点	细分市场的特点
3. 选择符合酒店营销目标要求的细分市场	选择合适目标市场营销模式
4. 明确酒店的市场定位	明确市场定位的主要内容

细分市场永不停息——来自万豪酒店的启示

1. 万豪酒店概况

万豪针对不同的细分市场成功推出了一系列品牌：公平（Fairfield），庭院（Courtyard）、万豪（Marriott）以及万豪伯爵（Marriott Marquis）等。在早期，公平（Fairfield）是服务于销售人员的，庭院（Courtyard）是服务于销售经理的，万豪（Marriott）是为业务经理准备的，万豪伯爵（Marriott Marquis）则是为公司高级经理人员提供的。后来，万豪酒店对市场进行了进一步的细分，推出了更多的旅馆品牌。

在"市场细分"这一营销行为上，"万豪"可以被称为超级细分专家。在原有的四个品牌都在各自的细分市场上成为主导品之后，"万豪"又开发了一些新的品牌。在高端市场上，波特曼·丽嘉(Ritz-Carlton)酒店为高档次的顾客提供服务方面赢得了很高的赞誉并倍受赞赏。新生(Renaissance)作为间接商务和休闲品牌与万豪(Marriott)在价格上基本相同，但它面对的是不同消费心态的顾客群体——万豪吸引的是已经成家立业的人士，而"新生"的目标顾客则是那些职业年轻人。在低端酒店市场上，万豪酒店由公平客栈(Fairfield Inn)衍生出公平套房(Fairfield Suite)，从而丰富了自己的产品线；位于高端和低端之间的酒店品牌是城镇套房(Towne Place Suites)、庭院(Courtyard)和居民客栈(Residence Inn)等，他们分别代表着不同的价格水准，并在各自的娱乐和风格上有效进行了区分。

伴随着市场细分的持续进行，万豪又推出了弹性套房(Springfield Suites)——比公平客栈(Fairfield Inn)的档次稍高一点，主要面对一晚 75 至 95 美元的顾客市场。为了获取较高的价格和收益，酒店使公平套房(Fairfield Suite)品牌逐步向弹性套房(Springfield)品牌转化。

2. 万豪酒店的品牌战略

通过市场细分来发现市场空白是"万豪"的一贯做法，正是这些市场空白成了万豪酒店成长的动力和源泉。万豪一旦发现有某个价格点的市场还没有被占领，或者现有价位的某些顾客还没有被很好地服务，她就会马上填补这个"空白"。一个多品牌的公司有完全不同的理念——公司的信心建立在对目标顾客需求的了解之上，并有能力创造一种产品或服务来满足这种需求。顾客的信心并不是建立在"万豪"这个名字或者其服务质量上，其信心基础是"旅馆是为满足顾客的需求而设计的"。

3. 万豪酒店创新之道

"万豪"会在什么样的情况下推出新品牌或新产品线呢？答案是：当其通过调查发现在旅馆市场上有足够的、尚未填补的"需求空白"或没有被充分满足的顾客需求时，公司就会推出针对这些需求的新产品或服务——这意味着公司需要连续地进行顾客需求调研。通过分析可以发现，"万豪"的核心能力在于她的顾客调查和顾客知识，"万豪"将这一切都应用到了从"公平旅馆"到"丽嘉"所有的旅馆品牌上。从某种意义上说，"万豪"的专长并不是旅馆管理，而是对顾客知识的获取、处理和管理。如果调查显示某细分市场上有足够的目标顾客需要一些新的产品或服务特色，那么"万豪"就会将产品或服务进行提升以满足顾客新的需求；如果调查表明在某一细分目标顾客群中，许多人对一系列不同的特性有需求，"万豪"将会把这些人作为一个新的"顾客群"并开发出一个新的品牌。

万豪国际公司为品牌开发提供了有益的思路。对于一种现有的产品或服务来说，新的特性增加到什么程度时才需要进行提升？又到什么程度才可以创造一个新的品牌？答案是：当新增加的特性能创造一种新的东西并能吸引不同目标顾客时，就会有产品或服务的提升或新品牌的诞生。

万豪公司宣布开发"弹性套房"这一品牌的做法是一个很好的案例。当时，万豪将"弹性套房"的价格定在 75～95 美元之间，并计划到 1999 年 3 月 1 日时建成 14 家，在随后的两年内再增加 55 家。"弹性套房(Springfield Suites)"源自"公平套房(Fairfield Suites)"，而"公平套房"原来是"公平旅馆(Fairfield Inns)"的一部分。"公平(Fairfield)"始创于 1997 年，当时，《华尔街日报》是这样描绘"公平套房"的：宽敞但缺乏装饰，厕所没有门，客厅里铺的是油毡，它的定价是 75 美元。实际上，对于价格敏感的人来讲，这些套房是"公平旅馆"中比较宽敞的样本房。现在的问题是："公平套房"的顾客可能不喜欢油毡，并愿意为"装饰得好一点"的房间多花一点钱。于是，万豪通过增加烫衣板和其他令人愉快的东西等来改变"公平套房"的形象，并通过铺设地毯、加装壁炉和早点房来改善客厅条件。通过这些方面的提升，万豪酒店吸引到了一批新的目标顾客——注重价值的购买者。但后来，万豪发现对"公平套房"所做的提升并不总是有效——价格敏感型顾客不想要，而注重价值的顾客对其又不屑一顾。于是，万豪考虑将"公平套房"转换成"弹性套房"，并重新细分了其顾客市场。通过测算，万豪得到了这样的数据：相对于价格敏感型顾客为"公平套房"所带来的收入，那些注重价值的顾客可以为"弹性套房"至少增加 5 美元的收入。

在一个有竞争的细分市场中进行产品提升要特别注意获取并维系顾客。对于价格敏感型顾客，你必须进行产品或服务的提升以避免他们转向竞争对手。如果没有竞争或者没有可预见的竞争存在，那么就没有必要进行提升。其实，竞争通常总是存在的，关键是要通过必要的提升来确保竞争优势。面对价格敏感型顾客，过多的房间并不能为"公平旅馆"创造竞争优势。

（资料来源：芮新国.市场细分永不停息：来自万豪酒店的启示[J].政策与管理，2002(7).)

实战训练 ◀

1. 针对当地一家酒店进行市场细分和市场定位分析。
2. 选择当地一家酒店，为其设计一份新产品推广的调查问卷。

学习测评

表7-6 学习评价表

姓名		学号		班级	
任务		日期		地点	

任务开始时间： 年 月 日		任务完成时间： 年 月 日	
检测内容	系数	分值	得分
1. 确定客源市场进行细分标准	2.0	20	
2. 运用各种标准对客源市场进行细分	2.5	25	
3. 全面认识细分出来的子市场	1.0	10	
4. 明确选择目标市场	2.5	25	
5. 明确酒店的市场定位	2.0	20	
合计	10	100	

个人认为做得好的地方：

认为完成最不满意的地方：

值得改进的地方：

自我评价：	非常满意	
	满意	
	不太满意	
	不满意	

互评：

师评．

第三方评价：

任务23 酒店产品促销管理

任务目标

1. 满足酒店对产品促销的需要

2. 优化酒店产品促销管理

3. 提高酒店产品促销的成功率

知识准备

1. 了解促销组合的内容与特点

2. 掌握各种促销方式的优势和不足

任务实施

酒店产品促销流程过程如图 7-4 所示。

```
建立酒店销售渠道  →  选择合适的促销组合  →  确立酒店的促销过程
```

图 7-4　酒店产品促销流程图

一、建立酒店销售渠道

1. 建立酒店直接营销渠道

2. 建立酒店间接营销渠道

(1) 旅行社。

(2) 交通运输行业。

(3) 旅游局。

(4) 联营组织，包括合作性酒店集团、自发的酒店协会和特许权经营集团。

(5) 各类酒店代表和设置在车站、码头、机场代酒店办理业务的销售点。

(6) 各种俱乐部和协会。

(7) 与酒店签约的单位和可用信用卡结算的银行。

(8) 国际酒店预订系统。

3. 评估酒店间接营销渠道

(1) 单位时间内是通过直接销售渠道获得销售量高些还是通过间接销售渠道获得的销售量高一些？各自占总销售额的比例是多少？

(2) 直接销售渠道和间接销售渠道的费用各是多少？各自的利润率是多少？

(3) 直接销售渠道和间接销售渠道创造的利润各是多少？各自的利润是多少？

(4) 每个中间商的销售额是多少？费用是多少？利润是多少？利润率是多少？

(5) 每个中间商的市场信息反馈能力和态度怎样？

(6) 对每个中间商的预订和实际销售状况进行定性标准量化分析(见表 7-7)。

表 7 - 7　中间商评估表

项目	分值			得分
	0	1	2	
预订客房数	<100	100~250	>250	
餐饮销售额	<＄5 000	＄5 000~10 000	>＄10 000	
预订季节	旺季	全年	淡季	
房价	免	团队	标准价	
停留天数	1 夜	2 夜	>2 夜	
销售渠道		旅行社	直接	
回头次数	1 次/年	2~4 次/年	>5 次	
会议室使用	高	一般	低	
预订取消率	高	一般	低	
预订提前时间	<6 个月	6~12 个月	>12 个月	
资信情况	差	一般	好	
付款方式	根据账单发票	入店登记时	预付	

（资料来源:邓新华.现代酒店服务与管理[M].第一版.长沙:湖南师范大学出版社.2000）

4. 与间接营销商建立良好业务关系

（1）尽力为中间商推销本酒店的产品提供良好的条件。

（2）及时与中间商进行信息沟通。

（3）采用销售激励措施。

（4）及时支付佣金,同时加强收款清算工作。

（5）做好客人入店后的服务工作,重点是抵、离店时的服务工作、行李服务工作。

二、选择合适的促销组合

1. 选择适当的促销组合方式

（1）酒店人员推销。

（2）酒店产品广告。

（3）酒店公共关系。

（4）酒店营业推广。

2. 评估促销方法和组合

（1）促销目标。

（2）产品因素。

（3）市场条件。

（4）促销预算。

（5）促销的总策略。

经济型连锁酒店同时开展促销　花费百元即可入住

注册即送 50 元抵用券，入住天天抽奔驰 Smart、苹果 iPad 大奖……优惠、大奖这样的字眼，第一次出现在了经济型酒店的促销中。进入"后会展时代"，各品牌经济型酒店将更加着眼于拉动客人的消费，同时提升品牌形象，以此来增加加盟投资收益。

怎样看待经济型酒店开展的促销活动？

三、确立酒店的促销过程

1. 确定促销的目标对象
2. 确定促销目标效果
3. 设计促销信息
4. 选择促销媒介

配套微课

（1）平面视觉类媒体：

① 报纸广告；

② 杂志广告；

③ 酒店 POP（point of purchase advertising）广告；

④ 旅游指南广告；

⑤ 其他类：年历、日历广告、招贴广告、路牌广告、车船广告等。

配套微课

（2）听觉媒体和视觉媒体：主要包括电视、广播等。

（3）网络媒体广告。

5. 促销效果测定

知识链接 7-4

广告促销方案的实施

广告促销方案主要包括五个主要步骤，可以简称为五个"M"：

广告目标是什么（Mission）；广告费用是多少（Money）；传递什么广告信息（Message）；利用什么广告媒体（Media）；怎样评估广告效果（Measurement）。

知识链接 7-5

市场营销"4P's"理论和"4C's"理论

1. "4P's"理论

产品（Product）：注重开发的功能，要求产品有独特的卖点，把产品的功能诉求放在第一位。

价格(Price)：根据不同的市场定位，制定不同的价格策略，产品的定价依据是企业的品牌战略，注重品牌的含金量。

分销(Place)：企业并不直接面对消费者，而是注重经销商的培育和销售网络的建立，企业与消费者的联系是通过分销商来进行的。

促销(Promotion)：企业注重销售行为的改变来刺激消费者，以短期的行为(如让利，买一送一，营销现场气氛等)促成消费的增长，吸引其他品牌的消费者或导致提前消费来促进销售的增长。

2."4C's"理论

顾客(Customer)：该理论强调企业应该把追求顾客满意放在第一位，研究顾客的购买行为，更好地满足顾客的需要；更注重对顾客提供优质的服务。

成本(Cost)：顾客在购买某一商品或服务时，除耗费一定的资金外，还要耗费一定的时间、精力和体力，这些构成了顾客总成本。

方便(Convenient)：最大限度地便利消费者，是目前处于过度竞争状况的企业应该认真思考的问题。

沟通(Communication)：企业为了创立竞争优势，必须不断地与消费者沟通。

关键点控制

酒店产品促销关键点控制见表7-8。

表7-8 酒店产品促销关键点控制

关键点控制	细化执行
1. 建立酒店销售渠道	选择适当的销售渠道
2. 制定最佳的促销组合，以最大限度满足客人的需求	促销组合的评估
2.1 在促销的目标对象确定之后，调查研究目标对象的特征和需求	分析需求
2.2 有针对性地采取有效的促销方式	促销方式
2.3 富有针对性的设计促销信息	促销信息
2.4 选择合适的促销媒介	选择合适的媒介
2.5 促销活动实施后，测定市场促销活动的效果	测定促销效果

阅读材料7-3

为保证入住率，酒店促销手段五花八门

为了保持其119间客房全部住满，位于威尼斯海滩的 Erwin 酒店为它那些非主流的客户提供了一个非比寻常的推广产品——"纹身＋住宿"，其中包含价值100美元的纹身和一瓶止痛的龙舌兰酒。在圣地亚哥的 Hard Rock 酒店，只要预订"Hard Rock and a Hog"产品的客人都可以乘坐 Harley-Davidson 摩托车环游整个城市,外加两晚免费住宿。但从酒店的特殊待遇来说,很难有人可以与洛杉矶的四季酒店相媲美。因为只要您住进四季酒店,就可以免费使用奔驰、保时捷和宝马,并且可以自由更换。

随着美国酒店业正在与 20 多年以来最严峻的一次金融危机做斗争,酒店经理们都在采取超越寻常的折扣优惠和提供创造性的促销活动来吸引生意。有些产品为客人提供了很大的福利,而另一些纯粹是为了宣传来提高知名度。

如果这一切听起来很让人绝望,其理由却是很充分的。根据酒店行业报道:这个夏季全国入住率已经低于 60%,是自 2001 年 9 月 11 日恐怖袭击事件以来的最低水平。今年夏季酒店每间可用客房收益已经下降了近 20%,价格低于 60 美元,是近 22 年以来下跌幅度最大的一次。分析家们认为出现这样的一个结果,主要是由于经济衰退和过去两年急速增长的酒店开业以及商务旅行费用的急剧下降。其中商务旅行的问题是由于企业为了安全度过经济危机削减商务旅行预算而引起的。

促销和打包产品一直是酒店行业的主打,特别是在经济增长缓慢的阶段。但是业内专家表示现在更多的酒店都是依赖特别的打包产品和促销活动在这个经济低迷时期苟延残喘的。就拿洛杉矶的 Wilshire Grand 酒店来看,那里夏季的房价是与洛杉矶市中心的高温紧密联系的。在"击败热浪"交易中,如果温度最高达到华氏 87 度,平时需要支付 119 美元的房间,客人只需要支付 87 美元。但是在那些旅游业受到经济危机重创的地方,比如说拉斯维加斯、达拉斯、新奥尔良等,这些地方的酒店管理人员更加急切地想要填满房间,所以这里的酒店价格更加优惠。

比如说拉斯维加斯希尔顿酒店,购买了"自由翱翔"的产品,您可以在酒店住两个晚上,同时获得任何航空公司往返航班 300 美元的优惠券、100 美元的餐饮优惠券、两顿免费早餐外加两次免费的鸡尾酒会。当减去这些附加部分,其实酒店房间每晚只需要花费 49 美元左右。开展所有这些促销活动,其中一个主要的原因就是酒店所有者想利用这些活动来吸引客户,同时不削减房价——在经济复苏时期酒店一旦尝试着提高房价时,会带来强烈的客户反弹。

酒店产品的在线搜索引擎 dealbase.com 的 CEO Sam Shank 说:"我们看到了很多的优惠产品和折扣。酒店都在尽他们所能在无需降低房价的情况下提高入住率。"并不是所有的促销活动都能给消费者带来大量的节约。Shank 提到有些促销活动,比如说"纹身+住宿"交易,实际上是为了引起人们对酒店的注意。例如,Erwin 酒店的纹身交易起价是每晚 399 美元。但是如果客人自行预订房间的价格是 269 美元、纹身券是 100 美元、龙舌兰酒是 20 美元,以及乳液和止痛冰,总共需要 404 美元(龙舌兰酒、乳液和止痛冰是估计的价格)。虽然四季酒店免费的豪华汽车租赁交易听起来也像一个花招,但是如果酒店房间、豪华汽车租赁以及其他额外消费分开单独付费的话,这样的套餐还是可以帮您一个晚上省下高达 120 美元。

(资料来源:http://shenzhen42b. blog. 163. com/blog/static/1672825262010103 44844622/)

实战训练

1. 选择一家经济型酒店,策划其年度促销方案。
2. 为一家五星级酒店策划客房产品的促销方案。

学习测评

表 7-9　学习评价表

姓名		学号		班级	
任务		日期		地点	
任务开始时间:　年　月　日			任务完成时间:　年　月　日		
检测内容			系数	分值	得分
1. 建立酒店促销渠道			1	10	
2. 酒店促销需求分析			1.5	15	
3. 选择有效的促销方式,设计促销信息			3.0	30	
4. 选择合适的促销媒介			2.5	25	
5. 测定市场促销活动效果			1.5	15	
合计			10	100	
个人认为做得好的地方:					
认为完成最不满意的地方:					
值得改进的地方:					
自我评价:			非常满意		
			满意		
			不太满意		
			不满意		
互评:					
师评:					
第三方评价:					

配套微课

任务 24 酒店形象与口碑塑造

▌ 任务目标

1. 满足塑造酒店形象与口碑的需求
2. 优化酒店的形象与口碑塑造方法
3. 树立良好的酒店形象与口碑

▌ 知识准备

1. 熟悉酒店形象与口碑塑造的内容
2. 了解酒店各种形象与口碑塑造的方法
3. 掌握酒店形象与口碑塑造的步骤

▌ 任务实施

酒店形象与口碑塑造流程如图 7-5 所示。

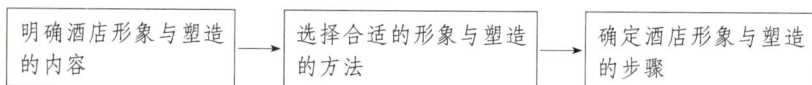

明确酒店形象与塑造的内容	→	选择合适的形象与塑造的方法	→	确定酒店形象与塑造的步骤

图 7-5 酒店形象与口碑塑造流程图

一、明确酒店形象和口碑的组成内容

1. 酒店形象和口碑的构成要素

认知、信赖和好感是构成酒店形象和口碑的三要素。

（1）认知。"认知"是认识和知道的过程，也就是公众了解酒店产品（或服务）的存在。认知是酒店形象塑造中的第一个构成要素。

（2）信赖。随着"认知"的不断加强，信息不断传入，渐渐形成确定的信号——信赖。认识程度越深，就越加强了"信赖感"。

（3）好感。"好感"是指酒店或酒店产品已经得到了消费者肯定的评价。认知程度越深，好感程度越强。好感和信赖有相似之处，信赖往往与酒店的实力相呼应，而好感更多一些主观的感情色彩。

2. 酒店形象和口碑的组成内容

（1）产品的形象与口碑，主要包括两个方面：一是酒店为顾客提供的产品和服务的价值,二是酒店员工在提供接待服务时所表现的责任心、道德心和态度。

(2)服务形象和口碑,指的是消费者对酒店提供的服务是否热情、周到,服务项目是否齐全、便利,服务态度是否真诚、礼貌,服务质量是否有让人满意的反映和评价。

(3)员工的形象和口碑,是公众对酒店员工的总体素质、能力、文化修养、道德水准、服务水平等方面的评价和看法。

(4)机构形象和口碑,是指公众对酒店内部职能机构的设置、人员配置及其运转方面的综合评价。

(5)管理形象和口碑,指的是公众对酒店的管理水平、管理方式和管理行为的评价与看法。

二、酒店形象和口碑塑造的方法

不同类型、不同规模的酒店,或同一酒店处于不同发展阶段,或同一阶段中针对不同的公众对象及公关任务,都需要有不同的塑造方法。

1. 建设型塑造方法

酒店的公共销售人员采取宣传和交际的高姿态,向社会公众主动做自我介绍,主动结交各方朋友,努力让尽量多的人知道自己、理解自己,从而进一步接近自己,这就是建设型的塑造方法。建设性塑造方法主要适用于酒店开创阶段,如开业广告、开业庆典、免费招待等。

2. 维系型塑造方法

维系型塑造方法是通过各种传播媒介,以较低姿态,持续不断地向社会公众传送酒店的各种信息,在不知不觉中造成和维持一种有利的意见气氛,使酒店的良好形象潜移默化地储存在公众的长期记忆系统中。这一方法适用于酒店的稳定、顺利发展时期。例如,长期竖立在高大建筑物上的酒店名称、标志或商标巨型广告等。

3. 防御型塑造方法

防御型塑造方法主要是发挥酒店的内部职能,及时向决策层和各业务部门提供外部信息,特别是反映批评的信息,从而提出改进的参考方案,协助酒店各部门协调内部职工关系,以预防为主,堵塞漏洞。防御型塑造方法适用于酒店出现潜在公关危机的时候。

4. 矫正型塑造方法

这一方法适用于酒店公共关系严重失调,酒店形象发生严重损害的时候,它一般分为外部矫正和内部矫正。

(1)外部矫正。由于外在的某种误解、谣言,甚至人为的破坏,损害了酒店的形象,公关销售部应迅速查清原因,公布真相,澄清事实,纠正或消除损害形象的因素。

(2)内部矫正。由于酒店内在的不完善造成产品质量、服务态度、服务质量、管理政策、经营方针等方面的问题,而导致外部公共关系严重失调,这时公关销售部门应尽量控制影响面,同时将外界舆论反馈给有关部门,分析公共关系失调的原因,提出纠正的措施,协助有关部门解决实际问题,并利用各种公共关系方式向传播界和社会公众公布纠正的措施和进展情况,平息风波,恢复信任。

5. 进攻型塑造方法

这种方法适用于酒店系统与环境发生某种冲突、摩擦的时候,为了摆脱被动局面,创造新局面,抓住有利时机和条件,改变决策,迅速调整,包括:避免受环境的消极影响;改变酒店对原有社会环境的依赖关系,不断拓展新的市场和新的产品,吸收新的顾客群;组织同业联合,进行协作与交流,尽量降低与竞争者之间的摩擦等。

6. 宣传型塑造方法

宣传型塑造方法是用各种传播媒介迅速地将酒店内部信息传送出去,以加强社会公众对酒店的了解程度,形成有利的社会舆论的活动。其具体形式有:发新闻稿、进行公共关系广告、印刷发行公共关系刊物和各种视听资料、举行各种大型活动或表演等。

7. 交际型塑造方法

交际型塑造方法是通过无媒介的人与人的直接接触,为酒店广结良缘,建立广泛的社会关系,其方式包括社团交际和个人交际,如宴会、座谈会、招待会、谈判、专访、慰问、电话沟通、亲笔信函等。它具有直接性、灵活性和人情味,能使人际间的沟通进入"情感"的层次。

8. 服务型塑造方法

服务型塑造方法是以各种实惠的服务为媒介,向公众提供各种实在服务,以期获得公众了解和好评。如,各种消费教育、培训、指导,售后服务,免费保修以及各种完善的服务措施等。这种方法对于一家酒店来说是至关重要的。

9. 社会型塑造方法

社会型塑造方法是利用举办各种社会性、文化性、公益性、赞助性活动来开展公共关系的模式。其目的是塑造酒店的文化形象、社区公民形象,提高酒店整体的社会知名度、美誉度。具体形式有赞助文化、教育、体育、卫生等事业,支持社区福利、慈善事业,扶持新生事物,参与国家、社区重大活动并提供赞助等。其特点是着眼于整体形象和长远利益,公益性强,文化性强,影响力大,但成本也比较高。

10. 征询型塑造方法

征询型塑造方法是以采集信息、舆论调查、民意测验、参与决策等为手段,以民意代表的姿态出现,及时地对民意和舆论作出反应,为酒店的经营管理、决策提供参考,保持酒店与社会环境之间的动态平衡。其形式有:开办各种咨询业务,建立来信来访制度和客人意见征询制度,设立热线电话,接受和处理投诉等。征询型塑造方法的特点在于通过日积月累的努力,逐步形成良好的信息网络。

三、酒店形象和口碑塑造的内容及步骤

美好的酒店形象和口碑能为酒店的顾客创造出一种消费信心,预先为酒店的产品作了保证,为吸引社会上的资金提供了保证,为保留和吸引人才创造了优越的条件,有助于增进与社区的沟通和了解,从而创造一种良好的酒店经营空间环境。

1. 酒店形象和口碑塑造的内容

酒店形象和口碑的塑造,是以顾客的需求为导向,从理念识别、活动识别、视觉识别三个方面来研究和塑造能为消费者理解和接受的酒店形象和口碑。CIS作为一种形象战略,包括三个子系统:理念识别系统、行为识别系统、形象识别系统。其过程如图7-6所示。

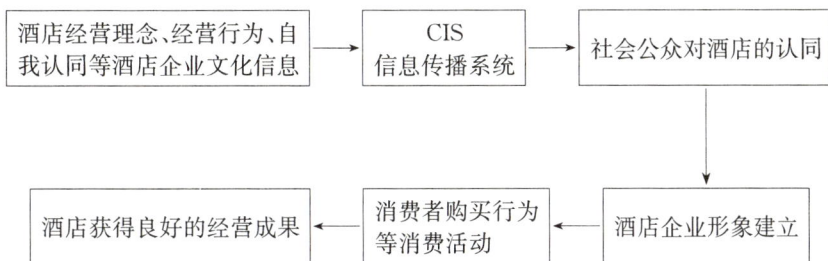

图7-6　酒店企业形象塑造

(1) 明确理念识别系统(mind identity system,MIS)。理念识别系统是酒店形象识别系统中最重要的因素,它是整个CIS的核心,是源泉,是灵魂。简单地说,理念识别系统就是企业构建的一种价值体系,这种价值体系能得到社会普遍认同,能体现酒店企业自身个性特征,能促进并保证企业正常运作及长足发展,能反映出酒店企业明确的经营意识。因此,它必须具备能被浓缩、被简化、被迅速传播、被普遍识别、被广泛认同的特点。理念识别主要包括酒店使命、经营观念、行为规程、活动领域等方面的内容,它们之间的关系如图7-7所示。

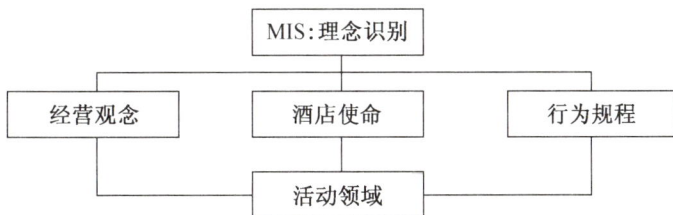

图7-7　理念识别各部分之间的关系

(2) 规范行为识别系统(behavior identity system,BIS)。行为识别系统是酒店在经营过程中采取的种种活动的总称,它是理念识别系统的具体体现。酒店行为识别系统主要由内部行为识别和外部行为识别两方面内容构成。酒店内部行为识别的活动重心是酒店企业内部,其活动的主体对象是酒店内所有的员工。酒店外部行为识别活动重心是酒店企业外部,其活动的主体对象是酒店外部广大的公众。酒店开展外部行为识别活动,旨在改善酒店与各类外部公众的关系,为酒店的发展创造一个和谐的外部环境。

(3) 突出视觉识别系统(visual identity system,VIS)。视觉识别系统是酒店静态的识别系统,它通过各种符号传递酒店的理念和活动,是酒店形象识别系统中最具传播力和感染力的要素。视觉识别系统由基本要素和应用要素两大部分组成,它们之间的关系可以用企业树的形式来表示,如图7-8所示。

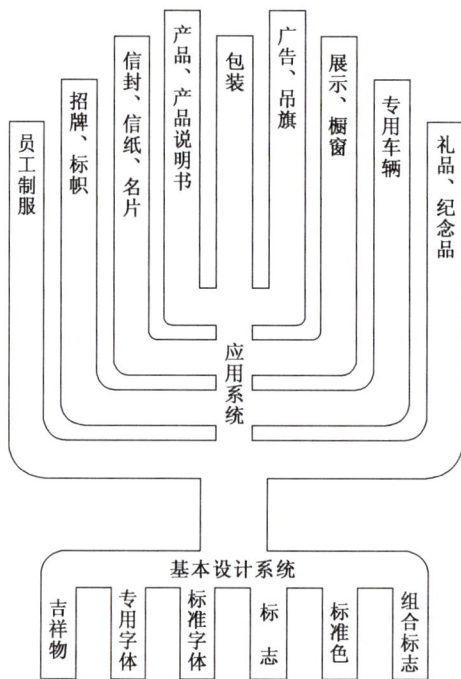

图7-8 企业视觉识别系统企业树

2. 酒店形象和口碑塑造的步骤

(1)制定明确的酒店理念及战略

树立正确的理念必须注意两点:一是要突出酒店理念的差异性。二是要强调酒店目标的超前性。

(2)把酒店理念和酒店目标活动具体化

① 通过教育活动,使酒店的理念成为酒店全体员工的共识。

② 当酒店的理念得到酒店员工真心实意的拥护时,要求酒店的全体员工在参与酒店各种内外活动的过程中,都能按照酒店所实施的战略来统一行动。

(3)把酒店理念视觉化

视觉化包括两层内容:一是把酒店理念应用于酒店基本要素的设计,即使酒店的标志等内容能反映出酒店的理念;二是要把基本要素用于应用要素上。

(4)对整个形象与口碑塑造过程进行管理与评估

酒店建立专家评估、交流制度,并定期修正和完善设计,不断提高酒店形象的管理水平。酒店形象设计涉及文化背景分析、提炼理念、组织问诊、哲理思考、实地调查、数据分析处理、要素重新组合、概念确立、提纲撰写、框架搭构等诸多方面的运作。最终使酒店形象与口碑塑造的所有活动都落实到可传播性和可操作性上。

如何塑造良好的酒店品牌形象

1. 品牌形象设计

任何酒店的策划,必须明确应该以什么形象向目标消费群体展示和传达信息。企业通常的做法就是全面导入 CIS 或 CI 战略。企业形象标识就像人的外观特征,我们可以用它来识别特定的企业,如酒店的徽号、建筑、中英文店名、环境导航系统等,都是酒店的形象识别体系。

酒店通过导入 CIS 战略,突出企业的形象,又增强企业的凝聚力,对外树立酒店个性化的市场定位和良好的企业形象,提高企业在市场的竞争能力,再通过各种识别系统把酒店高标准的管理和服务信息传递给目标受众。

2. 服务构建

服务构建是实现品牌树立的核心工作内容,以建立服务质量管理体系作为品牌的保证。因为品牌靠产品来维护,而酒店的产品就是服务,酒店服务质量的控制永远是品牌的可靠保障和首要任务,没有服务就没有酒店品牌的生存价值。

要在酒店全体员工中树立全方位的全员服务质量管理意识,实行全面服务质量管理,建立完善的服务质量标准体系和保证体系,加强服务质量控制和达成。使服务这种无形化的产品做到有标准、可控制。

3. 品牌推广

要保证品牌营销推广的全面实施,必须树立全员品牌意识,保证全员参与的主动性、积极性、创造性,因为品牌的树立是一个长期积淀的过程,要积累每一个员工在每一个工作环节的完美表现,才会逐渐在市场上树立起品牌。

4. 维护发展

酒店品牌一旦树立,要学会珍惜和维护。针对酒店市场上出现的商机,不断设计新的产品和服务,实现服务品牌的不断更新和拓展,留住客户,保证品牌的忠诚度。

（资料来源:http://www.cd-ruijing.com/news/990.html）

关键点控制

酒店形象与口碑塑造关键点控制见表 7 - 10。

表 7 - 10　酒店形象与口碑塑造关键点控制

关键点控制	细化执行
1. 明确酒店形象与口碑塑造的内容	选择合适的内容
2. 优化酒店的形象与口碑塑造方法	选择恰当的方法
3. 有效实施酒店的形象与口碑塑造方案	执行正确的步骤
4. 对酒店实施的形象与口碑速到方案进行评估	测定效果及改进方法

阅读材料

　　巴塞罗那 El Palauet Living 是五星级豪华酒店视觉识别系统,由西班牙设计师 Marnich 设计。这是一套极具特色的形象,整个视觉识别部分都是手书而成。亲切并不失格调,低碳环保有个性。

（资料来源：http://www.3lian.com/show/2011/09/6899.html）

▎实战训练　◀

　　1. 设计制作酒店形象 VI 手册。
　　2. 为某酒店策划一次公益活动。

▎学习测评　◀

表 7-11　学习评价表

姓名		学号		班级	
任务		日期		地点	
任务开始时间：　年　月　日			任务完成时间：　年　月　日		
检测内容		系数	分值		得分
1. 明确酒店形象与口碑塑造的内容		2.0	20		
2. 详细应用酒店形象与口碑塑造的方法		2.5	25		

（续表）

检测内容	系数	分值	得分
3. 根据酒店所处的不同阶段选择不同的方法	1.0	10	
4. 明确酒店形象与口碑塑造时包括的三个部分	1.5	25	
5. 实施恰当酒店形象与口碑塑造方案	3.0	30	
合计	10	100	
个人认为做得好的地方：			
认为完成最不满意的地方：			
值得改进的地方：			

自我评价：	非常满意	
	满意	
	不太满意	
	不满意	

互评：
师评：
第三方评价：

拓展提升

阅读以下书目：

1. 何建民. 我国饭店业营销管理的黄金规则（二十条）[J]. 浙江旅游职业学院学报,2007(1).

2. 王培俊. 旅游市场营销[M]. 北京:北京师范大学出版社,2015.

3. 黄尧. 营销策划创意训练教程[M]. 北京:电子工业出版社,2015.

4. 麻松. 会展营销[M]. 长春:东北师范大学出版社,2014.

5. [美]丹尼·G.拉瑟福德. 饭店管理与经营[M]. 苏宝仁译. 大连:东北财经大学出版社,2006.

6. [美]约瑟夫·米歇利. 金牌标准——丽思卡尔顿酒店如何打造传奇客户体验[M]. 徐臻真译. 北京:中信出版社,2009.

7. 李情民. 市场营销[M]. 北京:北京出版社,2014.

8. 王庆波. 市场营销实训[M]. 北京:北京出版社,2014.

9. 孙国忠. 市场营销实务(第二版)[M]. 北京:北京师范大学出版社,2015.

10. 姜华. 酒店市场营销[M]. 北京:外语教学与研究出版社,2014.

11. 赵伟丽. 酒店市场营销(第2版)[M]. 北京:北京大学出版社,2014.

模块八　酒店质量管理

模　块　说　明

本模块中,学生将学习酒店的质量管理,共有三个任务,即建立酒店质量管理体系、酒店质量管理和酒店质量控制。

本模块要实现的能力目标:

1. 能制定酒店的质量管理体系;

2. 能有效开展酒店的质量管理;

3. 能有效进行酒店的质量控制。

本模块要实现的素质目标:

1. 培养精益求精的工匠精神;

2. 树立正确的质量观;

3. 培养忠于职守的敬业精神。

教学建议:

1. 设定情景,进行角色扮演,教师为某酒店质检部经理,学生为该酒店质检部工作人员;

2. 课前分配任务,小组准备并完成任务,课堂汇报,教师点评,学习测评;

3. 教师解析下一任务内容,核心技能与概念,布置新任务。

任务 25　建立酒店质量管理体系

配套微课

任务目标

1. 满足酒店质量管理的需求
2. 完善酒店的质量管理体系

知识准备

1. 了解酒店质量管理系统的含义

2. 掌握酒店质量管理系统的目标

任务实施

建立酒店质量管理体系流程如图 8-1 所示。

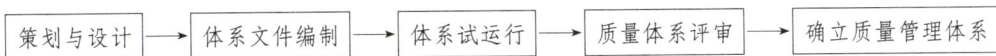

策划与设计 → 体系文件编制 → 体系试运行 → 质量体系评审 → 确立质量管理体系

图 8-1　酒店质量管理体系确立流程图

酒店质量是指酒店所提供的服务产品的特性满足需求的程度。而酒店质量管理体系是指实施酒店质量管理有关的组织结构、过程、程序和资源等方面的制度安排,是在质量方面管理组织的体系。

一、酒店质量体系的策划与设计

1. 教育培训

(1) 对酒店决策层的培训

① 通过介绍质量管理和质量保证的发展和本单位的经验教训,说明建立、完善质量体系的迫切性和重要性;

② 通过 ISO9000 标准的总体介绍,提高对国家(国际)标准建立酒店质量体系的认识;

③ 通过质量体系要素讲解(重点应讲解"管理职责"等总体要素),明确决策层领导在质量体系建设中的关键地位和主导作用。

(2) 对酒店管理层的培训。

(3) 对酒店执行层的培训。

2. 组织落实,拟订计划

(1) 成立以最高管理者(董事长、总经理等)为组长,质量主管领导为副组长的质量本系建设领导小组(或委员会)。其主要任务包括:

① 体系建设的总体规划;

② 制订质量方针和目标;

③ 按职能部门进行质量职能的分解。

(2) 成立由各职能部门领导(或代表)参加的工作班子。这个工作班子一般由质量部门和计划部门的领导共同牵头,其主要任务是按照体系建设的总体规划具体组织实施。

(3) 成立要素工作小组。根据各职能部门的分工明确质量体系要素的责任单位,例如,"设计控制"一般应由设计部门负责,"采购"要素由物资采购部门负责。

(4) 按不同层次分别制订工作计划:

① 目标要明确。要完成什么任务,要解决哪些主要问题,要达到什么目的?

② 要控制进程。建立质量体系的主要阶段要规定完成任务的时间表、主要负责人和参与人员以及他们的职责分工及相互协作关系。

③ 要突出重点。重点主要是体系中的薄弱环节及关键的少数。这少数可能是某个或某几个要素，也可能是要素中的一些活动。

3. 制定质量目标

（1）明确酒店产品质量要点：

① 服务质量是由宾客来评价的，客人应成为酒店质量管理关注的中心；

② 满足宾客的需求，首先要发现和了解宾客的需求；

③ 客人的需求有共同的一面，规范服务可使多数客人满意，服务质量达到较高的水准；

④ 客人的需求又有差异性，在规范服务的基础上，提供个性化服务才是优质服务；

⑤ 提高质量是为了增加宾客所获得的价值，但服务需要成本；

⑥ 宾客的需求与社会利益相矛盾时，饭店只能服从社会、公众的利益；

⑦ 服务一次不到位造成的人或环节的成本浪费必须重视。

（3）明确酒店产品的质量目标：

① 酒店产品和服务的质量必须使宾客满意，这是第一位考虑的优先目标；

② 酒店所做的一切，都是为了客人的满意；

③ 像对待领导一样尊重客人，像对待朋友一样理解和关注客人；酒店服务以提高客人的满意度为最高准则；

④ 让客人对酒店的服务感到物超所值。

4. 分解酒店质量目标（四级目标的设立）

① 酒店目标；

② 部门目标；

③ 班组目标；

④ 个人目标。

二、酒店质量体系文件的编制

1. 服务质量手册

2. 服务规范和服务规程

3. 服务质量规范

4. 服务质量检查记录

5. 服务质量效果记录

三、酒店质量体系的试运行

1. 有针对性地宣传质量体系文件，使全体职工认识到新建立或完善的质量体系是对过去质量体系的变革，是为了向国际标准接轨，要适应这种变革就必须认真学习、贯彻质量体系文件。

2. 实践是检验真理的唯一标准。体系文件通过试运行必然会出现一些问题，全体员工立将从实践中出现的问题和改进意见如实反映给有关部门，以便采取纠正措施。

3. 将体系试运行中暴露出的问题，如体系设计不周、项目不全等进行协调、改进。

4. 加强信息管理,不仅是体系试运行本身的需要,也是保证试运行成功的关键。所有与质量活动有关的人员都应按体系文件要求,做好质量信息的收集、分析、传递、反馈、处理和归档等工作。

四、酒店质量体系的审核与认证

质量体系审核在体系建立的初始阶段往往更加重要。在这一阶段,质量体系审核的重点,主要是验证和确认体系文件的适用性和有效性。

1. 规定的质量方针和质量目标是否可行。

2. 体系文件是否覆盖了所有主要质量活动,各文件之间的接口是否清楚。

3. 组织结构能否满足质量体系运行的需要,各部门、各岗位的质量职责是否明确。

4. 质量体系要素的选择是否合理。

5. 规定的质量记录是否能起到见证作用。

6. 所有职工是否养成了按体系文件操作或工作的习惯,执行情况如何。

五、酒店质量管理体系认证

1. 酒店质量体系认证的申请

(1) 酒店简况,如组织的性质、名称、地址、法律地位以及有关人力和技术资源。

(2) 申请认证覆盖的产品或服务范围。

(3) 法人营业执照复印件,必要时提供资质证明、生产许可证复印件。

(4) 咨询机构和咨询人员名单。

(5) 最近一次国家产品质量监督检查情况。

(6) 有关质量体系及活动的一般信息。

(7) 酒店同意遵守认证要求,提供评价所需要的信息。

(8) 对拟认证体系所适用的标准以及其他引用文件说明。

2. 接受评审

3. 获得认证

知识链接 8-1

酒店全面质量管理

酒店全面质量管理是指酒店为保证和提高服务质量,组织酒店全体员工共同参与,综合运用现代管理科学,控制影响服务质量的全过程和各因素,全面满足宾客需求的系统管理活动。它要求以系统观念为出发点,通过提供全过程的优质服务,达到提高酒店服务质量的目的。

酒店全面质量管理的特点:

1. 全方位的管理。酒店服务质量不仅包括有形产品质量,还包括无形产品质量,既有前台服务质量,又有后台工作质量。所以酒店服务质量包括酒店工作的各个方面。全面质量管理就是针对酒店服务质量全面性的特点,对所有服务质量的内容进行管理,即全方位的管理,而不是只关注局部的质量管理。

2. 全过程的管理。因为酒店服务质量构成内容的全面性,且酒店服务质量是以服务效果为最终评价的,所以影响服务质量的因素是全方位的,既有服务前的组织准备,又有服务中的对客服务,还有服务后的善后处理。这三者又是一个不可分割的完整的过程,而酒店服务质量管理正是对此全过程的管理。

3. 全员参与的管理。酒店服务基本上是通过员工的手工劳动来完成的,因此酒店中的每位员工及其工作都与服务质量密切相关,而且酒店所提供的优质服务也不仅仅是前台人员努力的结果,同时也需要后台员工的配合才有保障。所以全面质量管理要求全体员工都参加质量管理工作,并把每位员工的工作有机地结合起来,从而保证酒店的服务质量。所以说酒店服务质量管理是全员性的管理。

4. 方法多种多样的管理,酒店服务质量的构成丰富且影响质量的因素复杂,既有人的因素,又有物的因素;既有客观因素,又有社会、心理因素;既有内部因素,又有外部因素。要全面系统地控制这些因素,就必须针对具体情况采取灵活的管理方法,才能使宾客全面满意。因此全面质量管理要求酒店管理者能够灵活运用各种现代管理方法,从而提高服务质量。综上所述,全面质量管理是酒店以宾客需求为依据,以宾客满意为标准,以全过程管理为核心,以全员参与为保证,以科学方法为手段,运用全面质量的思想和观念推行的服务质量管理,它是达到酒店预期的服务质量效果的一种有效的管理方法。但全面质量管理在我国各酒店实施中由于一些酒店质量管理的前提不完善、认识观念上存在误区、组织结构设计上的问题等原因在实施中也出现了一些问题。如各部门与质量管理部门人员关系紧张,质量问题得不到根本解决,问题的重新发生率仍然很高,缺乏全员质量管理意识等,这需要各酒店在实践中不断完善。

酒店全面质量管理的原则:

1. 坚持"以人为本、员工第一"的原则,酒店各级、各部门、各环节、各岗位的优质服务及其服务质量,都是广大员工创造的。为此,在酒店服务质量管理的全过程中,必须始终坚持"以人为本、员工第一"的原则。要始终把人的因素放在第一位,关心爱护员工,要运用行为科学理论和方法,运用各种激励手段充分调动广大员工,特别是一线员工的主动性、积极性和主人翁责任感,才能提供优质服务,做好全面质量管理工作。

2. 贯彻"宾客至上、服务第一"的原则,在酒店全面质量管理过程中,"以人为本、员工第一"和"宾客至上、服务第一"是一个问题的两个方面。两者是互相联系、互相依存、密不可分的。前者是后者的前提和基础,后者是前者的自然结果。只有重视员工,尊重员工,充分调动他们的主动性和积极性,他们才能自觉地做好服务工作,才能将"宾客至上、服务第一"的原则落到实处。同时,要贯彻"宾客至上、服务第一"的原则,必须以酒店客人的活动规律为主线,以满足客人的消费需求为中心,认真贯彻质量标准,将标准化、程序化、制度化和规范化管理结合起来,加强服务的针对性,切实提高服务质量。

3. 坚持"预防为主、防范结合"的原则,酒店服务质量是由一次一次的具体服务所创造的使用价值来决定的,具有显现时间短和"一锤定音"的特点,事后难以返工和修补。因此,全面质量管理必须坚持预防为主、防管结合。其具体要求是:第一,必须根据各项服务的实际需要,把质量管理的重点放在事先做好准备、排除各种影响服务质量的因素上面。第二,必须重视酒店服务质量的现场管理、走动式管理和优质服务的现场发挥,从而确保提高服务质量。

4. 坚持"共性管理和个性服务相结合"的原则,酒店服务质量管理既有共性问题,又有个性问题和个性化服务。从全面质量管理的角度来看,主要是要抓住那些带有共性的、全局性的问题,如质量标准、服务程序、操作规范和不同时期的带有倾向性的问题。但同时又要重视那些影响服务质量的个性问题,如少数客人的投诉、安全事故等。另一方面,还要特别提倡广大服务人员的应变能力和个性化、感情化服务,要赞扬那些超越程度和标准的优质服务人员和事迹,才能切实提高服务质量,做好质量管理。

5. 坚持"定性管理和定量管理相结合"的原则,酒店服务足以劳动的直接形式,即活动本身来满足客人的消费需求的。这种服务的质量标准很难用数量标准来界定,大多只能用定性说明的方法来确定其质量程度和水平。但也有些部门的质量问题和标准可以用数量来反映。因此酒店全面质量管理可以将定性管理和定量管理结合起来,以定性管理为主。能够定量的质量问题,质量标准则尽可能定量。特别是在质量检查、考核评估中,要尽量运用质量统计数据来说明问题,从而提高酒店质量管理的客观性和科学性。

酒店全面质量管理的方法:

酒店全面质量管理的基本方法是 PDCA 循环。P(Plan)是指计划;D(Do)是指执行、实施;C(Check)是指检查;A(Action)是指处理。PDCA 循环即指全面质量管理的各项工作应该按照计划、实施、检查、处理四个阶段的顺序进行,循环往复,不断前进。这种全面质量管理方法的特点,第一,PDCA 四个阶段是首尾相连、缺一不可的,且前后次序不能颠倒。第二,PDCA 循环是螺旋式上升的。PDCA 四个阶段周而复始地运转,每完成一次循环,都应根据面临的新问题和遗留问题分析原因,制订新的计划,选择新的目标进入下次循环,使酒店服务质量稳步上升。第三,PDCA 循环是大环套小环,一环扣一环,即全店质量管理有 PDCA 循环,各部门的质量管理也有 PDCA 循环,各个全面质量管理小组和员工也有 PDCA 循环。这样,就形成大循环中套若干个中循环,中循环又包含若干个小循环。虽然各层次的循环内容不完全相同,但都围绕着酒店的共同目标、质量标准来开展质量管理。大环是小环的依据,小环是大环的保证,由此推动酒店全面质量管理工作顺利开展。

关键点控制

酒店质量管理体系建立的关键点控制见表 8 - 1。

表 8 - 1　酒店质量管理体系建立关键控制点

关键点控制	细化执行
1. 酒店质量体系建立的策划与设计	各部门
2. 酒店质量管理体系文件的编制	各部门
3. 酒店质量管理体系的试运行	各部门
4. 酒店质量管理体系的认证	办公室及各职能部门

阅读材料 8 - 1

质量管理体系的作用

2018 年 8 月 11 日至 12 日,北京中经科环质量认证公司审核组对我店 ISO9000 质量管理体系进行了监督审核。审核组采取分组审核的方法,依据 ISO9001—2000 标准,通过访谈、检验文件记录、现场走访和抽样调查,逐一检查了我店最高管理层和各部门质量管理情况,审核了我店 ISO9000 质量管理体系的运行情况和实施的有效性。审核组认为我店从领导到员工十分重视质量管理工作,管理体系完备,服务规范,基础工作扎实,保持了质量管理体系运行的有效性。同时,检查组对我店 4 年来一直坚持不懈地抓好质量管理体系建设,给予了高度评价,并同意推荐我店通过 ISO9000 质量管理体系监督审核。

由于认真抓好星级饭店复核,扎实开展 ISO 质量管理体系审核,较好地促进了饭店质量管理工作。上半年我店整改质量问题 104 例,落实质检建议 19 项,采纳客人意见和建议 78 例。在评分考核方面,设备设施及服务项目总得分为 290 分,设备设施完好得分率为 93.8%,清洁卫生检查得分为 94.2%,服务质量检查得分为 94.5%,达到并均超过行业标准。节能降耗方面,万元营业收入能耗率为 11%,同比下降 4.97%,水、电、燃料、物耗等费用同比合计减少 22.93 万元。

我店从星级饭店复核和 ISO9000 质量管理体系审核中也发现了一些质量管理的问题,如服务细节有待完善、企业文化有待加强、持续改进工作有待提高、建制堵漏工作力度还需加大等。质量是企业的生命,我店将在下一阶段工作中加紧解决这些方面的问题,进一步加强质量管理工作,更好地促进我店经营发展和管理水平的提升——武汉循礼门饭店。

(资料来源:武汉循礼门饭店官网,http://www. xunlimen. com/hotel/NewsDetail. php? id=4)

实战训练

一位翻译带领 4 位德国客人走进了西安某三星级饭店的中餐厅。入座后,服务员开始让他们点菜。客人要了一些菜,还要了啤酒、矿泉水等饮料。突然,一位客人发出诧异的声音。原来他的啤酒杯有一道裂缝,啤酒顺着裂缝流到了桌子上。翻译急忙让服务员过来换杯。另一位客人用手指着眼前的小碟子让服务员看,原来小碟子上有一个缺口。翻译赶忙检查了一遍桌上的餐具,发现碗、碟、瓷勺、啤酒杯等物均有不同程度的损坏,上面都有裂痕、缺口和瑕疵。

翻译站起身把服务员叫到一旁说:"这里的餐具怎么都有毛病? 这可会影响外宾的情绪啊!"

"这批餐具早就该换了,最近太忙还没来得及更换。您看其他桌上的餐具也有毛病。"服务员红着脸解释着。

"这可不是理由啊! 难道这么大的饭店连几套像样的餐具都找不出来吗?"翻译有点火了。

"您别着急,我马上给您换新的餐具。"服务员急忙改口。翻译和外宾交谈后又对服务员说道:"请你最好给我们换个地方,我的客人对这里的环境不太满意。"

经与餐厅经理商洽,最后将这几位客人安排在小宴会厅用餐,餐具也使用质量好的,并根据客人的要求摆上了刀叉。望着桌上精美的餐具,喝着可口的啤酒,这几位宾客终于露出了笑容。

问题:

1. 餐前准备中应该重视哪些问题以避免服务过程中出现质量问题?

2. 由于前厅部经常被客人投诉,因此前厅部经理被解职了,你刚升任前厅部经理,你将如何改变当前的现状?

3. 请为该部门制定质量标准体系。

学习测评

表 8 - 2　学习评价表

姓名		学号		班级	
任务		日期		地点	
任务开始时间:　年　月　日			任务完成时间:　年　月　日		
检测内容		系数	分值		得分
1. 制定酒店质量目标		2.0	20		
2. 制定服务质量手册		2.0	20		

（续表）

3. 制定服务质量规范	1.0	10	
4. 制定服务质量检查记录表	1.0	10	
5. 制定服务质量效果记录表	2.0	20	
6. 申请质量管理认证	2.0	20	
合计	10	100	

个人认为做得好的地方：

认为完成最不满意的地方：

值得改进的地方：

	非常满意	
自我评价：	满意	
	不太满意	
	不满意	

互评：

师评：

第三方评价：

配套微课

任务 26 酒店质量管理

任务目标

1. 实现酒店质量管理的目标
2. 确定酒店的质量管理程序
3. 进行全面的质量检查

知识准备

1. 了解酒店服务质量的内容
2. 掌握酒店质量评定的内容

任务实施

酒店质量管理流程如图8-2所示。

确定管理规程 → 确定管理程序 → 质量检查 → 意见汇总 → 总结改进

图8-2 酒店质量管理流程图

一、酒店质量管理工作规程

1. 酒店质量管理工作规程
2. 确定不同执行层级工作标准(见表8-3)

表8-3 工作标准

执行层级	方式与频率	工作内容
普通员工	在工作过程中要按照质量标准进行操作和提供服务,并对质量结果负责	按照工作职责、程序与标准的要求进行
领班	工作时间里采取定点和游动的方式在现场进行工作质量的检查、监督指导;每日班前会进行总结、讲评和指导;开展针对性培训、开展技术比赛、评优和业务定级等方式,强化员工质量意识,提高完成工作的能力与积极性	按照工作职责、程序与标准的要求进行检查、监督和指导。针对工作中出现的问题进行针对性的强化管理
主管	通过对工作现场的连续不断的巡视来对工作质量进行管理;通过每日晨会对领班的培训等方式对质量工作进行管理	按照工作职责、程序与标准的要求进行检查、监督和指导。针对工作中出现的问题对领班进行针对性的管理
部门经理	在每周工作例会上进行;对工作过程进行巡视与抽查	按照工作职责、程序与标准的要求进行检查、监督和指导。针对工作中出现的问题对主管进行针对性的管理
总监	在每月工作例会上进行;每日抽查所属各部门主要业务质量;召开质量研讨会	按照工作职责、程序与标准的要求进行检查、监督和指导。针对工作中出现的问题对部门经理进行针对性的管理
质管中心专职经理	按照分工进行质量管理工作的指导和监控	检查对客服务和抽查业务工作质量及部门间协作情况。协助部门处理顾客投诉;重大事故报告质管中心总监处理
质管中心总监	每天对各质管专职经理的工作进行分工、布置,听取汇报、给予指导和进行总结	抽查各部门质量情况,检查各质量经理工作质量;汇总各部门质量管理情况,组织《质量管理通报》的编制和分发。处理重大质量事故
总经理	负责定期听取质管部工作汇报,并进行指示;负责质量管理的最终裁决	听取质管中心总监汇报质量管理情况,并对出现的问题进行指示;对质管中心无法处理的质量问题进行裁决

二、酒店质量管理程序

1. 酒店质量评定标准(见表 8－4)

表 8－4　酒店服务质量评定检查

项目	标准	检查分数	实际得分			
			优	良	中	差
一、服务人员仪容仪表						
1. 服装						
服装完好整洁程度	完整、挺括、清洁	10	10	9	8	5
服装与饭店格调协调程度	与饭店档次、特色、服务工种协调	8	8	7.2	6.4	4
不同岗位着装区别	按部门、按工种、按级别区分	5	5	4.5	4	2.5
着装统一程度	外套、内衣、裤(裙)、鞋、袜、领带(领花)、工号牌统一	10	10	9	8	5
着装效果	以上 4 项平均得分 95% 以上为优、85% 以上为良、70% 以上为中、70% 以上为差	10	10	9	8	5
2. 服务人员礼貌程度	端庄大方、礼貌周到、规范标准、主动热情	40	40	36	32	20
3. 服务人员纪律性	无扎堆聊天、擅离岗位等现象	20	20	18	16	10
4. 服务人员的外语水平(是否符合必备条件)	符合本标准规定,能流利使用,说得清,听得懂	15	15	13.5	12	7.5
5. 总印象	以上 4 项平均得分 95% 以上为优、85% 以上为良、70% 以上为中、70% 以上为差	10	10	9	8	5
二、前厅服务质量(态度、效率)						
1. 门卫服务	态度好、礼节周到、勤快主动	5	5	4.5	4	2.5
2. 行李服务	态度好、效率高、安全	20	20	18	16	10
3. 接待服务	态度好、效率高、周到	20	20	18	16	10
4. 预订服务	态度好、效率高、准确无差错、有保证	10	10	9	8	5
5. 问讯服务	态度好、效率高、准确无差错	10	10	9	8	5
6. 结账服务	态度好、效率高、准确无差错	15	15	13.5	12	7.5
7. 外币兑换服务	态度好、效率高、准确无差错	5	5	4.5	4	2.5
8. 票务服务	态度好、效率高、准确无差错	5	5	4.5	4	2.5
9. 观光服务	态度好、周到、方便、业务水平高	5	5	4.5	4	2.5

（续表）

项目	标准	检查分数	实际得分			
			优	良	中	差
二、前厅服务质量（态度、效率）						
10. 委托代办服务	态度好、效率高、准确无差错	5	5	4.5	4	2.5
11. 电话总机服务	接话快、态度好、业务熟、准确无差错	15	15	13.5	12	7.5
12. 留言服务	态度好、准确无差错、效率高	5	5	4.5	4	2.5
13. 大堂副理服务	态度好、效率高、协调应变能力强	5	5	4.5	4	2.5
14. 出租车服务	态度好、效率高、安全	5	5	4.5	4	2.5
15. 贵重物品保存服务	态度好、准确无差错、安全措施好	6	6	5.4	4.8	3
16. 前厅温度	23 ℃～25 ℃	10	10	9	8	5
17. 背景音乐质量	音质好、音量柔和适度	10	10	9	8	5
18. 为残疾人提供的服务	态度好、效率高、周到	4	4	3.6	3.2	2
19. 其他服务（每项4分）	周到、规范	4	4	3.6	3.2	2
20. 前厅服务效果	以上 19 项平均得分 95% 以上为优、85% 以上为良、70% 以上为中、70% 以下为差	20	20	18	16	10
三、客房服务质量（态度、效率、周到）						
1. 客房服务中心	态度好、效率高、周到	30	30	27	24	15
2. 整理客房服务	整洁、效率高、用品齐全	15	15	13.5	12	7.5
3. 电话服务	接话快、态度好、业务熟、准确无差错	20	20	18	16	10
4. 洗衣服务	态度好、手续清楚、质量好	10	10	9	8	5
5. 客房送餐服务	迅速、准确、效率高	20	20	18	16	10
6. 会客服务	态度好、效率高、安全	10	10	9	8	5
7. 闭路电视节目质量	图像清晰、音质好	5	5	4.5	4	2.5
8. 音响质量、效果	音质好、调节有效	5	5	4.5	4	2.5
9. 叫醒服务	态度好、准确无差错	2	2	1.8	1.6	1
10. 开夜床服务	态度好、效率高、周到	2	2	1.8	1.6	1
11. 擦鞋服务	迅速、准确、质量好	5	5	4.5	4	2.5
12. 饮用水和冰块供应	有保证、及时、卫生	10	10	9	8	5

(续表)

项目	标准	检查分数	实际得分			
			优	良	中	差
三、客房服务质量（态度、效率、周到）						
13. 为残疾人提供的服务	态度好、效率高、周到	2	2	1.8	1.6	1
14. 其他服务（每项4分）	周到、规范	4	4	3.6	3.2	2
15. 客房服务效果	以上14项平均得分95%以上为优、85%以上为良、70%以上为中、70%以下为差	10	10	9	8	5
四、餐厅（酒吧）服务质量（态度、效率、周到、规格）						
1. 餐厅经理（语言能力、推荐食品能力、组织协调效果、管理监督效果）	语言能力好、推荐菜品能力强、管理监督效果好	30	30	27	24	15
2. 餐厅领班（语言能力、组织协调效果）	能运用外语、熟悉业务、组织协调效果好	20	20	18	16	10
3. 餐厅服务员（服务态度、纪律性、语言能力、服务能力）	态度好、纪律性强、能运用外语、服务效果好	30	30	27	24	15
4. 餐厅温度	22℃～24℃	5	5	4.5	4	2.5
5. 餐厅背景音乐效果	音质好、音量适中	5	5	4.5	4	2.5
6. 餐食和饮料质量	根据客人反映打分、出现问题酌情扣分	40	40	36	32	20
7. 菜式美观程度	色、形、味俱佳	20	20	18	16	10
8. 食品卫生	符合卫生法和地方规定的打满分、凡食品变质、变味、有异物酌情扣分	40	40	36	32	20
9. 零点服务效果	态度好、效率高、服务周到、规范化	40	40	36	32	20
10. 团队就餐服务效果	态度好、效率高、服务周到、规范化	20	20	18	16	10
11. 宴会服务效果	态度好、效率高、服务周到、规范化	10	10	9	8	5
12. 自助餐服务效果	态度好、效率高、服务周到、规范化	10	10	9	8	5
13. 酒吧服务效果	态度好、效率高、服务周到、规范化	20	20	18	16	10
14. 总印象	摆台水准高，服务规范化、技巧好、效率高	20	20	18	16	10

(续表)

项目	标准	检查分数	实际得分			
			优	良	中	差
五、其他服务(态度、效率、周到、安全)						
1. 康乐服务						
健身房	态度好、服务周到、有教练、安全	5	5	4.5	4	2.5
游泳池	态度好、服务周到、有安全措施及救生员	10	10	9	8	5
按摩	态度好、服务周到、安全	20	20	18	16	10
桑拿浴	态度好、服务周到、安全	10	10	9	8	5
蒸气浴	态度好、服务周到、安全	5	5	4.5	4	2.5
保龄球	态度好、服务周到、安全	20	20	18	16	10
桌球	态度好、服务周到	5	5	4.5	4	2.5
网球场	态度好、服务周到、有教练	5	5	4.5	4	2.5
高尔夫练习场	态度好、服务周到、有教练	5	5	4.5	4	2.5
棋牌室	态度好、服务周到	10	10	9	8	5
日光浴	态度好、服务周到	10	10	9	8	5
游戏室	态度好、服务周到	10	10	9	8	5
其他娱乐项目服务(每项10分)	态度好、服务周到	10	10	9	8	5
2. 理发美容	态度好、服务周到、质量好、安全	30	30	27	24	15
3. 商务服务	态度好、效率高、方便、周到、准确无差错	40	40	36	32	20
4. 邮政电信服务	态度好、效率高、方便、周到、准确无差错	20	20	18	16	10
5. 婴儿看护室及儿童娱乐室服务	态度好、服务周到	10	10	9	8	5
6. 商品服务						
服务员						
语言水平	能流利使用外语,说得清,听得懂	10	10	9	8	5
纪律性	无扎堆聊天、擅离岗位等现象	15	15	13.5	12	7.5
态度	礼节礼貌好、耐心、服务周到	30	30	27	24	15
效率	快捷、准确无差错	10	10	9	8	5
服务技巧	推销展示技巧性强、商品包装好、结账无差错	5	5	4.5	4	2.5
服务效果	以上5项平均得分95%以上为优,85%以上为良,70%以上为中,70%以下为差	10	10	9	8	5

(续表)

项目	标准	检查分数	实际得分			
			优	良	中	差
五、其他服务（态度、效率、周到、安全）						
旅游必需品齐全程度	旅行生活必需品齐全	10	10	9	8	5
工艺品和纪念品齐全程度	工艺品和纪念品齐全、能突出当地特色	10	10	9	8	5
商品摆放水平	商品展示性强、突出重点、美观丰富、价签美观	15	15	13.5	12	7.5
商品服务效果	以上4项平均得分95%以上为优、85%以上为良、70%以上为中、70%以上为差	10	10	9	8	5
7. 书店	态度好、效率高、准确无差错、品种丰富	10	10	9	8	5
8. 鲜花店	态度好、效率高、准确无差错、品种丰富	10	10	9	8	5
9. 歌舞厅服务	态度好、效率高、安全	20	20	18	16	10
10. 会议服务	态度好、效率高、规范化	30	30	27	24	15
11. 其他服务（每项10分）	周到、规范	10	10	9	8	5
六、饭店安全印象						
安全印象	设安全部、有安全设施及措施，保安人员经过专业培训，近两年没有发生安全事故	40	40	36	32	20
七、饭店声誉						
1. 在国内有关评比活动中获得好评	在国内有关评比活动中获得好评，一次2分，最多10分					
2. 在国际有关评比活动中获得名次	在国际有关评比活动中获得名次，一次5分，最多15分					
3. 国家领导人和外国元首多次下榻	国家领导人和外国元首多次下榻，3次以上得5分					
八、饭店服务综合效果						
服务综合效果	平均得分95%以上为优、85%以上为良、70%以上为中、70%以上为差	50	50	45	40	25
总计						

2. 组织实施

（1）明确各级人员在质量管理工作中的职责。

（2）将质量结果与个人利益挂钩。

（3）落实质管中心发出的质量整改通知的内容。

3. 检查督导

（1）检查质量管理工作落实情况。

（2）帮助解决质量管理中遇到的问题。

（3）质管中心负责对各部门质量管理工作进行常规监督、检查和指导。

4. 总结提高

随时收集、整理酒店质量管理过程中发现的新问题并及时提出解决办法；改进管理策略和手段，避免发生类似问题。

知识链接 8-2

酒店服务质量的内容

酒店的服务质量的内容是由设施设备质量、实物产品质量、服务用品质量、劳务活动质量以及环境服务质量五个方面构成。

1. 服务设施设备的质量

饭店的设施设备是饭店提供饭店服务的基础，是饭店服务的有形依托和表现形式。饭店服务质量对饭店设施设备的基本要求是：

（1）服务设施设备的总体水平应达到与星级标准相应的水准；

（2）服务设施设备应尽可能完善，让宾客感到实用、方便；

（3）各种设施设备应处于良好的状态；

（4）对各种设施设备应有严格的维修保养制度，确保饭店的接待服务正常运转。

2. 实物产品的质量

（1）饮食产品质量，包括产品风味、原料选择、原料配备、炉灶制作、食品卫生等，最终体现在食品产品的色、香、味、新、器、名等要素上，饮食产品要精致可口、营养卫生、独具特色、迎合消费者需要。

（2）购物商品质量，包括商品数量、商品结构、花色品种、民族特色、纪念意义、外观包装等，最终以商品本身的内在质量为主。饭店商品应货真价实、品种丰富、结构合理、外观精美、所供商品符合宾客的购买偏好。

3. 服务用品质量

服务用品包括服务人员使用的各种用品和直接给客人消费的各种生活用品。

前者是提供优质服务、保证客人需要的重要条件，后者是满足客人物质需要的直接体现。

4. 劳务活动质量

劳务活动质量即以劳动为直接形式创造的使用价值的质量。

劳务活动质量是饭店服务质量的主要表现形式，其内容包括服务态度、服务知识、服务技能、服务方式、礼节礼貌、劳动纪律、职业道德、职业习惯等方面。

5. 服务环境质量

服务环境的良好程度是满足客人精神享受的重要体现,良好的服务环境能够给客人提供舒适、方便、安全、卫生的服务,是饭店服务质量的重要组成部分。

服务环境的质量包括服务设施、服务场所的装饰布置、环境布局、空间构图、灯光气氛、色调情趣、清洁卫生、空间形象等方面,也包括饭店与客人的人际环境、文化吸引性与相融性、饭店内部人际关系等因素。

关键点控制

酒店质量管理质量关键点控制见表 8-5。

表 8-5 酒店质量管理质量关键点控制

关键点控制	细化执行
1. 酒店的质量管理规程	酒店总经理办公室
2. 酒店质量管理程序	酒店总经理办公室
3. 酒店质量检查表的制定	各层级各部门质量检查表

阅读材料 8-2

2018 年 11 月 14 日晚间,网友在自媒体平台发布视频,曝光了近 20 家五星级酒店的卫生乱象问题——酒店服务员用从地上捡起的脏毛巾擦拭口杯、洗手盆、坐便器、镜面等,而且无论擦拭什么地方,全程都只用这一块脏毛巾。整个场景令人瞠目。这其中不乏全球知名的五星级酒店。各地涉事酒店陆续发布声明,向消费者道歉,表示已在内部展开彻查。曝光发生第二天,文化和旅游部责成上海、北京、福建、江西、贵州五省市文化和旅游主管部门进行了调查处理,派出督导检查组,赴被曝光旅游饭店进行现场督导检查,上海 7 家涉事酒店均被给予警告,各被罚款 2 000 元。

清洁卫生和安全舒适是酒店行业的核心竞争力,也是消费者选择酒店的关键。但这一块脏抹布揭开了五星级酒店华丽的面具,露出肮脏不堪的底色,引爆了公众对整个酒店行业的信任危机。这些知名五星级酒店缺乏商业道德和诚信理念的行为,无疑颠覆了消费者的认知,辜负了消费者的信任。而有关部门事后的处罚,既不能让涉事酒店感受到违规之痛,也不能让消费者满意认可。品牌和口碑的树立,来自高端豪华的装修,诚信、责任、道德,这些才是服务行业的根本。

(资料来源:新浪财经,https://finace. sina. com. cn/consume/puguangtai/2019 - 01 - 25/doc-ihrfqzka0953404. shtml.)

实战训练

一位客人在博客里这样写道:昨天到宁波又去考察了一家五星级酒店,酒店的硬件设施没有什么可说的,可是服务真的很差。我坐出租车到酒店大门,一个工作人员不仅不打开车门,还远远地躲开,我以为他是门童,后来发现他不是,不过来来回回进出酒店几次,也没看到这个工作人员做什么事。后来我才发现门童是一个中东或非洲什么地方的老外,既不友好,衣服也稀奇古怪,当然除了说"您好",其他什么中文他可能也不会说。在进门时,有一个高大的门童,既没有友好的表示,连说一个"您好"也好像蚊子一样小的声音。和浦东香格里拉声音又清又脆的门童相比差远了。

前台的员工居然当着客人的面讨论跳槽的事,显然酒店对员工不够重视,也缺少培训。餐厅接待的员工凑在一起就是不理客人。我到了三楼的餐厅,正准备到处看看时,不料身后传来服务员的声音"您干嘛?"五星级酒店的员工连起码的礼貌都没有。

1. 请为该酒店制定质量管理规程。
2. 请为该酒店制定质量检查体系。

学习测评

表8-6 学习评价表

姓名		学号		班级	
任务		日期		地点	
任务开始时间: 年 月 日			任务完成时间: 年 月 日		
检测内容		系数	分值		得分
1. 制定酒店质量管理规程		1.0	10		
2. 制定酒店质量管理程序		1.0	10		
3. 工作人员仪容仪表检查		1.0	10		
4. 前厅部质量检查		2.0	20		
3. 客房部质量检查		2.0	20		
4. 餐饮部质量检查		2.0	20		
5. 酒店安全质量检查		1.0	10		
合计		10	100		
个人认为做得好的地方:					
认为完成最不满意的地方:					
值得改进的地方:					

（续表）

自我评价：	非常满意	
	满意	
	不太满意	
	不满意	
互评：		
师评：		
第三方评价：		

任务 27　酒店质量控制

配套微课

任务目标 ◀

1. 满足酒店质量控制的需求
2. 酒店质量的全过程控制

知识准备 ◀

1. 掌握酒店质量控制的方法
2. 掌握酒店质量控制的标准

任务实施 ◀

酒店质量控制流程如图 8－3 所示。

基础工作 ⟶ 准备阶段的质量控制 ⟶ 接待过程控制 ⟶ 接待后控制

图 8－3　酒店质量控制流程图

一、酒店质量控制的基础工作

1. 质量信息工作

（1）接待服务过程中的质量信息，包括前台接待和后台服务工作质量的信息，如准备情况记录、接待部门日报表、质量统计记录等。

（2）服务后的服务质量信息，包括部门小结和总结、宾客意见单等。

（3）同类型酒店的质量信息，包括酒店质量信息的收集、分析、整理、总结等。

2. 制定酒店质量控制规程

3. 员工培训

（1）业务水平培训

（2）服务质量管理教育

4. 质量检查

酒店质量检查的方式多样，包括员工自查、部门检查、质量管理委员会抽查、旅游行政管理部门的检查等。

二、酒店服务质量的控制

1. 准备阶段的质量控制

（1）设施设备的质量控制，包括设施设备配备情况、设施设备质量检查。

（2）物资供应的质量控制，包括各种生活用品、服务用品的数量、质量、规格、供应时间、保证程度等。

（3）食品原料的质量控制，包括采购时间、品种、规格、储存保管及加工质量等。

（4）工作人员的思想准备，包括岗位培训、思想动员等。

2. 服务过程中的质量控制

（1）层级控制

（2）现场控制

（3）反馈控制

3. 服务后的质量控制

发现服务质量问题，应及时弥补和纠正。

知识链接 8－3

表8－7　某酒店质量控制的内容与质量控制标准

质量控制内容	各级质量控制内容	控制的质量标准
服务质量控制 （1）服务项目的设置 （2）设施设备的舒适性与维修保养 （3）设施设备的完好程度	（1）服务项目的设置：酒店（质管委）控制各部门 （2）设施设备的舒适性与维修保养： ① 酒店质管委控制工程维修保养质量和各部门的维护与保修质量；② 运转中心控制各班组维修保养质量；③ 各部门（训导员、经理）控制各班组的维护与保修质量；④ 各班组（领班、主管）控制员工的维护与保修质量 （3）设施设备完好程度： ① 酒店质管控制各部门设施设备的完好程度；② 各部门（训导员、经理）控制各班组设施设备的完好程度；③ 各班组（领班、主管）控制各岗位设施设备的完好程度	（1）满足顾客需求，且符合 GB/T14308—2003—四星级饭店要求 （2）（3）保持 GB/T14308—2003—四星级饭店要求，设施设备的维修保养得分率在95％以上，并符合酒店设施设备维修保养标准

(续表)

质量控制内容	各级质量控制内容	控制的质量标准
2. 餐饮食品质量 (1) 餐饮食品的生产质量 (2) 餐饮食品的特色 (3) 餐饮食品的花色品种	(1) 餐饮食品的生产质量： ① 酒店质管控制餐饮食品的生产质量； ② 餐饮部控制各厨房餐饮食品的生产质量；③ 各厨房（各班组领班、主厨、厨师长）控制各厨师餐饮食品的生产质量 (2) 餐饮食品的特色： ① 酒店质管控制餐饮食品的特色；② 餐饮控制各厨房的餐饮食品特色；③ 各厨房（各班组领班、主厨、厨师长）控制各厨师餐饮的特色 (3) 餐饮食品的花样品种： ① 酒店质管控制餐饮食品的花样品种；② 餐饮控制各厨房食品的花色品种；③ 各厨房（各班组领班、主厨、厨师长）控制各厨师餐饮的花色品种。	(1)(2)(3) 满足顾客需求，且符合《食品卫生法》的要求。
3. 劳务质量 (1) 服务态度 (2) 服务技巧 (3) 服务方式 (4) 服务效率 (5) 礼仪礼貌 (6) 清洁卫生	① (1)～(6)酒店质管控制各部门的服务态度、服务技巧、服务方式、服务效率、礼仪礼貌、清洁卫生 ② (1)～(6)酒店各部门（训导员、质管委）控制各班组的服务态度、服务技巧、服务方式、服务效率、礼仪礼貌、清洁卫生 ③ 各班组（领班、主管）控制各员工的服务态度、服务技巧、服务方式、服务效率、礼仪礼貌、清洁卫生	(1)(2)(3)(4)(5) 满足顾客需求，且符合 GB/T14308—2003—四星级饭店要求，得分率在95%以上；并符合《酒店礼仪礼貌行为准则》及各部门的操作实务 (6) 满足顾客需求，且保持 GB/T14308—2003—四星级饭店要求，得分率在95%以上；符合部门的操作实务
4. 环境氛围质量 由酒店的装饰、环境卫生及美化、服务设施的布局、灯光音响、室内温度等构成	(1) 酒店质管控制各部门的环境氛围质量 (2) 各部门（训导员、经理）控制各班组的环境氛围质量 (3) 各班组（领班、主管）控制各员工的环境氛围质量	满足顾客需求，且保持 GB/T14308—2003—四星级饭店要求
5. 工作质量控制 指酒店同服务质量直接相关的各个环节、各部门的经营管理工作、技术工作和组织工作的好坏	(1) 酒店质管控制各部门的工作质量 (2) 各部门（训导员、经理）控制各班组的工作质量 (3) 各班组（领班、主管）控制各员工的工作质量	满足营业部门、班组、员工对顾客的服务需求，且符合酒店《员工手册》和各部门操作实务要求

酒店服务质量控制方法

一、PDCA 循环法

PDCA 循环工作法是由美国戴明提出来的,又叫戴明循环。指按计划(Plan)、实施(Do)、检查(Check)、处理(Action)这四个阶段进行管理工作,并循环不止地进行下去的一种科学管理方法。

工作程序:计划阶段、实施阶段、检查阶段、处理阶段。

特点:循环不停地转动,每转动一周提高一步;大环套小环,小环保大环,相互联系,彼此促进;强调管理的完整性。

二、ZD 质量管理法

方法步骤:

1. 建立服务质量检查制度

2. DIRFT 即每个人第一次就把事情做对(Do It Right the First Time)

3. 开展零缺点工作日竞赛

"ZD"是英文 Zero-defects 的缩写。美国人克劳斯比于 20 世纪 60 年代提出的一种管理观念,含义是无缺点计划管理,即零缺点管理。

实质:以"无缺点"为管理目标,以每个员工都是主角为宗旨,充分挖掘人的内在潜力、确保质量为目的。

特点:第一次就有把事情做好的管理思想;预防为主,防患于未然的管理方式;严格执行服务质量标准的管理制度。

三、QC 小组法

QC(Quality Control)小组,即质量管理小组,是指在各个岗位上工作的员工,围绕企业的方针目标和现场存在的问题,以改进质量、降低消耗、提高经济效益为目的组织起来,运用质量管理的理论和方法开展活动的小组。

QC 小组法的实施步骤:

1. 调查现状

2. 分析原因

3. 制定措施

4. 按计划实施

5. 检查效果

6. 制定巩固措施

7. 遗留问题的处理

8. 总结成果资料

四、优质服务竞赛和质量评比

饭店还可定期组织和开展优质服务竞赛和质量评比等活动,以使饭店全体员工树立质量意识,提高执行饭店服务质量标准的主动性和积极性,并形成"比、学、赶、帮、超",努力提高饭店服务质量的氛围。

1. 定期组织,形式多样
2. 奖优罚劣,措施分明
3. 总结分析,不断提高

五、现场管理

现场管理是酒店为了实现自己的经营目标,有效地利用所拥有的资源,有计划、高效率地进行运作所采取的措施。它对生产的范围、时间、进度等各个方面进行规范,设置目标,把握进程的实际情况。

关键点控制

配套微课

酒店质量控制关键点见表 8-8。

表 8-8　酒店质量控制关键点

关键点控制	细化执行
1. 酒店质量控制的基础	质量信息收集、质量控制标准、员工培训、质量检查
2. 酒店质量控制过程	接待前的控制、接待过程中的控制、接待后的控制

阅读材料 8-3

酒店服务质量的"黄金标准"

酒店服务质量的"黄金标准"是从客人角度出发,对酒店服务的环境、产品、人员三个方面提出的基本要求,是酒店视觉形象、服务功能性以及精神享受方面最本质的标准化服务规范。之所以说"黄金标准",一是普遍适用性,它并不是专门针对高星级酒店的服务标准,而是每个酒店在服务中应当做到,并且能够做到的基本标准,反映了酒店标准化服务的精髓。二是实施重要性,让客人在整洁美观的环境感受到亲切礼貌的服务态度,享受到安全有效的服务,这是使客人满意的必要条件和基本保证。

黄金标准一:凡是客人看到的必须是整洁美观的

众所周知,客人认识一个酒店往往从表面开始的,如酒店的立面、台面、墙面、顶面、地面、脸面等,由此形成对酒店的初步感觉。整洁,即整齐清洁;美观,即给客人一种美的享受。它是酒店环境、服务气氛的基本要求,是给客人的第一视觉印象。

整洁美观,首先必须注意酒店的店容店貌,酒店装修要精致典雅;装饰布置要画龙点睛;物品摆放要整齐有序;酒店环境要洁净美观;酒店气氛要井然有序。其次必须注意员工的服饰仪表与举止,要求做到端庄、得体和大方。目前我国有些酒店的工作服设计缺乏职业美感,工作服的洗涤保养很不到位,这既影响酒店员工的情绪和形象,又影响客人的视觉形象。

黄金标准二:凡是提供给客人使用的必须是有效的

有效是客人对酒店服务的核心需求。酒店服务的有效,首先表现为设施设备的有效。这就要求酒店的功能布局要合理,设施要配套,设备要完好,运行要正常,使用要方便。其次表现为酒店用品的有效。这就要求酒店的用品在数量上要满足客人的需求,在质量上要符合功能性和物有所值的要求,在摆放上要方便客人使用。再次表现为服务规程的有效。这就要求酒店服务项目的设置要到位,服务时间的安排要合理,服务程序的设计要科学,服务方式的选择要恰当,服务标准的制定要适度,员工的服务技能要熟练。

黄金标准三:凡是提供给客人使用的必须是安全的

安全是对酒店产品最基本的要求。"安全",即酒店所提供的环境、设施、用品及服务必须保证客人人身、财产和心理的安全。

安全是客人的最低层次的需求。要保障客人的安全,首先要保证设施设备的安全性,比如科学安全的装修设计、完善的消防设施、有效的防盗装置、规范的设备安装等。其次要保证安全管理的有效性,比如科学完善的安全管理制度、有效的安全防范措施等。再次要保证服务的安全性,如科学合理的操作规程、人性化的服务方式、尊重客人的隐私、保证客房的私密性等。

黄金标准四:凡是酒店员工对待客人必须是亲切礼貌的

亲切礼貌是酒店对客服务态度的基本要求,其主要表现在员工的面部表情、语言表达与行为举止三个方面。

酒店要向客人提供优质的服务,必须达到以上四条黄金标准,在此基础上,再向客人提供个性化服务和延伸服务,才会使酒店的服务真正达到完美,让客人得到美妙的酒店消费经历。

(资料来源:上海裕景大饭店官网,http://www.theetonhotels.com/news_20120307_16.html.)

实战训练

1. 一位在某家五星级商务酒店入住数日的客人,偶尔在电梯里碰到进店时送他进房间的行李员小李。小李问他这几天对酒店的服务是否满意。客人直率地表示,酒店各部门的服务比较好,只是对中餐厅的某道菜不太满意。当晚这位客人再来中餐厅时,中餐厅经理专门准备了这道菜请客人免费品尝。原来,客人说者无心,但行李员小李听者有意,当客人离开后,他马上用电话将此事告知了中餐厅经理,经理表示一定要使客人满意。当客人明白了事情的原委后真诚地说:"这件小事充分体现出贵酒店员工的素质及对客人负责的程度。"几天后,这位客人的秘书打来预订电话,将下半年该公司即将召开的三天研讨会及100多间客房的生意均放在了该酒店。

1. 结合本案例，谈谈酒店如何从细微之处来体现质量管理的水平？
2. 为该酒店建立服务质量衡量标准与评价体系。

学习测评

表 8-9　学习评价表

姓名		学号		班级	
任务		日期		地点	
任务开始时间：　年　月　日			任务完成时间：　年　月　日		
检测内容		系数	分值		得分
1. 质量信息收集		1.0	10		
2. 制定质量控制标准		1.0	10		
3. 员工培训		1.0	10		
4. 质量检查		1.0	10		
3. 接待前的质量控制		2.0	20		
4. 接待过程中的质量控制		2.0	20		
5. 接待后的质量控制		2.0	20		
合计		10	100		
个人认为做得好的地方：					
认为完成最不满意的地方：					
值得改进的地方：					
自我评价：			非常满意		
			满意		
			不太满意		
			不满意		
互评：					
师评：					
第三方评价：					

拓展提升

阅读以下书目：

1. 邱萍.饭店质量管理(第 2 版)[M].北京:科学出版社,2017.

2. 胡敏.饭店服务质量管理(第 3 版)[M].北京:清华大学出版社,2015.

3. 陈卓.酒店质量管理[M].北京:经济科学出版社,2015.

4. 张红卫,张娓.酒店质量管理原理与实务[M].北京:北京大学出版社,2015.

5. [美]小约翰·H.金,罗纳德·F.齐希.饭店业质量管理[M].徐虹译.北京:中国人民大学出版社,2015.

6. 薛秀芬.饭店服务质量管理[M].上海:上海交通大学出版社,2014.

7. 李明荣.质量认证理论与实务(第 2 版)[M].大连:大连理工大学出版社,2014.

8. 刘庆生.质量管理实务(第 2 版)[M].北京:电子工业出版社,2012.

9. 宗蕴璋.质量管理(第四版)[M].北京:高等教育出版社,2014.

模块九　酒店安全管理

模　块　说　明

　　本模块中,学生将学习酒店安全管理,共有三个任务,即酒店安保管理、酒店消防管理和酒店突发事件处理。

　　本模块要实现的能力目标:

　　1. 掌握酒店保安管理流程;

　　2. 掌握酒店防火管理流程;

　　3. 掌握酒店突发事件处理流程。

　　本模块要实现的素质目标:

　　1. 树立安全发展理念,弘扬生命至上、安全第一的思想;

　　2. 坚持底线思维,做到居安思危、未雨绸缪;

　　3. 树立新安全格局保障酒店新发展格局意识。

　　教学建议:

　　1. 设定情景,进行角色扮演,教师为某酒店总经理或安保部经理,学生为该酒店安保部主管或工作人员;

　　2. 课前分配任务,小组准备并完成任务,课堂汇报,教师点评,学习测评;

　　3. 教师解析下一任务内容,核心技能与概念,布置新任务。

任务 28　酒店安保管理

任务目标

　　1. 了解酒店安保工作的内容

　　2. 熟悉安保工作的基本方法和手段

　　3. 掌握酒店安保工作的流程

知识准备

　　1. 了解安保管理制度

2. 熟悉安保知识和防护技能

任务实施

酒店安保管理流程如图 9-1 所示。

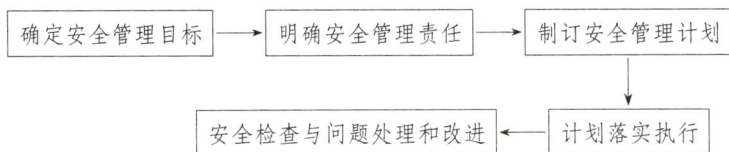

```
确定安全管理目标 → 明确安全管理责任 → 制订安全管理计划
                                            ↓
安全检查与问题处理和改进 ← 计划落实执行
```

图 9-1 酒店安保管理流程图

一、确定安全管理目标

1. 确保酒店人员人身和财产的安全。
2. 为酒店的生存和酒店的正常经营提供良好的基础。
3. 为酒店建立良好的信誉和树立良好的品牌形象。

二、明确安全管理责任

1. 设计安全部组织结构。
2. 确定安全部各岗位职责。

三、制订安全管理计划

1. 制定酒店各部门安全管理制度。
2. 制定安保工作程序和操作规程。
3. 安保部经理根据酒店接待计划和安保人员实际状况制定班表并公布实施。
4. 当安保人员需变动安排时,应提前报告安保部经理,由安保部经理、负责主管临时调整。
5. 当有特殊任务或人、车辆较多时,根据实际状况,由安保部经理指派增加安保人员执勤;遇到重大节日、重要会议接待、重要贵宾的安保工作时,经理采取临时加强执勤,安保临时抽调组成,担负 24 小时临时执勤。
6. 要明确规定各部门经理、主管、领班、基层员工的责任,规范部门的人和事,保证部门安全。

四、计划落实执行

1. 安保部落实安保计划,负责酒店内外安全保卫工作。
2. 各岗位安保要熟悉本岗位的岗位特征、岗位职能,所辖区域情况和特点等应注意的问题。

3. 安保执勤中应态度认真、精神饱满，不能擅自离岗，不串岗、逃岗。

4. 安保对正在发生的不法行为应及时采取相应措施予以制止，将不法行为人扭送安保部或公安机关处理。

5. 遇到火灾等突发事件，应第一时间采取措施进行处理。不能解决的及时报告安保部，安保部及时安排人员处理，如有必要通知公安机关或消防部门。

6. 安保部负责对酒店各部门员工进行安全教育培训，教授安全知识和防护技能，增强员工安全意识和安保、自救技能。

7. 各部门员工工作中树立安全意识，加强内部检查，及时发现安全隐患，协助责任部门制定安全处理措施，进行安全整改，有效预防安全事故的发生。

阅读讨论

一天傍晚，北京某酒店服务总台的电话铃响了，服务员小姚马上接听，对方自称是住店的一位美籍华人的朋友，要求查询这位美籍华人。小姚迅速查阅了住房登记中的有关资料，向他报了几个姓名，对方确认其中一位就是他找的人。小姚未思索，就把这位美籍华人的所住房间的号码818告诉了他。过了一会儿，酒店总服务台又接到一个电话，打电话者自称是818房的"美籍华人"，说他有一位谢姓侄子要来看他，此时他正在谈一笔生意，不能马上回来，请服务员把他房间的钥匙交给其侄子，让他在房间等候。接电话的小姚满口答应。又过了一会儿，一位西装笔挺的男青年来到服务台前，自称小谢，要取钥匙。小姚见了，以为果然不错，就毫无顾虑地把818房钥匙交给了那男青年。晚上，当那位真正的美籍华人回房时，发现一只高级密码箱不见了，其中包括一份护照、几千美元现金和若干首饰。原来这个青年分别扮演"美籍华人的朋友""美籍华人"和"美籍华人的侄子"，演出了一出诈骗酒店的丑剧。几天后，当这位神秘的男青年又出现在另一家酒店用同样的手法搞诈骗活动时，被具有高度警惕性，严格按酒店规章制度、服务规程办事的总台服务员和总台保安员识破，被当场抓获。

请问作为酒店的员工，应如何应对此类诈骗事件？

五、安全检查与问题处理和改进

1. 由安保部负责检查工作的主管对各班安保工作进行日常检查，及时发现安保工作中的问题，并采取适当措施予以解决。

2. 安保部经理对安保人员的工作情况进行定期或不定期抽查，对安保执勤中存在的问题要及时指出并纠正，对严重违反纪律或操作规程的要按照酒店规章制度进行处罚。

3. 安保部定期对酒店各部门的安全工作进行全面检查，对于在检查中发现的问题，安保部要责令相关部门或责任人进行限期整改。

4. 安保部在约定期限后对整改情况进行复查。对整改过程中相应的改进措施可以作为改进安全管理计划的内容进行修订。

安全部工作职责

1. 开展安全教育培训

饭店安全管理工作有赖于饭店全体员工的努力,因此,必须强化全体员工"安全第一"的观念,安全部要从专业化的角度承担起饭店全体员工安全教育培训工作并负责考核。这种教育视不同的对象有不同的培训重点。对于饭店新员工,安全教育的重点是介绍饭店安全管理的重要性及消防、治安等基本安全责任和防范措施,经考试合格方能上岗;对于老员工,则要时刻提醒其强化安全意识,任何时候都不能有懈怠心理和侥幸心理;针对客人,要重点告知如何强化自我保护能力,使其免遭意外伤害。但是,饭店安全教育培训应注重方式方法,不能在饭店内造成一种"人人自危"的紧张心理。例如安全提醒语言上,宜简洁明确,还应考虑语言的柔性要求。"禁止吸烟""贵重物品请寄存,否则概不负责"之类的语言过于生硬,容易让宾客产生逆反心理。

2. 健全安全管理制度

安全部有责任健全饭店安全管理制度,包括饭店安全管理的总体方案,各种防范措施及各项安全制度、规定。饭店内常用的安全管理制度包括门卫制度、巡逻制度、钥匙管理制度、消防安全管理制度、访客登记制度、住宿验证登记制度、交接班制度、安全隐患报告制度、财务保管制度、电器设备安装制度等。

3. 维护内部治安秩序

安全部应在国家和地方治安部门的指导下,强调内部治安管理。具体工作包括对住店客人登记实行监督,对可疑的重点人员进行防控,对员工轻微的违法行为进行教育,对危险物品进行管理。在维护饭店持续的经营基础上,特别应加强酒吧、舞厅、商场、游乐场所、出租场所等易引发治安纠纷的区域的管理。安全部还应针对在工作中出现的新情况、新问题,召开安全工作专题会,提出整改措施。

4. 协助公安机关查处有关事故

安全部应承担起公安部门"协助员"的角色,主动向当地公安机关汇报工作,反映问题和情况,请求支持和帮助。但是在配合公安人员在饭店内执行公务时,应注意:尽量避免检查重要客人;若检查境外客人,务必请公安人员出示"外事警官证";未与安全部联系和未能出示有效证件的人,不得在店内擅自行动。若有发生,饭店安保人员有权干涉;所有行动应最低限度地打扰客人;需被带离饭店的人员,均要在办好离店结账手续后方可离店。

(资料来源:梁玉社,李烨.饭店管理)

⦂⦂ 关键点控制 ◀

酒店安保管理关键点控制见表 9-1。

表 9-1　酒店安保管理关键点控制

关键点控制	细化执行
1. 确定安全管理目标	酒店安全管理制度
2. 明确安全管理责任	
2.1　明确酒店领导的安全责任,总经理应对酒店的安全全权负责	酒店安全管理制度
2.2　明确各部门责任,各部门负责人是部门安全的第一责任人	
2.3　安保部是酒店的安全管理职能部门,负责安保具体工作	
3. 制订安全管理计划	安全管理计划
3.1　安保部组织制订完整的能够有效应对安全问题的安全管理计划	安全管理计划
3.2　计划中应有明确的安保规章制度和应对安全事件的程序、过程和活动,以减少酒店不安全问题的发生频率	管理制度
4. 计划落实执行	计划实施
4.1　安保部负责安全保卫工作,同时负责对酒店员工进行安全教育培训,教授安全知识和防范技能	安保部值班表、安保部值班记录
4.2　各部门员工要树立安全意识,掌握有关的安全知识,时刻保持安全警惕,加强部门内部检查,有效预防安全事件的发生	安全管理制度
5. 安全检查与问题处理和改进	排除隐患
5.1　安保部派专人负责管辖区域内的日常巡检,及时发现安全问题,解决问题	安全巡查记录
5.2　安保部定期组织对酒店进行全面的安全检查,在检查中发现的安全隐患,责令责任部门或责任人限期整改	安全隐患整改通知
5.3　在检查中发现的安全问题和隐患,安保部应配合责任部门采取相应的处理措施,进行安全改进	改进措施
5.4　安保部在期限后验收整改情况,整改过程中相应的改进措施可以作为改进安全管理计划的修订内容	安全管理改进报告

阅读材料 9-1

某酒店日前发生离奇盗窃案。根据警方现场勘测,房间门窗紧闭,没有撬动的痕迹,屋内也没有翻动的迹象,精明的小偷没有留下任何指纹或物品,此事成为一个疑案。

根据酒店提供的失窃房电子门锁的磁卡开锁记录,失窃时间段未发现开锁记录,而电子门锁的应急机械钥匙(如用应急机械开门,则不会在电子门锁的开锁记录上留下痕迹)据酒店方称由该酒店保安科长保管,从未启用过。目前上海警方就此案正进行进一步调查。但与此同时,殷先生等客人向酒店提出了赔偿的要求。

上海××律师事务所律师认为,酒店没有必要对客人被盗负责,因为酒店没有保护客人财产的义务,客人身边的现金或贵重物品可以寄存在酒店或银行等处,由他们来保管。若客人寄存在酒店保险箱内的物品被盗,酒店则应该对此负责。同时,律师认为酒店应该向顾客分发酒店入住手册以提醒顾客寄存贵重物品,或者在一些显著位置作出说明。

同样的事件,另一律师事务所的律师认为,客人在酒店,酒店应该负责其安全,但究竟酒店对这次盗窃事件应负多大的责任现在来说无法确定,因为谁也不清楚问题是出在酒店保安、总服务台,还是其他相关人员身上,或者这是一件高科技犯罪。酒店的责任大小必须等破案后,根据这些因素综合分析后才能下结论。另外,殷先生被盗的钱款现在也无法查实,同样需要小偷来交代,否则只能任其"悬而不决"。

对于盗窃案的受害住客,酒店的高先生表示愿意赔偿他们的损失。至于赔偿的数目,他们必须首先征求公安方面的意见,再作处理。同时表示酒店正是太过分相信电子门锁的安全功能,放松了应有的警惕,才拆除了客房的防盗扣。现在酒店已经重新安装防盗扣。

电子门锁的使用本是加强酒店钥匙管理的先进手段,与普通门锁相比,有不易复制、可反复使用、便于携带和配置等优势,但由于电子门锁的电脑系统往往独立于酒店管理计算机系统之外,如果不加强门锁的制卡系统及机械钥匙的管理,健全相应的管理制度,建立科学严密的操作程序和审核流程,则势必给不法分子以可乘之机,给酒店造成难以估量的损失。

同时,有了电子门锁,并不意味着常规的安全措施可以取缔,也不意味着酒店的警示标志可以废止。许多酒店在房门后的紧急疏散图上,用醒目的文字提示客人:"为了您的安全,睡前请合上防盗扣。"所以说,酒店安全工作无小事,越是容易被忽视的地方越应该重视。

(资料来源:http://www.canyinshijie.com/peixun/anli/0103/277097.html)

实战训练

1. 如果你是一家拥有 200 间客房的酒店的安全部经理,你该如何设计安全部的组织结构? 请制定该酒店的安保管理制度。

2. 请参观附近一家酒店,观察该酒店在安保工作中存在哪些问题,并提出改进措施。

学习测评

表 9-2　学习评价表

姓名		学号		班级	
任务		日期		地点	
任务开始时间：　年　月　日			任务完成时间：　年　月　日		
检测内容		系数	分值		得分
1. 确定安全管理目标		2.0	20		
2. 明确安全管理责任		2.0	20		
3. 制订安全管理计划		2.0	20		
4. 计划落实执行		2.0	20		
5. 安全检查与问题处理和改进		2.0	20		
合计		10	100		
个人认为做得好的地方：					
认为完成最不满意的地方：					
值得改进的地方：					
自我评价：			非常满意		
			满意		
			不太满意		
			不满意		
互评：					
师评：					
第三方评价：					

任务 29　酒店消防管理

任务目标

1. 熟悉酒店消防系统的设置及功能
2. 熟悉火灾事故处理的基本方法和手段

3. 掌握酒店火灾事故的处理流程

知识准备 ◀

1. 了解火灾的类型及处置方法
2. 熟悉火灾逃生方法
3. 酒店各部门消防管理制度

任务实施 ◀

酒店消防管理流程如图9-2所示。

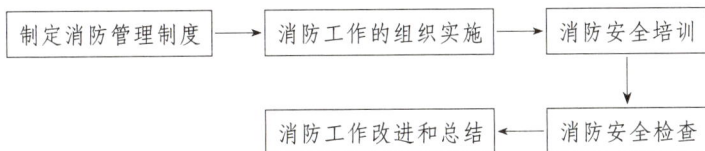

```
制定消防管理制度 → 消防工作的组织实施 → 消防安全培训
                                              ↓
消防工作改进和总结 ← 消防安全检查
```

图 9-2　酒店消防管理流程图

一、制定消防管理制度

根据酒店的实际情况制定消防管理制度和消防计划方案,方案应具有可执行性。消防管理制度应包括制度编制的目的、编制的依据、适用范围、安全管理责任、消防安全管理措施、奖惩制度和附则等。

二、消防工作的组织实施

1. 酒店应成立突发事件应急处置中心以及消防控制中心,便于火灾发生时,各种突发事件的统一处理和各个部门的协调安排。任何员工若发现有异常的燃烧味、烟雾或火焰等迹象,应先观察火情,并在第一时间报告酒店消防控制中心。

2. 发现火情后,酒店突发事件应急处置指挥机构应迅速行动,了解情况。

(1) 根据现场情况决定是否做出向消防机关报警、疏散人员、转移财物等指令。

(2) 及时组织人员,合理分配人力,安排人员控制、扑救火情,抢救重要物资、危险品,疏散现场人员,对现场的伤员、残疾、行动不便的客人进行救护、转移。

3. 酒店消防控制中心在获知报警信息或发现烟感、温感等报警设施启动时,应采取行动。

(1) 立即安排人员赶往现场,甄别火情,组织现场人员扑救初起火灾,并视情况决定是否需按火情级别通知电话总机启动相应的紧急联络程序。

(2) 应视情况及时启动灭火设施、应急广播、疏散照明、防火卷帘、防火门、排烟、送风系统,监控报警系统其他报警点。

4. 在火灾发生时,各部门应按照上级命令统一行动,各司其职。

(1) 各部门员工在负责紧急处理的人员到达之前应尽可能留在现场,并与消防控制中心随时保持联系,以便及时提供具体的火情信息。

(2) 尽可能地使用安全、快捷的方法通知火情周边处于危险区域的不知情者,并视情况使用离现场最近的消防器材控制火情。

(3) 酒店下达紧急疏散指令后,要保持各通道的畅通,疏散客人及员工到建筑物外指定的安全区域,并及时反馈执行情况。

5. 安保部负责人应迅速到临时指挥部协助指挥。

(1) 安排人员组织现场扑救、疏散。

(2) 报告火势情况,监视火势发展,判断火势蔓延情况。

(3) 维持店外秩序,保障消防车通道顺畅,加强对酒店所有出入口的监控,阻止无关人员进入酒店。

6. 工程部应安排负责人负责处理工程问题。

(1) 视火情关闭空调、停气、断电、启动应急发电机等。

(2) 确保消防电梯的正常使用,解救电梯内被困乘客,保证喷淋泵和消火栓泵供水等。

(3) 确保应急发电机的正常运行,消防水源正常供应和排烟、送风等设备的正常运行。

7. 房务部维持前厅客房正常秩序。

(1) 前厅部应通知电话总机确保店内通讯畅通,打印住店客人名单,维持酒店大堂秩序,清除门前障碍。

(2) 客房部应安排人员迅速清理楼层内障碍物,统计各个楼层的客人人数,对来电询问的客人做好安抚、记录工作。

8. 餐饮部应安排人员立即关闭所有厨房明火,安抚就餐客人。

9. 人事部应及时通知医务室做好救护伤员的各项准备,迅速统计在店员工人数,安排宿舍管理员组织在宿舍的员工随时待命。

10. 财务部应组织外币兑换处及各收银点和各下属办公室的员工收集和保管好现金、账目、重要单据票证等,通知电脑机房做好重要资料的备份、保管工作,做好随时根据指令进行转移的准备。

11. 酒店总经理办公室应及时向酒店所有承租店家通报情况,集结酒店所有车辆,随时按要求运送伤员,做好酒店重要档案的整理及转移准备。

阅读讨论 ......

2018 年 8 月 25 日 4 时 12 分,位于哈尔滨市松北区的哈尔滨北龙汤泉休闲酒店有限公司发生重大火灾事故,造成 20 人死亡、23 人受伤,过火面积约 400 平方米,直接经济损失 2 504.8 万元。经过现场勘验、调查询问、现场指认、视频分析及现场实验等工作,认定起火原因是二期温泉区二层平台靠近西墙北侧顶棚悬挂的风机盘管机组电气线路短路,形成高温电弧,引燃周围塑料绿植装饰材料并蔓延成灾。同时,北龙汤泉酒店消防安全管理混乱,消防安全主体责任不落实。北龙汤泉酒店法律意识缺失、安全意识淡漠,自酒店开始建设直至投入使用,始终存在违法违规行为,消防安全管理极为混乱,最终导致事故发生。

请搜集资料并讨论从这起火灾事故中酒店应吸取哪些教训?

三、消防安全培训

1. 对新进员工必须先进行消防培训,考核合格后才能上岗。

2. 按照消防计划定期或不定期对员工进行安全、防火教育培训。

3. 由消防安全小组组织各部门部分人员成立消防队,学习并掌握消防规则和消防技术,组织演练,增强消防意识并提高技能。

四、消防安全检查

1. 由各部门安排人员对本部门的消防安全设施进行维护和清洁工作,并由安保部对设施设备进行定期检查。

2. 对消防安全的重点区域和部门进行定期检查,对违规行为要及时纠正,对情节严重的责任人要按照酒店规章制度进行处理。

3. 把消防工作列入工作考核的范围,定期对员工的消防工作表现进行考核,并采取相应的奖惩措施。

4. 如公安或消防机关检查酒店的消防安全工作,安保部必须全力进行配合,并按照要求及时改进。

五、消防工作的改进和总结

1. 根据消防检查的结果,消防安全小组有权对存在问题的部门和责任人进行处罚,并责令进行限期整改,在期限后对整改情况进行检查。

2. 消防小组根据检查情况采取相关措施,改进消防设施,增补和修订消防计划。

3. 由消防安全小组组长定期召开消防安全会议,对该阶段内的安全情况进行总结,对各部门和相关人员进行奖惩。

4. 由安保部对消防安全检查和总结会议做好记录归档工作。

5. 在每次总结的基础上,安保部对下一阶段的消防安全计划进行编制。

知识链接 9－2

灭火器知识

1. 灭火的基本原理

(1) 冷却灭火。将燃烧的温度降到燃点以下,使燃烧停止下来。

(2) 窒息灭火。采取隔绝空气或减少空气中的含氧量,使燃烧物得不到足够的氧气而停止燃烧。

(3) 隔绝灭火。正在燃烧的物质同未燃烧的物质隔开,使燃烧不能蔓延或停止。

(4) 抑制灭火。将有抑制作用的化学灭火剂喷射到燃烧物上,并参与燃烧物的化学反应,与燃烧反应中产生的游离基结合形成稳定的不燃烧的分子结构,而使燃烧停止。

2. 常用灭火剂及灭火器

在灭火过程中经常是用水来灭火的。饭店同样也是如此,因此饭店在建筑物内外都配置消防栓和水龙带、水枪等。但是,用消防水龙带接水龙带放水等需要一定的时间,所以还必须辅以必要的灭火剂及灭火器。此外,还有些火灾,如油类、电器等火灾,不宜用水扑救。因此,饭店安全管理人员要熟悉常用灭火剂及灭火器的用途和操作方法。

(1) 酸碱灭火剂是最普通常用的灭火剂,适用于一般固体物质的火灾,但不可用来扑救油类及带电的电气设备火灾。其灭火原理是灭火器内碳酸氢钠溶液,遇强酸发生化学反应,产生大量二氧化碳气体,形成强大的压力,通过灭火器喷嘴将水和气射向燃烧物。使用手提式酸碱式灭火器时,只需把筒身颠倒过来,上下摇晃,让筒内的酸碱混合发生反应,筒内液体即会喷出。

(2) 泡沫灭火剂及灭火器其基本原理与酸碱灭火器基本相同,不同的是在灭火液体中增加了发泡剂。使用时将筒身颠倒晃动即喷射出带泡沫的液体。泡沫灭火适合于油类火灾和一般固体物质火灾及可燃液体火灾,但不适用于忌水物质火灾和用电的电气设备火灾。在扑救油类及可燃液体火灾时,不要用泡沫直接喷向燃烧液体,而是让泡沫轻轻覆盖到火焰上。

(3) 干粉灭火剂及灭火器是以碳酸氢钠为主要成分的干粉和碱性钠盐干粉组成,是一种干燥的易于流动的微粒固体粉末,具有灭火效力高、速度快、无毒性、不导电、久储不变质的优点。其性能与二氧化碳相仿,适用范围也基本相同。但是,由于干粉中的二氧化碳的碱性钠盐会残留下来,故不适用于精密仪器、电器设备、档案资料的火灾。使用时应在火场的上风处,将灭火器喷嘴对准着火处,拔去保险销,按下手柄或提起拉环,瓶内压缩气体将干粉喷向燃烧物。

(资料来源:魏新生.饭店管理[M].北京:科学出版社,2009: .)

关键点控制

酒店消防管理关键点控制见表9-3。

表9-3　酒店消防管理关键点控制

关键点控制	细化执行
1. 制定消防管理制度	酒店消防管理制度
2. 消防管理制度的组织实施	酒店消防管理制度
2.1　安保部下发酒店消防管理制度,各部门落实执行	
2.2　全体员工都必须严格遵守消防管理制度,各部门每天对本部门管辖范围内的消防安全进行检查	
3. 消防安全培训	消防安全培训资料
3.1　安保部每季度对员工进行一次消防安全培训,新员工必须经过消防安全培训方能上岗	
3.2　除消防安全制度的培训外,还应该让员工熟悉防火知识,学会使用灭火器械	
4. 消防安全检查	安全检查制度
4.1　安保部安排好消防执勤,消防监控中心24小时值班,组织人员对公共区域日常巡查,发现问题及时解决	消防安全检查表
4.2　安保部定期对各部门的消防安全设施进行检查,发现问题及时要求有关人员或部门整改	消防器械检查表
4.3　对消防安全的重点部门和区域定期巡查,对操作人员的违规作业及时纠正	防火重点区域检查表
4.4　安保部配合消防机关检查酒店的消防安全,并根据要求及时纠正、整改	安全隐患整改通知
5. 消防工作改进和总结	消防工作总结

阅读材料9-2

南昌市白金汇海航火灾事故

2017年2月25日8时许,南昌市红谷滩新区红谷中大道348号白金汇海航酒店1楼唱天下KTV发生火灾。此次火灾过火面积约为1500平方米,转运医院救治16人,3人经抢救无效死亡。清理火场过程中,在二楼火场发现7具尸体,致此次火灾累计共死亡10人。

经调查认定,该重大火灾事故是一起生产安全责任事故。"唱天下"会所在未向消防、城建等部门报批的情况下自行停业装修,股东丁某乙安排工作人员将会所内使用的冰箱、冰柜等物品堆放至二楼北侧两个楼梯间前室内,致疏散通道堵塞。2017年2月18日,消防维保公司按照股东丁某甲、丁某乙的要求关闭了一层、二层南部的消防喷淋系统阀门,同时拆除了火灾自动报警系统控制器。2月19日,"唱天下"会所工作人员按照丁某乙要求关闭了会所内生活用水用电,并将会所内所有的灭火器收至室外移动板房内。2月20日,拆除工程施工人员正式进场施工,将包厢内搬出的沙发等直接从二楼抛堆至一楼大堂。2月24日,施工人员在施工过程中将二层包厢内消防喷淋头破坏并喷水,后将控制二层北部消防喷淋系统阀门关闭。2017年2月25日8时许,无建设工程承包资质李某某在不具备特种作业资质,且未进行动火作业审批的情况下,擅自使用氧焊切割设备切割和拆卸大堂北部弧形楼梯两侧的金属扶手,切割产生的高温金属熔渣溅落在工作平台下方,引燃万某某未及时清运的废弃沙发,造成火势迅速蔓延并产生大量高热有毒有害气体,在消防设备停用、疏散通道堵塞、消防设施管理维护不善等多种不利因素下,致使10人死亡、13人受伤,火灾导致直接经济损失2 600余万元。

（资料来源:搜狐新闻,http://www.sohu.com/a/254617123_459906）

1. 宾馆酒店消防安全的主要隐患

（1）违规装修施工。一些宾馆酒店进行装修改造施工,由于用火、用电、用气设备点多量大,加之个别施工材料不符合消防安全的规定,一旦工人操作失误或处理不当,容易导致消防安全事故的发生。

（2）电气设备老化。一些宾馆酒店电气线路老化或配置不合理,容易引发火灾。如大量使用单层绝缘绞线接线板,这种电线没有护套,易因挤压或被动物咬噬而发生短路;客房内的电熨斗、电暖气、热得快等电热器具,客人使用不当、违章接线或忘记断电而使电器设备过热引燃周围可燃物造成火灾。

（3）厨房违规操作。如在炉灶上煨、炖、煮各种食品时,浮在上面的油质溢出锅外,遇火燃烧;在炉灶旁烘烤衣物或用易燃液体点火发生燃烧或爆炸。此类火灾蔓延速度快,扑救困难,特别是油类火灾,无法用水进行扑救。

（4）住店客人安全意识不强。客人在宾馆酒店卧床吸烟是诱发火灾的重要因素;少年儿童如无同行成年人的监督,容易因玩火而引发火灾,且事后易惊慌失措,到处躲藏,隐瞒火情,错过遏制火情的有效时机。

（5）施救设施设备不全或失效。目前,一些宾馆酒店存在安全出口锁闭或数量不足,疏散通道被堵塞、占用,消火栓被圈占、遮挡,自动报警、喷淋设施损坏或未按要求安装,疏散指示标志不足,应急照明损坏,灭火器过期等现象,一旦发生火灾,得不到及时扑救,最终酿成事故。

此外,消防安全制度不健全,责任制落实不到位等,也是引发宾馆酒店火灾发生的原因之一。

2. 宾馆酒店火灾的危害性

（1）火灾荷载大。宾馆酒店内部存在大量的可燃、易燃装饰材料及生活用品,一旦发生火灾,大量可燃材料将导致火灾迅速蔓延;大多数可燃材料在燃烧时还会产生有毒烟气,给住店客人逃生造成极大不便。

(2)火势蔓延迅速。宾馆酒店的火灾蔓延迅速的因素很多:一是没有良好的防火分隔和隔阻烟火措施;二是客房的密闭性很强,起火后不易及时发现;三是内部楼梯间、电梯井、电缆井、垃圾道等竖井林立,一旦发生火灾,极易产生烟囱效应。

(3)火灾扑救难度大。宾馆酒店多为高层建筑,发生火灾后存在火势蔓延迅速、供水困难、疏散救人和控制火势难等诸多因素,扑救难度大。

(4)疏散和施救困难。宾馆酒店人员多且较为集中,进出频繁,且大多数是暂住的旅客,对建筑物内的环境、出口和消防设施等情况不熟悉,同时,发生火灾时,被困人员心情紧张,极易迷失方向,拥塞在通道上,造成秩序混乱,给疏散和施救工作带来困难,往往造成重大伤亡。

3. 加强宾馆酒店消防安全的措施

(1)按有关规定建设完善消防设施。宾馆酒店客房内所有装饰、装修材料均应符合消防的相关规定。要设置火灾自动报警系统、消火栓系统、自动喷水灭火系统、防烟排烟系统等各类消防设施,并设专人操作维护,定期进行维修保养。要按照规范要求设置防火、防烟分区、疏散通道及安全出口。安全出口的数量,疏散通道的长度、宽度及疏散楼梯等设施的设置,必须符合规定,严禁占用、阻塞疏散通道和疏散楼梯间,严禁在疏散楼梯间及其通道上设置其他用房和堆放物资。

(2)建立健全消防安全制度。宾馆酒店要落实消防安全责任制,明确各岗位、部门的工作职责,建立健全消防安全工作预警机制和消防安全应急预案,完善值班巡视制度,成立消防义务组织,组织消防安全演习,加大消防安全工作的管理力度。

(3)强化对重点区域的检查和监控。宾馆酒店消防安全责任人和楼层服务员要加强日常巡视,发现火灾隐患及时采取措施。餐厅应建立健全用火、用电、用气管理制度和操作规范,厨房内燃气燃油管道、仪表、阀门必须定期检查,抽烟罩应及时擦洗,烟道每半年应清洗一次。厨房内除配置常用的灭火器外,还应配置灭火毯,以便扑灭油锅起火的火灾。

(4)加强对员工的消防安全教育。宾馆酒店要加强对员工的消防知识培训,提高员工的防火灭火知识,使员工能够熟悉火灾报警方法、熟悉岗位职责、熟悉疏散逃生路线。要定期组织应急疏散演习,加强消防实战演练,完善应急处置预案,确保突发情况下能够及时有效进行处置。

(5)加大消防监管力度。消防部门要按照《中华人民共和国消防法》的规定和国家有关消防技术标准要求,加强对宾馆酒店的监督和检查;旅游行政主管部门要通过行业标准等手段,实施对宾馆酒店的消防安全监管。

(6)强化对客人消防安全的提示。要加强对住店客人消防安全提示,要设置禁止卧床吸烟和禁止扔烟头、火源入废纸篓的标志;要告知客人消防紧急出口和疏散通道的位置;要提醒住店客人加强对同行的未成年人和无行为能力人的监护,防止其不慎引发安全事故。

实战训练

1. 请消防管理人员讲解灭火常识与并演示消防器材的保管、使用方法。
2. 模拟酒店环境,组织学生进行一次消防演练。

学习测评

表 9-4 学习评价表

姓名		学号		班级	
任务		日期		地点	
任务开始时间: 年 月 日			任务完成时间: 年 月 日		
检测内容		系数	分值		得分
1. 制定消防管理制度		2.0	20		
2. 消防管理制度组织实施		2.0	20		
3. 消防安全培训		2.0	10		
4. 消防安全检查		2.0	20		
5. 消防工作改进和总结		2.0	20		
合计		10	100		
个人认为做得好的地方:					
认为完成最不满意的地方:					
值得改进的地方:					
自我评价:			非常满意		
			满意		
			不太满意		
			不满意		
互评:					
师评:					
第三方评价:					

任务 30　酒店突发事件处理

任务目标

1. 能够建立酒店危机处理机制
2. 能够有效组织处理突发事件
3. 能够保护酒店客人、员工的人身和财产安全

知识准备

1. 了解突发事件的概念和类型
2. 了解防止突发事件发生应采取的措施

任务实施

酒店突发事件处理流程如图 9－3 所示。

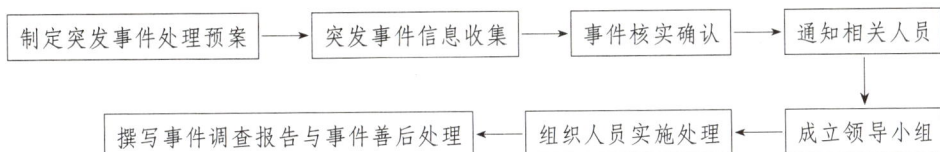

制定突发事件处理预案 → 突发事件信息收集 → 事件核实确认 → 通知相关人员 ↓

撰写事件调查报告与事件善后处理 ← 组织人员实施处理 ← 成立领导小组

图 9－3　酒店突发事件处理流程图

一、制定突发事件处理预案

1. 酒店应建立健全突发事件应急预案体系。酒店应遵循法律、法规及相关规定的要求,结合本店的实际情况,制定相应的突发事件应急预案,并根据实际需要和形势变化,及时修订应急预案。主要类型包括:① 自然灾害处理预案;② 事故灾害处理预案;③ 公共卫生事件处理预案;④ 突发社会安全事件处理预案等。

2. 酒店应组织人员对处理突发事件所需要的设施设备进行检查和维护,确保各项设备运转正常。酒店应建立健全突发事件应急处置培训制度,对店内负有处置突发事件职责的员工定期进行培训,对本店员工和客人开展应急知识的宣传普及活动和必要的应急演练。

二、突发事件信息收集

1. 酒店应建立突发事件信息收集系统,要求各部门和所有人员及时、客观、真实地

报告突发事件信息。

2. 先遇到或发现突发事件的员工应及时向酒店相关部门及上级领导汇报。汇报内容主要包括事件发生的时间、地点、涉及人员、简要经过和可能的原因,对人身、财产、酒店、周边社区可能的影响,需采取的行动和已采取的行动等。

三、事件核实确认及通报

1. 值班保安接到报警后,立即联系出事地点最近的执勤人员前往查看并立即保护现场,如有需要应立即通知相关部门和人员进行增援。

2. 总经理或其授权代表在接到突发事件报告后,应尽快赶赴现场查看,视情况通知酒店应急处置指挥机构的相关人员前来共同调查并参与商讨,对可能造成的影响进行评估,进而决定是否向相关单位进行通报。

3. 如酒店发生造成或可能造成严重社会危害的突发事件时,应按规定立即向上级主管单位和相关政府部门及机构报告。

四、成立领导小组

1. 酒店应安排总经理等高级行政管理人员及各主要部门的负责人,组成危机领导小组或类似的组织作为突发事件应急管理指挥机构,并有效规定所有成员的职责。应急管理指挥机构可视情况需要,在必要时组建现场控制中心及媒体信息中心,并安排相应的执行人员来负责推进和落实各项应急处置工作。

2. 小组应由总经理担任组长,安保部经理担任副组长,并负责现场指挥。

3. 领导小组根据事件发展情况决定是否请求主管部门和公安机关帮助。

五、组织人员实施处理

1. 酒店员工应熟悉本岗位的突发事件预防与应急救援职责,掌握相关的应急处置与救援知识,按规定采取预防措施,进行各项操作,服从酒店对突发事件应急处置工作的统一领导、指挥和协调。

2. 危机发生时,各部门和各岗位可视情况需要,立即组织开展力所能及的应急救援和紧急控制措施,并立即向酒店突发事件应急管理指挥机构汇报,由其统一领导应急处置工作。各部门负责人应坚决执行各项指令,并及时提供相关的专业建议。事件发生现场的部门负责人应保证与应急管理指挥机构的有效联络,根据指令在现场带领员工实施各项处置工作,并及时通报现场情况。

3. 酒店应通过制定相应的应急沟通计划和公共关系处理流程,指定相应的部门与人员,负责在应急管理期间,与员工、客人、上级主管单位、相关政府部门及机构、新闻媒体等的信息沟通事宜。

4. 如相关政府部门及机构已开始介入突发事件的应急处置与救援工作,酒店应听从统一的指挥和安排,积极主动参加和配合应急救援工作,协助维护正常秩序。

阅读讨论

在服务员获得了基本素质和基本技能培训后,对于一般的犯罪都有较为警惕的敏感度,但如果犯罪人采用蒙蔽手段去实施一些心理上障眼法等伎俩,服务员就往往容易"中招"而导致酒店的经济损失。在上海一家四星级酒店中,有一名服务员早上8时多正在做房,有两个男子叮嘱其给1303房加两条浴巾,这两人并未进房,而是说完话后,即告知服务员,他们要去餐厅用早餐了,服务员则遵照其指示,到1303房为其增配两条浴巾,并顺手将床上零乱的东西清理。此时这两位男子又忽然返回,看见服务员正在清理,忙对服务员说:"不要清理了,不用麻烦你了,我们自己理就行了。"这时候,服务员看他们已在收拾他们的物品了,就暂时退出。这两个男子3分钟后从房间走出。刚离去一会儿,又来了两位男子,自己持IC卡进入房间后,即发现房间被盗,损失较多财物,原来前两个是小偷,后两位才是真正的客人。

请问作为酒店服务人员如何提高自身的防范能力?作为酒店管理者怎样从软件和硬件两个方面提高安全保障能力和处理突发事件的能力?

六、善后处理,总结经验教训

1. 安保部配合相关单位进行调查,根据调查结果,出具调查报告,交总经理审批。

2. 突发事件得到控制或处理完毕后,酒店应采取后续措施,防止突发事件的次生、衍生事件或者重新引发社会安全事件。

3. 突发事件应急处置工作结束后,酒店应妥善进行善后工作,解决因处置突发事件引发的矛盾和纠纷以尽快恢复正常经营管理秩序。

4. 酒店应对突发事件造成的损失进行评估,对经验教训进行总结,制定改进措施。

知识链接 9 - 3

酒店突发事件处理程序

1. 停电处理程序

(1) 各部门如发现突然停电,应立即向部门主管及工程师、安保部报告。

(2) 安保部应及时调集人员严格把关各出入口通道,防止不法分子趁乱作案,同时保护好酒店客人人身、财物安全。

(3) 若有宾客在停电期间被关在电梯内,监控中心应立即通知大堂副理和巡逻安保配合工程部员工设法解救客人,并稳定被困客人的情绪。

(4) 安保部经理应在大堂加强保卫力量,短时间停电,可向客人解释,长时间的停电,应配合大堂副理引导客人从楼梯通道进入客房。

(5) 一旦供电恢复正常,安保员对整个大楼进行检查,确保正常运转。

2. 食物中毒的处理程序

（1）若发现或获知有客人或员工出现食物中毒症状，发现人应首先了解中毒者国籍、人数、症状程度等基本情况，然后向酒店总机或其危机应急中心报警。

（2）总机或其危机应急中心应立即向酒店总经理等高层领导报告，按指示启动应急联络程序，同时向急救中心求援。在现场的酒店工作人员应妥善安置中毒者，保护好现场。

（3）酒店突发事件应急处置指挥机构应立即了解情况，并视情况决定是否向疾控中心、公安机关及上级相关部门报告。

（4）酒店应及时安排医务室医生携带急救药品和器材赶往现场，实施必要的紧急抢救，并根据具体情况决定是否将中毒者送往医院抢救，或等待急救中心专业人员处理。

（5）酒店应安排食品化验员了解详细情况，找出可疑食品及食品盛放工具，对病人呕吐物等加以封存，对食物取样化验。如涉及外籍人员，应视需要向外事主管部门报告。

（6）酒店安保部应派人做好现场保护工作，协助医务人员抢救中毒者，验明中毒者身份，做好询问记录。如有投毒怀疑，安保部负责人需请示酒店总经理决定是否向公安机关报告，并视情况决定是否划定警戒区，及对相关的厨房、餐具、食品进行封存。

3. 意外伤亡事件的处理程序

（1）酒店员工发现酒店区域内有人身意外伤亡事件发生，必须立即报告安保部，同时注意保护现场。

（2）安保部接到报告后，应记录时间、地点、报告人身份及大概伤亡性质，如工伤、疾病、意外事故等。接到报告后，安保部经理应立即到现场，同时通知值班经理（大堂）和医务室，如涉及设备导致的工伤，应通知工程部。酒店总经理由安保部负责人通知。如遇死亡事件，酒店应向公安机关报告。

（3）安保部到现场后，应立即设立警戒线封锁现场，疏散围观人员。

（4）如是设备导致的工伤，由工程部关掉有关设备，由安保部和医务室人员确定伤亡结果。如人员未死亡，应立即组织抢救，安保部酌情向伤员了解情况，大堂经理和医务室人员联系就近医院和急救中心；如确定人员死亡，应立即将现场与外界隔离，遮挡尸体并注意观察和记录现场情况。

（5）如明显属于凶杀或死亡原因不明，应按凶杀案程序处理。如确定是意外死亡，应进行拍照，访问目击者和知情人，隔绝围观，遮挡尸体并保护现场。安保部负责报告公安机关并配合勘察，勘察完毕应立即将尸体转移至相关太平间存放。

（6）如事件涉及员工，由安保部和人事部共同负责处理善后工作；如事件涉及客人，由安保部和值班经理共同负责处理善后工作，如清点客人财物等。安保部负责调查或协助公安部门调查、记录事件发生经过及处理情况。工程部负责恢复有关设备。行政部负责提供药品、车辆。客房部负责清理现场。

4. 诈骗事件的处理程序

（1）宾客入店时，必须填写临时住宿登记单，预交住房押金。前台服务员应严格执行公安机关关于住宿客人必须持有效证件（护照、身份证）办理住房登记手续的规定，对不符合入住要求的不予登记，并及时报告安保部和前厅部经理。

（2）对使用支票付账的国内宾客，应与支票发出单位核实，发现情况不实时，应设法将支票持有人稳住，速报安保部，待安保部人员赶到后一起进行处理。

（3）住店宾客在酒店的消费金额超过预付押金金额时，酒店可根据情况要求其追加押金或直接结算。酒店各岗位收银员应熟悉银行支付款的"黑名单"，严格执行检查复核制度。

（4）收取现金时，应注意检查货币特别是大面值货币的真伪，发现假钞时，应及时报告保安部，由保安部和财务部出面处理。

（资料来源：中国饭店行业协会《中国饭店行业突发事件应急规范》）

关键点控制

酒店突发事件处理关键点控制见表9-5。

表9-5　酒店突发事件处理关键点

关键点控制	细化执行
1. 制定突发事件处理预案	突发事件处理预案
2. 突发事件信息收集	突发事件记录表
2.1　酒店员工遇到突发事件时，要保持镇定，及时向安保值班室报警	
2.2　报警时说明事件发生的情况、地点、伤亡情况及本人的姓名、部门、职务等	
3. 事件核实确认	突发事件处理制度
4. 通知相关人员	执行危机预案
4.1　事件确认后，值班保安及时通知总经理或值班经理、安保部经理、前厅部经理、事件的发生部门的经理、医务室、司机班等有关人员抵达现场救援	准确汇报
4.2　通知时要简明扼要地描述事件发生的情况、时间、地点	及时通报
5. 成立领导小组	加强领导

（续表）

关键点控制	细化执行
5.1　酒店根据预案程序成立处理突发事件领导小组	
5.2　小组由总经理担任组长并负责全权领导。安保部经理担任副组长，协助总经理工作，并负责现场指挥	突发事件处理预案
5.3　领导小组根据事件发展情况决定是否请求主管部门和公安机关帮助	
6．组织实施方案	方案
6.1　根据突发事件处理程序对事件进行处理	
6.2　酒店全体员工在突发事件领导小组的指挥下采取必要的措施	突发事件处理方案
6.3　如公安机关介入，酒店员工必须积极配合公安人员的工作	
7．事件调查报告撰写与事件善后处理	善后
7.1　安保部应配合公安、消防、防疫等有关单位进行事件调查，根据调查结果，安保部出具调查报告，交总经理审批	
7.2　总经理对调查报告进行审批，交代事件的善后处理	总结经验教训
7.3　经有关方面同意，对事件现场进行清理	
7.4　对伤亡人员妥善处理，根据有关法律进行索赔和赔偿	

阅读材料 9-3

　　××××年10月，赵女士到位于北京市海淀区的某酒店开设的游泳池游泳，却不幸溺亡。赵女士的家属认为事故发生时酒店的救生员并没有在岗，未尽到安全保障义务，而且酒店并未建立深水区游泳管理制度并在醒目位置予以公示。死者家属起诉到法院，要求酒店承担全部赔偿责任，赔偿死亡赔偿金、丧葬费、被抚养人生活费、精神损害抚慰金、交通费、误工费等，共计130万元。

　　在庭审过程中，店方则有不同说法，认为酒店就此次事故并不具有过错。事故发生时，两名救生员在岗，已经尽到了安全保障义务，因此酒店无须承担任何责任。

　　法院经过审理，认为根据《中华人民共和国侵权责任法》第三十七条规定，宾馆、商场、银行、车站、娱乐场所等公共场所的管理人或者群众性活动的组织者，未尽到安全保障义务，造成他人损害的，应当承担侵权责任。根据相关管理规定，人工游泳池应按照水面面积配备2名以上的专职水上救生员，在游泳池开放期间现场值班。酒店作为游泳馆的管理人，理应按照规定在游泳馆配备充足、尽责的救生人员以保证在发生意外事件时受害人能够在第一时间内得到救治。

　　"虽然酒店确实在游泳馆配备了救生人员，但救生人员疏于履行围绕游泳池周围实时在岗巡视的义务，导致未能及时发现赵女士的不良状况在第一时间施救，影响了救援的及时性和有效性，这应视为酒店违反了安全保障义务，理应承担相应赔偿责任."但法院也考虑到赵女士的死亡诊断为"猝死、淹溺、乳酸菌中毒",所以酒店未尽到安全保障义务被认定为引发赵女士死亡后果的次要原因。最后,法院判决酒店承担25%的损害赔偿责任,共计赔偿30余万元。

(资料来源:北京晚报[J].2017-06-01.)

实战训练

1. 明珠花园酒店于某年2月在成都购得5袋亚硝酸钠后,存放于厨房库房中。8月1日,酒店员工因加工卤肉在库房领取一袋,使用后将剩余亚硝酸钠存放于厨房操作台下。8月18日,明珠花园酒店原厨房工作人员全部更换,厨房已开封使用的盐、味精等易耗品未进行移交。10月8日早晨6时许,厨房员工制作早餐时,误将亚硝酸钠作为食盐,加入炒菜、烫饭、面条等食物中,游客和员工食用后,相继出现呕吐等中毒现象。如果你是酒店总经理你会如何处理?

2. 郭女士是湖北某公司的员工,该公司组织员工出游张家界。15日下午1点半左右,公司组织员工前往景区游玩,郭女士将随身携带的一些贵重物品放置在客房内后便随团队一起离开了酒店。晚上7点半左右,郭女士回到酒店,发现自己放有相机、背包、服装以及一块价值不菲的玉佩的旅行箱不见了,箱子中还有她的身份证和银行卡。郭女士随即给酒店前台打电话,并于晚上8时报警。晚上10时许,郭女士一行在酒店值班总经理的陪同下调出了酒店监控录像,当看到窃贼入门盗窃的片段时,郭女士一行非常惊讶,原来该窃贼竟然是堂而皇之地叫来服务员打开房门行窃的。这让郭女士一行立刻情绪激动起来,并要求酒店就失物进行全额赔付。如果你是酒店的管理者你会如何应对?

学习测评

表9-6　学习评价表

姓名		学号		班级	
任务		日期		地点	
任务开始时间:　年　月　日			任务完成时间:　年　月　日		
检测内容			系数	分值	得分
1. 制定突发事件处理预案			2.0	20	
2. 突发事件信息收集			1.5	15	
3. 事件核实确认			1.0	10	
4. 通知相关人员			1.0	10	

（续表）

检测内容	系数	分值	得分
5. 成立领导小组	1.5	15	
6. 组织人员实施处理	1.5	15	
7. 事件调查报告撰写与事件善后处理	1.5	15	
合计	10	100	

个人认为做得好的地方：

认为完成最不满意的地方：

值得改进的地方：

自我评价：	非常满意	
	满意	
	不太满意	
	不满意	

互评：

师评：

第三方评价：

拓展提升

阅读以下书目：

1. 张志军. 饭店安全管理实务［M］. 北京：旅游教育出版社，2008.
2. 郑向敏. 酒店安全控制与管理（第二版）［M］. 重庆：重庆大学出版社，2013.
3. 董洪春. 星级酒店经理安全管理案头手册［M］. 北京：化学工业出版社，2010.
4. 刘景良. 安全管理（第三版）［M］. 北京：化学工业出版社，2014.
5. 罗云. 现代安全管理（第三版）［M］. 北京：化学工业出版社，2016.
6. 傅贵. 安全管理学——事故预防的行为控制方法［M］. 北京：科学出版社，2019.

图书在版编目(CIP)数据

酒店管理实务 / 吉根宝主编. -- 2 版. -- 南京：
南京大学出版社，2025. 2. -- ISBN 978 - 7 - 305 - 29156 - 2

Ⅰ. F719.2

中国国家版本馆 CIP 数据核字第 2025ZM4860 号

出版发行　南京大学出版社
社　　址　南京市汉口路 22 号　　　　邮　编　210093
书　　名　酒店管理实务
　　　　　JIUDIAN GUANLI SHIWU
主　　编　吉根宝
责任编辑　刁晓静　　　　　　　　编辑热线　025 - 83592123
照　　排　南京南琳图文制作有限公司
印　　刷　常州市武进第三印刷有限公司
开　　本　787 mm×1092 mm　1/16　印张 15　字数 346 千
版　　次　2025 年 2 月第 2 版　2025 年 2 月第 1 次印刷
ISBN 978 - 7 - 305 - 29156 - 2
定　　价　50.00 元

网址：http://www.njupco.com
官方微博：http://weibo.com/njupco
微信服务号：njuyuexue
销售咨询热线：(025) 83594756